AF450405

NAPOLÉON Ier

SES INSTITUTIONS

CIVILES ET ADMINISTRATIVES

PARIS. — TYPOGRAPHIE DE E. PLON ET Cⁱᵉ, RUE GARANCIÈRE, 8.

NAPOLÉON Ier

SES INSTITUTIONS

CIVILES ET ADMINISTRATIVES

PAR

AMÉDÉE EDMOND-BLANC

PARIS

E. PLON ET Cie, IMPRIMEURS-ÉDITEURS

10, RUE GARANCIÈRE

—

1880

Tous droits réservés

PRÉFACE

———

Les passions politiques exercent une singulière influence sur la manière d'écrire l'histoire. Nous n'en voulons pour preuve que les nombreux ouvrages publiés sur l'empereur Napoléon Ier dans ces quinze dernières années. Sous prétexte d'élucider certains points spéciaux, de pénétrer plus profondément dans l'étude des événements et des hommes, combien d'écrivains se sont donné la tâche de rééditer les pamphlets les plus décriés de l'émigration ou de la réaction de 1815, et de les présenter à la génération nouvelle comme l'expression de la vérité historique ! Faut-il rappeler, parmi tant d'autres, certain livre autour duquel on fit autrefois grand bruit et qu'on a cherché à représenter comme une œuvre de critique scientifique, où Napoléon est traité de « charlatan effréné », de « génie haliuciné dont les conceptions aboutissent à la petitesse et au borné, à force de viser au grandiose et au démesuré[1] »?

C'est contre ces doctrines de circonstance que nous entendons protester, l'histoire en main. Peut-être l'heure est-elle favorable. Critiquer n'est plus aujourd'hui faire preuve d'indépendance ; admirer, faire acte de servilité. L'histoire reprend ses droits, et cesse d'être une arme de parti.

Nous n'avons pas l'intention d'écrire la vie de Napoléon : c'est une tâche trop lourde. Nous voulons simplement étudier l'œuvre administrative de l'Empereur, les institutions civiles qu'il a créées et qu'il nous a léguées, enfin ce grand travail de réorganisation sociale qui eût suffi à la gloire de plusieurs règnes et qui, sous sa main puissante, s'est accompli en l'espace de quelques années.

La Constituante et la Convention avaient renversé l'œuvre de huit siècles. La tourmente révolutionnaire qui s'était abattue sur la France n'avait laissé que des ruines : le sol était rasé à nu. La France n'existait plus, à vrai dire, que dans les armées. L'Europe coalisée, en voulant détruire la Révolution, avait sauvé la patrie française et créé elle-même la seule force qui survécût au milieu de ce chaos informe. Quand la Constituante portait la hache dans le vieil édifice social, elle s'empressait, il est vrai, de proclamer les principes sur lesquels

---

[1] Lanfrey, *Histoire de Napoléon Ier*.

devaient reposer les nouvelles institutions ; mais elle se contentait, la plupart du temps, de confier à ses successeurs le soin de réaliser les généreuses promesses que, dans l'enthousiasme et l'inexpérience de la première heure, elle prodiguait si libéralement [1]. Parcourez tous les gros volumes où sont entassés les actes de nos diverses assemblées de 1789 à 1800, lisez ces décrets sans nombre que chaque jour voit éclore dans cette période de dix ans : combien trouverez-vous de ces œuvres législatives qui s'imposent à la postérité et qui soient marquées au sceau de la durée ?

« Nous avons fini le roman de la Révolution, disait Napoléon au Conseil d'État : il faut en commencer l'histoire, ne voir que ce qu'il y a de réel et de possible dans l'application des principes, et non ce qu'il y a de spéculatif et d'hypothétique. » Des doctrines de 1789, des essais de la Constituante et du Directoire, des institutions de l'ancienne monarchie, il sut recueillir tout ce qui était viable, pratique, sensé, accommodé à nos mœurs, à notre esprit, à nos traditions, et il construisit le magnifique édifice législatif qui nous abrite aujourd'hui.

Législation civile, administration, justice, finances, cultes, instruction publique, il dut pourvoir à tout. Partout où nous portons nos regards, nous trouvons l'empreinte de son génie. Les révolutions ont pu succéder aux révolutions ; les Bourbons, remplacer

---

[1] Voir Constitution du 3-14 septembre 1791, titre Ier.

sa dynastie ; les Orléans, s'asseoir sur le trône des
Bourbons ; la République, nous rapporter ses agita-
tions périodiques ; les rois et les assemblées, disparaître devant l'émeute ; l'étranger, envahir jusqu'à
trois fois le sol de la patrie : tout s'est écroulé, tout
s'est effondré ; seule l'œuvre de Napoléon subsiste.
Elle vit encore ; elle nous protége. A travers les
révolutions sans nombre que nous avons subies,
seule elle a maintenu l'unité nationale, seule elle
nous a permis de supporter sans en mourir les
plus terribles secousses que jamais nation ait éprou-
vées.

Que restait-il en 1800 de cette œuvre à peine
esquissée par les hommes de 1789 ? Des espérances
déçues, des promesses maintes fois violées. Notre
législation, notre organisation administrative, tout
chez nous remonte à Napoléon. Comme l'a très-
bien dit M. Guizot : « nous héritons aujourd'hui et
nous profitons de toutes les grandes œuvres de
Napoléon [1] ». Nous sommes en droit d'ajouter qu'à
l'heure présente, nous vivons encore de l'impulsion qu'il nous a donnée.

Que faites-vous donc, dira-t-on, des chartes, des
constitutions, du gouvernement des assemblées
substitué à la volonté du seul chef de l'Etat ? Tout
ceci, c'est la forme extérieure d'un gouvernement,
forme impalpable, indifférente même à la masse de
la nation, qui ne connaît le pouvoir, ne le juge, ne

---

[1] Chambre des députés, séance du 15 mars 1837.

l'apprécie que par l'action qu'il exerce sur elle, par les relations quotidiennes qu'elle entretient avec ses délégués et ses représentants. En un mot, l'administration touche de bien plus près aux intérêts des populations que le gouvernement; et l'administration, ses principes, ses traditions, ses règlements sont d'essence impériale et tout imbus de l'esprit de son créateur.

Marengo, Austerlitz, Iéna, Friedland sont des noms immortels, qui traverseront les siècles. Le souvenir de ce grand empire, qui n'eut de comparable que celui de Charlemagne, restera dans la mémoire des peuples comme un météore lumineux. Mais ce que le sort des batailles avait pu donner, la fortune adverse a pu l'enlever. Le Code, le Concordat, l'organisation administrative et judiciaire, voilà le legs impérissable que Napoléon a fait aux générations à venir, que ses ennemis eux-mêmes ont dû accepter, sauf à tenter par mille moyens de lui ravir sa gloire. Ceci, « c'est du granit; la dent de l'envie n'y peut rien [1] ».

Dans cette grande œuvre, nous ne l'ignorons pas, il eut de nombreux et d'habiles collaborateurs. Était-il seul sur les champs de bataille d'Austerlitz et d'Iéna? Il avait avec lui ses lieutenants et ses soldats; de même dans son Conseil d'État. Il possédait en

---

[1] Toutes les citations dont l'origine n'est pas indiquée sont extraites soit de la Correspondance, soit des conversations de Napoléon, telles qu'elles sont rapportées par les contemporains, Las Cases, Mollien, Rœderer, Locré, Miot de Melito, Pelet de la Lozère, etc.

effet, et ce n'était pas l'un des côtés les moins étonnants de ce merveilleux génie, l'art de choisir avec le même discernement et la même sagacité ses conseillers comme ses lieutenants, ses ministres comme ses maréchaux. Le grand capitaine avait su mettre la main sur Masséna, Desaix, Davout, Ney, Lannes, Murat, Soult, Berthier : le chef de l'État sut trouver Cambacérès, Lebrun, Tronchet, Portalis, Treilhard, Merlin de Douai, Régnier, Chaptal, Rœderer, Montalivet, Crétet, Daru, Mollien, Gaudin, Defermon, Boulay de la Meurthe, Regnaud de Saint-Jean-d'Angely et tant d'autres, pléiade illustre qui disparaît sous l'éclat du soleil impérial, esprits d'élite qui, dans leurs labeurs silencieux, ont rendu plus de services au pays, ont mieux mérité de la patrie que cent orateurs dont les noms sont encore entourés de cette auréole qui s'acquiert dans les luttes bruyantes du forum.

On nous reprochera peut-être de vouloir ressusciter la légende. Dieu merci, elle n'est pas morte. Malheur aux peuples qui n'ont pas de légende, comme aux peuples qui n'ont pas de foi! Quand nos nouveaux iconoclastes auront jeté bas les statues de nos héros et de nos saints, qu'y gagnerons-nous en moralité, en vertu, en force? L'idéal est nécessaire aux nations. Ces grandes figures devant lesquelles la postérité s'incline avec vénération sont tout à la fois un exemple et un enseignement. On cherche à s'élever, ne fût-ce que par respect pour elles. Du reste, nous l'avons déjà dit, nous n'entendons faire ici que de l'histoire, et non de la polémique de parti. Est-ce notre faute à nous si un passé qui remonte à peine à trois quarts de siècle a déjà revêtu des proportions légendaires, et si le simple exposé des faits suffit pour le grandir encore ?

NAPOLÉON IER

SES INSTITUTIONS

CIVILES ET ADMINISTRATIVES

CHAPITRE PREMIER

LA FRANCE SOUS LE DIRECTOIRE

Coup d'œil général sur la situation de la France sous le Directoire. — La Constitution de l'an III. — Les coups d'État. — Les lois d'exception. — La loi des otages. — L'emprunt forcé. — Programme du gouvernement consulaire.

Il est de mode, dans une certaine école, de représenter la France sous le gouvernement du Directoire pansant ses plaies, sortant de la période révolutionnaire pour entrer dans une voie normale, et de terminer par des imprécations contre la brutalité soldatesque, qui, l'arrachant à ses destinées républicaines, rouvrit l'ère des révolutions. Qu'y a-t-il de vrai dans ce tableau? Quelle était la situation exacte de la France en 1799? Se remettait-elle des terribles secousses qui l'avaient éprouvée, ou s'enfonçait-elle plus profondément dans l'abîme?

Nous admettons que Brune à Bergen et Masséna à

Zurich l'avaient délivrée de toute menace d'invasion, que le péril extérieur était écarté. Mais si l'épée d'un grand capitaine n'était plus nécessaire pour repousser l'ennemi au delà de ses frontières, la France n'avait-elle pas besoin du génie d'un homme d'État pour la sauver de ses propres dissensions, pour l'arracher aux factions, pour lui rendre la paix intérieure, l'ordre, la sécurité?

Examinons de près cet essai de république régulière et modérée, et voyons ce qu'il avait produit. Le temps ne lui avait pas manqué : depuis quatre ans, l'expérience se continuait. Quatre ans ! C'est deux fois le temps que demandera le Premier Consul pour organiser la France nouvelle !

Or, à la veille du 18 brumaire, il n'y avait plus en France ni constitution, ni administration, ni finances. Le trésor était vide ; aucun service n'était assuré ; la solde même des troupes n'était pas payée. La liberté individuelle n'était guère plus respectée que du temps de la Convention ; la propriété était menacée tous les jours par les mesures les plus iniques ; les routes étaient infestées de brigands ; le commerce et l'industrie avaient disparu pour céder la place à un vaste système d'agiotage, exploitation ingénieuse de la misère publique au profit de quelques adroits flibustiers.

Chaque année du nouveau régime avait été signalée par un coup de force ; et la Constitution de l'an III, faussée dès le jour même de sa mise en activité, déchirée successivement par tous les partis, le 18 fructidor an V, le 22 floréal an VI, le 30 prairial an VII, s'en allait en lambeaux et n'était plus qu'une arme de guerre entre les mains du plus avisé et du plus audacieux.

Cette Constitution confiait le pouvoir exécutif à un

directoire de cinq membres et le pouvoir législatif à deux assemblées : les Cinq-Cents et les Anciens, ces derniers au nombre de deux cent cinquante. Tous ces pouvoirs tiraient leur origine de l'élection. Le Directoire était nommé par les Anciens sur la présentation des Cinq-Cents, qui dressaient une liste de dix candidats pour chaque poste de directeur. Quant aux deux assemblées, qui se renouvelaient par tiers, elles émanaient du suffrage à deux degrés, seul en usage pendant la période révolutionnaire. Les assemblées primaires, composées de tous les Français âgés de vingt et un ans, payant une contribution directe et domiciliés depuis un an dans le canton, nommaient les électeurs à raison de un pour deux cents citoyens : ces électeurs devaient avoir vingt-cinq ans et justifier de la propriété ou de la location d'un immeuble, représentant, suivant les localités, un revenu de cent à deux cents journées de travail[1]. C'était en somme une constitution, sinon absolument démocratique, du moins pondérée, équilibrée, propre à donner satisfaction aux principes du libéralisme.

Mais les conventionnels, tout en la votant, entendaient bien que le pouvoir ne tombât pas aux mains de leurs adversaires, des hommes qu'ils avaient combattus, proscrits, décimés. Le jour même où était promulguée la Constitution, le 5 fructidor an III (22 août 1795), un décret décidait que les deux tiers des siéges, dans les deux conseils des Anciens et des Cinq-Cents, seraient réservés aux membres de la Convention. C'était cinq cents siéges qu'ils s'attribuaient sur sept cent cinquante. Le rôle des électeurs devait se réduire à éliminer un

---

[1] Constitution du 5 fructidor an III (22 août 1795), titres II, III, IV, V et VI.

nom sur trois. Un autre décret du 13 fructidor an III
(30 août 1795) ajoutait que, dans le cas où les électeurs
n'auraient pas réélu les cinq cents conventionnels exigés,
les élus, que que fût leur nombre, compléteraient le
chiffre prescrit. Trois cent soixante-dix-neuf conventionnels seulement furent nommés par le corps électoral.
Le 4 et le 5 brumaire an IV (26 et 27 octobre 1795),
les trois cent soixante-dix-neuf, réunis à dix-sept députés
des colonies, conservés provisoirement, désignèrent cent
quatre de leurs collègues pour prendre place dans les
deux assemblées. Voilà comment fut constitué le nouveau Corps législatif[1].

Avec Barras, Rewbell et Lareveillère-Lepaux se rouvrit l'ère des proscriptions. La majorité des Conseils
était devenue réactionnaire et menaçante pour le Directoire. Une belle nuit de septembre, le 18 fructidor an V
(4 septembre 1797), les soldats d'Augereau, appelés par
les gardiens naturels du pacte constitutionnel, venaient
rétablir l'ordre républicain dans le sein du Corps législatif. Le lendemain, les débris des Conseils tremblants
et terrifiés votaient la déportation de deux directeurs,
de onze membres des Anciens et de quarante-deux
membres des Cinq-Cents. Les élections de quarante-
neuf départements étaient déclarées « illégitimes et
nulles », et les résultats acquis arbitrairement modifiés
dans deux autres[2].

---

[1] On donnait le nom de Corps législatif, dans la Constitution de
l'an III, à la réunion des deux Conseils.

[2] Loi du 19 fructidor an V (5 septembre 1797). Les considérants de
cette loi méritent d'être cités : « Considérant que les ennemis de la
République ont constamment suivi le plan qui leur a été tracé par les
instructions saisies sur Brothier, Berthelot La Villeurnois et Duverne de
Presle, et qu'ils ont été secondés par une foule d'émissaires royaux dis-
séminés sur tous les points de la France; considérant qu'il a été spécialement recommandé à ces agents de diriger les opérations et les choix

Au 22 floréal an VI (11 mai 1798), les élections républicaines éprouvèrent le même sort que venaient de subir les élections réactionnaires de l'an V. Le Directoire, prévoyant à l'avance un échec, avait pris soin de faire décider par la loi du 12 pluviôse an VI (31 janvier 1798) que désormais les pouvoirs des nouveaux élus seraient vérifiés par les Conseils avant leur admission. Les élections avaient été des plus tumultueuses : presque partout le corps électoral avait fini par se scinder, par se couper en deux, la majorité se réunissant dans un local, la minorité dans un autre, chacune dressant un procès-verbal distinct. Le Directoire, par son message du 13 floréal an VI (2 mai 1798), saisit les Conseils de cette situation, en y mêlant une soi-disant conspiration nouée par les royalistes de concert avec les jacobins, pour ramener les Bourbons en passant par la terreur [1]. Il provoqua ainsi la fameuse loi du 22 floréal an VI (11 mai 1798). Les élections de six départements furent annulées; dans quatorze les élus des minorités furent proclamés au lieu et place des élus des majorités [2];

des dernières assemblées primaires, communales et électorales, et de faire tomber tous ces choix sur les partisans de la royauté; qu'à l'exception d'un petit nombre de départements où l'énergie des républicains les a neutralisées, les élections ont porté aux fonctions publiques et fait entrer jusque dans le sein du Corps législatif des émigrés, des chefs de rebelles et des royalistes prononcés; considérant que la Constitution se trouvant attaquée par une partie de ceux-là mêmes qu'elle avait spécialement appelés à la défendre, et contre qui elle ne s'était pas précautionnée, il ne serait pas possible de la maintenir sans recourir à des mesures extraordinaires... »

[1] On lit dans ce message des passages tels que celui-ci : « La marche de nos ennemis a toujours été la même : constants dans leurs projets, variant seulement dans les moyens, suivez-les dans leurs détours tortueux... toujours vous les verrez s'appuyer sur les assemblées primaires et électorales. »

[2] Dans la Seine, par exemple, la liste qui avait réuni **228** voix fut préférée à celle qui en avait groupé **600**.

dans dix-sept tel élu vit son mandat brisé, quand tel
autre, nommé dans les mêmes conditions par le même
collége, était proclamé [1].

Le 30 prairial an VII (18 juin 1799), les Conseils
prirent enfin leur revanche en expulsant à leur tour trois
membres du Directoire.

Après ces coups d'État périodiques, comment s'étonner que, le 19 brumaire an VIII (10 novembre 1799),
les grenadiers de Lefebvre et de Murat n'aient pas hésité
à entrer, la baïonnette en avant, dans cette assemblée
qui s'intitulait la représentation du pays, quand la plupart de ses membres s'étaient pour ainsi dire désignés
eux-mêmes?

Veut-on se rendre compte du régime épouvantable
qui pesait alors sur ce peuple de France? Veut-on savoir
comment s'opéraient ces élections que les gouvernants
semblaient s'être arrogé le droit de briser, de casser, de
modifier à leur gré? Qu'on lise la loi du 19 fructidor
an V (5 septembre 1797), remettant en vigueur les lois
de la Convention sur les parents d'émigrés et les aggra-
vant encore. Aux termes de ces lois, « les pères, fils,

---

[1] Les considérants de cette loi du 22 floréal an VI ne sont pas moins
curieux que ceux de la loi du 19 fructidor an V. Ils reprennent le thème
de conspiration développé par le Directoire dans son message du 13 floréal... « Considérant que ce serait outrager la majorité du peuple français,
que de regarder comme son ouvrage des élections visiblement préparées
pour détruire sa souveraineté et y substituer, soit la tyrannie démago-
gique, soit le despotisme d'un seul, qui en dernière analyse est toujours
le résultat de celle-ci; que le Corps législatif, organe constitutionnel et
nécessaire de la volonté nationale, se doit à lui-même et à la République
entière de déclarer à la nation quels sont les choix à l'égard desquels
ses mandataires, constitués en assemblées électorales, ont opéré en sens
contraire au mandat qu'elle leur avait confié; ..... considérant qu'en
remplissant une mission aussi importante, le Corps législatif doit rejeter
sans ménagement tous les choix qui sont le produit de la conspiration,
mais qu'il doit aussi respecter tous ceux qui portent le caractère de la
volonté nationale, quand même ils auraient été faits dans des assemblées

petits-fils, frères et beaux-frères, les alliés au même
degré, ainsi que les oncles et neveux des individus compris dans la liste d'émigrés... sont exclus de toutes
fonctions législatives, administratives, municipales et
judiciaires... ainsi que de celles de juré [1] ». Cela ne
suffit pas aux vainqueurs de fructidor. Ils ajoutent
qu'aucun des individus compris dans ces diverses catégories « ne pourra être nommé électeur »; bien plus,
« ne sera admis à voter dans les assemblées primaires ».
Et cet interdit, que la Convention elle-même avait déclaré devoir cesser à la paix générale, ils le prolongent
pendant quatre années au delà [2]. Enfin, le 9 frimaire
an VI (29 novembre 1797), une nouvelle loi vient ren-
chérir encore sur ces dispositions draconiennes en assi-
milant « les ci-devant nobles et anoblis » aux étrangers. Ils « ne pourront exercer les droits de citoyen
français dans les assemblées primaires, communales et
électorales, ni être nommés à aucune fonction publique
qu'après avoir rempli les conditions et observé les délais
prescrits à l'égard des étrangers ». Pour purger ce crime
irrémissible de noblesse, il leur faut désormais passer
par toutes les épreuves de la naturalisation : déclaration
préalable de domicile; résidence continue en France
pendant sept années; aucune de ces formalités ne leur

électorales, à qui il en aurait été surpris d'autres, évidemment contraires
au vœu du peuple; que la conspiration doit être frappée dans tous les
actes qu'elle a préparés ou commandés, mais que ce serait servir ses vues
et lui accorder une sorte de triomphe que d'annuler des opérations
qu'elle a combattues et qui ne peuvent être regardées que comme des victoires remportées sur elle; considérant que pour consolider à jamais la
République, y détruire l'influence de ses ennemis extérieurs et intérieurs
et assurer au système représentatif la considération et le respect dont les
conspirateurs cherchaient à le priver, il est essentiel de ne composer les
autorités constituées que de républicains purs et vertueux..... »

[1] Décret du 3 brumaire an IV (25 octobre 1795).
[2] Loi du 19 fructidor an V, art. 9 et 10.

est épargnée [1]. Voilà comment on comprenait les droits politiques des citoyens en l'an V et en l'an VI de la République française !

Le décret du 3 brumaire an IV et la loi du 9 frimaire an VI admettaient, il est vrai, des exceptions : étaient appelés à en profiter les membres des diverses assemblées nationales et du Directoire, les ministres, les militaires en activité de service et, ajoutait la loi du 9 frimaire an VI, « tous ceux qui prouveront avoir contribué à conquérir la liberté, à fonder la République, à la défendre par leur courage, à la servir dans les fonctions civiles et militaires, et *qu'ils sont* restés constamment fidèles à la cause républicaine ». L'arbitraire venait se greffer sur la proscription.

Ce n'est pas tout encore. Des bandes de brigands se sont abattues sur la France, arrêtant les courriers et les diligences, pillant, volant, massacrant, levant de véritables contributions sur le voyageur ou le fermier isolé, et poussant l'audace jusqu'à afficher publiquement le tarif qu'ils imposent, sous peine de mort, aux voituriers qui s'aventurent sur le territoire où ils exercent leur industrie [2]. Chouans, chauffeurs, bandits de toute espèce avaient transformé nombre de départements, notamment ceux de Bretagne, de basse Normandie et de Provence, en une vaste Calabre. Après quatre années de lutte, le Directoire se reconnaît impuissant à venir à

---

[1] Voir, pour les conditions de naturalisation, la Constitution du 5 fructidor an III, titre II.

[2] Rapport de Français de Nantes, conseiller d'État en mission, en date du 6 floréal an IX (26 avril 1801) Ce rapport est reproduit par M. Félix Rocquain dans son livre : *État de la France au 18 brumaire*. Nous ferons de nombreux emprunts aux curieux documents que ce savant archiviste à mis en lumière. Aucun livre ne fait mieux connaître l'état de désorganisation dans lequel était tombée la France, après dix ans de révolutions.

bout de ces bandes. Alors il invente la loi des otages, code barbare, le plus sauvage peut-être qui ait souillé une législation.

Aux termes de cette loi, en date du 24 messidor an VII (12 juillet 1799), « les parents d'émigrés, leurs alliés et les ci-devant nobles compris dans les lois des 3 brumaire an IV et des 9 frimaire an VI, les aïeuls, aïeules, pères et mères des individus qui, sans être ex-nobles et parents d'émigrés, sont néanmoins notoirement connus pour faire partie de rassemblements ou bandes d'assassins, sont personnellement et civilement responsables des assassinats commis dans l'intérieur... » En cas de « troubles imminents », les administrations centrales de département sont autorisées, sauf à en instruire le Directoire, à « prendre des otages » (le mot est dans la loi)[1] dans ces catégories. Ainsi, la liberté des citoyens est à la discrétion d'une administration élective, c'est-à-dire d'une haine locale, d'une de ces vieilles rancunes invétérées de province! Il suffit que ce conseil de cinq membres juge les troubles imminents. Quelque attentat est-il commis contre des citoyens « ayant été depuis la révolution ou étant actuellement fonctionnaires publics, ou défenseurs de la patrie, ou acquéreurs ou possesseurs de biens nationaux », le Directoire fait déporter quatre otages par personne assassinée. De plus, tous les malheureux inscrits sur la liste des otages sont, « dans chaque département, civilement et solidairement responsables d'une amende de cinq mille francs » par chaque

---

[1] Ce n'est pas la première fois, du reste, que le mot d'otage apparaît dans les textes révolutionnaires. Le décret de l'Assemblée législative du 10 août 1792, relatif à la suspension du roi, est ainsi libellé : « L'Assemblée nationale décrète : 1° Que le roi est suspendu et que sa famille et lui restent en otage..... »

individu tué, « soit isolément, soit dans une action », et
en outre d'une indemnité en faveur de sa veuve et de
ses enfants, laquelle ne sera pas moindre de six mille
francs pour la veuve et de trois mille par enfant. Ils sont
également responsables, « soit envers la République,
soit envers les particuliers, des enlèvements de récoltes,
exactions de fermages, spoliations de deniers publics,
ainsi que des incendies, dégradations et pillages exercés
sur les propriétés ». La fameuse loi des suspects, la loi
de 1793 elle-même est dépassée [1] !

Des législateurs qui faisaient si peu de cas du principe
de la liberté individuelle ne devaient pas se montrer
plus scrupuleux vis-à-vis de la propriété. Le premier
acte de l'Assemblée constituante, le 17 juin 1789, avait
été de mettre « les créanciers de l'État sous la garde de

----

[1] La loi des suspects (décret du 17 septembre 1793) comprenait sous
cette dénomination les fonctionnaires révoqués, les émigrés qui étaient
rentrés en France dans les délais fixés par les lois antérieures, les « ci-
devant nobles » et « les maris, femmes, pères, mères, fils ou filles,
frères ou sœurs et agents d'émigrés qui n'ont pas constamment manifesté
leur attachement à la révolution » ; à ces diverses catégories, venaient
s'ajouter « ceux qui, soit par leur conduite, soit par leurs relations, soit
par leurs propos ou leurs écrits, se sont montrés partisans de la tyrannie
ou du fédéralisme et ennemis de la liberté. » Les tribunaux étaient, en
outre, autorisés à maintenir en état d'arrestation, comme suspects, les
prévenus qui avaient été acquittés ou à l'égard desquels était intervenue
une déclaration de non-lieu. — Les suspects devaient être détenus dans
les maisons d'arrêt ou, à défaut, gardés à vue dans leur domicile jusqu'à
la paix, les frais de garde restant à leur charge. — Le soin de dresser les
listes des suspects et de faire procéder à leur arrestation immédiate était
confié aux comités de surveillance institués dans chaque commune ou
section par un décret du 21-23 mars 1793. Ces comités se composaient
de douze membres élus au scrutin : une disposition spéciale en excluait
par avance « les ecclésiastiques, les ci-devant nobles, les ci-devant seigneurs de l'endroit et les agents des ci-devant seigneurs ». Un décret du
30 mars 1793 nous fait connaître dans quelles conditions furent constitués les comités de surveillance : la Convention décida, à cette date, que
sur mille électeurs inscrits, il suffirait de cent votants pour que l'élection
fût valable.

l'honneur et de la loyauté de la nation française ». Le 9 vendémiaire an VI (30 septembre 1797), les représentants de la nation décrétaient la fameuse banqueroute, connue dans l'histoire sous le nom de tiers consolidé [1] !

Mais cela ne suffit pas. Il fallait de l'argent, il en fallait à tout prix. Le Directoire aux abois fait voter par les Conseils les lois des 10 messidor et 19 thermidor an VII (28 juin et 6 août 1799). C'est la loi de l'emprunt forcé, digne pendant de la loi des otages. « Les citoyens aisés sont assujettis à un emprunt de cent millions » dans une proportion réglée par un tarif progressif, que nos socialistes modernes ne désavoueraient pas. La loi veut bien poser en principe que le jury appelé à statuer sur la quote-part de chacun ne devra pas exiger du contribuable un versement supérieur aux trois quarts de son revenu. A cette disposition par trop généreuse, elle s'empresse d'établir deux exceptions : « ceux qui, par leurs entreprises, fournitures ou spéculations, auraient acquis une fortune non suffisamment atteinte par la base des contributions, et les individus auxquels la loi du 9 frimaire an VI est applicable », c'est-à-dire les ci-devant nobles. Ceux-là, ces parias de la Révolution, sont taillables et corvéables à merci ; comme les entrepreneurs, fournisseurs, spéculateurs, ils pourront être taxés à la totalité de leur revenu, calculé au vingtième de leur capital [2]. Sur les riches et les suspects, le jury patriote a toute latitude.

Voilà quels étaient les procédés gouvernementaux en 1799 ! Voilà les mesures que proposaient, votaient, ap-

[1] Voir ch. v, § 1.
[2] Loi du 19 thermidor an VII.

pliquaient, dix ans après avoir acclamé la fameuse déclaration des droits de l'homme, ceux qui s'étaient le plus violemment déchainés autrefois contre la tyrannie du gouvernement royal! Chez ces derniers débris de la Révolution, l'ineptie le dispute à la violence; et le jugement que Macaulay, dans son langage énergique jusqu'à la brutalité, portait sur les conventionnels n'est pas trop sévère pour leurs successeurs et leurs plagiaires : « La profondeur de leur ignorance et la stérilité de leur cerveau sont la seule excuse qu'ils puissent alléguer pour leurs crimes et leurs brigandages. Certes, ils n'auraient pas abattu tant de têtes et coupé tant de bourses s'ils avaient su gouverner autrement[1]. »

Quand le gouvernement consulaire, par l'organe du Corps législatif, rappelait au peuple français, dans la proclamation du 19 brumaire an VIII (10 novembre 1799), que « le régime constitutionnel n'avait été qu'une suite de révolutions dans tous les sens, dont les différents partis s'étaient successivement emparés... que de cet état d'instabilité dans le gouvernement était résulté l'instabilité plus grande encore dans la législation ; que les droits les plus sacrés de l'homme social avaient été livrés à tous les caprices des factions et des événements, et que... le nom de la République n'avait servi que trop à consacrer la violation de tous les principes », il n'avançait rien que d'absolument exact. Quand, comme tous les pouvoirs qui se fondent, il s'écriait : « Une ère nouvelle va commencer! » l'avenir devait lui

---

[1] « Indeed their exceeding ignorance and the barrenness of their invention are the best excuse for their murders and robberies. We really believe that they would not have cut so many throats and picked so many pockets, if they have known how to govern in any other way. » Macaulay's *Biographical Essays, Bertrand Barère.*

donner raison. Ce fut une ère nouvelle, en effet, étrange, inconnue de tous ceux qui avaient survécu à nos tourmentes révolutionnaires , une ère de réparation, de justice, d'équité! Ce programme qu'il s'était fixé : «consolider, garantir et consacrer inviolablement la souveraineté du peuple français... la liberté, l'égalité, la sûreté et la propriété [1] », chose inouïe! il devait le remplir.

Quelques mois suffiront. Par la volonté du Premier Consul, la France entière va changer de face.

Nous examinerons successivement dans quel état le Directoire avait laissé les services publics, ce qu'étaient devenus pendant la période révolutionnaire administration, ponts et chaussées, finances, justice, instruction publique : tout ceci n'existait plus guère que de nom. Nous verrons comment de ce chaos sans exemple, de cette anarchie presque sans précédents dans l'histoire, Napoléon sut faire sortir les institutions qui nous régissent encore.

Jetons d'abord un coup d'œil sur les constitutions consulaires et impériales, sur cet organisme législatif qui permit à l'Empereur d'accomplir sa grande œuvre.

[1] Loi du 19 brumaire an VIII art. 12.

CHAPITRE II

I

« Bientôt s'élèvera un homme audacieux, un *leveller*
(niveleur) déterminé qui, sur les débris de vos anciennes
formes, établira une constitution nouvelle... Il appellera les citoyens à plus de liberté, à plus de richesses;
mais il leur dira aussi : L'autorité manque à mes vues
bienfaisantes; à chaque pas, des formes importunes ar-
rêtent ma marche et votre prospérité ; des assemblées
perpétuelles vous arrachent à votre culture, à vos travaux, à votre commerce. Tranchons d'un coup toutes
les difficultés ; rompons ces vieux liens qui enchaînent
un pouvoir qui n'existe plus que pour vous rendre heureux, libres et puissants. — Le vœu général remettra
dans ses mains toute la puissance publique. » C'est en

ces termes que, dans une brochure intitulée : *la Voix du citoyen*, Lebrun, celui qui fut plus tard troisième Consul, puis architrésorier de l'Empire, par une sorte d'instinct prophétique, annonçait, dès le mois d'avril 1789, comment devait se terminer la Révolution et indiquait l'œuvre qu'il appartenait à Napoléon d'accomplir.

Ce pouvoir fort, ce pouvoir réparateur, se fit attendre dix ans.

En 1799, son heure était enfin sonnée. La France était dégoûtée du gouvernement des assemblées. Ce régime ne laissait après lui que le souvenir d'une longue et implacable tyrannie. Quoique issues du suffrage à deux degrés, que certains publicistes veulent encore considérer comme plus éclairé et plus impartial que tout autre, nos assemblées, depuis 1789, s'étaient ouvertes aux esprits les plus ardents et les plus absolus. Abdiquant aux pieds de ceux qui savaient leur inspirer le plus de terreur, elles avaient fait peser sur la France un joug d'autant plus lourd, qu'elles le subissaient elles-mêmes. Loin de défendre et de protéger le pays contre les sectaires et les ambitieux, elles n'avaient pas eu le courage de se défendre elles-mêmes et s'étaient laissé décimer par l'émeute ou par le pouvoir, donnant le triste spectacle, comme les Conseils de l'an V, de l'impuissance inquiète et stérile, ou, comme la Convention, de la servilité jusqu'à l'échafaud.

L'élection avait été appliquée à toutes les fonctions publiques indistinctement. Mais qu'était devenu, à tout prendre, pendant la période révolutionnaire, ce régime électif tant prôné par les théoriciens? L'oppression de la majorité par une minorité violente, audacieuse, sans scrupules. Dès les premiers jours de la Révolution, tous les gens paisibles s'écartent avec effroi des urnes électorales. En novembre 1791, Pétion est nommé maire de Paris par six mille six cents voix. Sur quatre-vingt mille électeurs, on ne compte que dix mille trois cents votants. Au commencement de 1792, Danton arrive au poste de substitut du procureur de la Commune avec onze cent soixante-deux suffrages. En juin 1793, quand Henriot devenait commandant de la garde nationale de Paris, il réunissait, il est vrai, neuf mille quatre-vingt-quatre voix; mais, sur cent cinquante mille inscrits, quinze mille seulement avaient pris part au vote [1]. Nous avons déjà cité ce curieux décret de la Convention du 30 mars 1793, décidant que, pour la constitution des comités de surveillance, une élection serait valable, quand, sur mille électeurs inscrits, on arriverait à réunir cent votants [2]. Plus tard, sous le Directoire, représentaient-ils par hasard la volonté nationale, ces collèges électoraux si savamment triés par les lois du 3 brumaire an IV, du 19 fructidor an V, du 9 frimaire an VI, qui créaient au sein de la société française une classe de parias, exclus de toute fonction publique et privés même du droit de suffrage? Le corps électoral était-il au moins maître de ses choix? Nous avons vu quel cas on faisait de ses décisions [3]. Dès la première heure, le 5 fructidor an III, la Convention lui impose la réélection des deux tiers de ses membres. Quand il cherche à s'émanciper, quand il se permet d'exprimer une volonté contraire à celle de ses maîtres, ses députés sont proscrits, comme au 19 fructidor an V, ou outrageusement brisés, comme au 22 floréal an VI. Lorsqu'elle

[1] MORTIMER-TERNAUX, *Histoire de la Terreur.* — Adolphe SCHMIDT, *État politique de Paris de 1789 à 1800.*
[2] Ch. I.
[3] Ch. I.

n'est plus commandée, ainsi qu'au 31 mai 1793, par les faubourgs et les clubs, la proscription revêt une sorte de forme légale : elle s'élabore dans les conseils du gouvernement.

Amortir les passions, prévenir les secousses, éviter tout ce qui pouvait rappeler les luttes violentes et tumultueuses des dix dernières années, écarter surtout de toute participation aux affaires publiques cette plèbe ignorante et furieuse, qu'un seul signe des Maillard, des Santerre et des Henriot suffisait pour déchaîner, qui avait fait maintes fois trembler les plus terribles jacobins et imposé la tyrannie de ses chefs à ces tyrans de la France : telle était, en 1799, la pensée de tous les esprits. On avait échoué dans la tentative du gouvernement du pays par le pays ; on se rabattait sur l'espoir de gouverner pour le pays. Tous les hommes modérés, patriotes de 1789, feuillants, constitutionnels, qui avaient acclamé le 18 brumaire, qui l'avaient préparé, qui y avaient contribué, étaient bien revenus du radicalisme philosophique de la Constituante. Si le mot d'aristocratie les eût encore épouvantés, ils ne rêvaient plus guère que le gouvernement par les meilleurs, les plus instruits, les plus éclairés.

II

Cette pensée dominait Sieyès, dans les longues conférences où il exposait les bases sur lesquelles devait reposer la nouvelle constitution. Son projet aboutissait en réalité à une véritable oligarchie ; mais les pouvoirs

2

y étaient si bien pondérés et équilibrés, que la force,
l'action ne se montrait plus nulle part [1].

C'est ce projet dont se saisit le général Bonaparte, et
qui, sous sa main, devint la Constitution du 22 frimaire
an VIII (13 décembre 1799). Sa tâche à lui était de
restaurer l'autorité, de rendre au pouvoir la force nécessaire pour défendre et protéger les citoyens, pour donner
enfin à la France cette législation moderne, cette organisation définitive qu'on lui promettait depuis dix ans,
pour fonder au milieu de toutes ces ruines le nouvel ordre
social Il dut néanmoins tenir grand compte des idées
de Sieyès. Parmi tous les hommes qui l'entouraient, bien
peu avaient alors le sentiment exact de son génie politique. Élevés à l'école du dix-huitième siècle, ils se com-
plaisaient pour la plupart dans les formules métaphysiques et n'étaient pas loin de regarder comme le plus
profond des législateurs cet homme qui, taciturne et
impassible, avait traversé la Constituante et la Convention,
et dont Mirabeau n'hésitait pas, aux premiers jours de
la Révolution, à considérer le silence comme « une cala-
mité publique ». Ce n'est que peu à peu que Napoléon
arriva à se dégager des subtilités dont Sieyès avait
hérissé son travail, et qu'il put reconquérir pour le
gouvernement la place qui lui était due.

On le retrouve tout entier dans l'organisation du pouvoir exécutif. Celui-ci était confié aux trois Consuls de la
République ou plutôt au Premier Consul ; car ses deux
collègues n'apparaissaient en quelque sorte que pour

---

[1] Sieyès ne rédigea jamais son projet de constitution. C'est Boulay de
la Meurthe qui recueillit ses idées et se chargea de leur donner une forme
législative. Pour se rendre compte de ses combinaisons si compliquées, il
faut absolument recourir au tableau graphique dressé par M. Mignet et
annexé à son *Histoire de la Révolution française*.

dissimuler sa toute-puissance. Élu pour dix ans, le Premier Consul a toute l'autorité d'un souverain. Il nomme à toutes les fonctions publiques, même à celles de l'ordre judiciaire, jusqu'alors réservées à l'élection [1]. Il dispose des grades militaires, accrédite les ambassadeurs. Il a seul l'initiative des lois ; il fait les règlements d'administration publique ; il recouvre la direction du trésor public, que les constitutions précédentes confiaient à des commissaires de la trésorerie complétement indépendants du pouvoir exécutif. Les ministres exécutent ses décisions : un Conseil d'État les prépare. Ministres et conseillers d'État sont à la nomination du chef du gouvernement, qui est tenu seulement de les choisir, ainsi que les magistrats, sur les listes de notabilité, dont nous expliquerons plus tard le fonctionnement.

L'initiative du Premier Consul est entière : l'autorité qui lui est déléguée, il l'exerce sans partage. Le second et le troisième Consul n'ont point à intervenir dans les choix qu'il fait : ils restent étrangers à la nomination et à la révocation des fonctionnaires. « Dans les autres actes du gouvernement, le second et le troisième Consul ont voix consultative : ils signent le registre de ces actes pour constater leur présence et, s'ils le veulent, y consignent leurs opinions ; après quoi la décision du Premier Consul suffit [2]. » Conseils permanents du Premier Consul, associés bien plus aux honneurs de sa charge qu'à son pouvoir, tel est le rôle qu'assignait la Constitution à Cambacérès et à Lebrun.

Si le pouvoir exécutif, concentré en une seule main, retrouvait enfin cette unité de direction si nécessaire

---

[1] Deux seules exceptions subsistaient : les juges de paix et les juges du tribunal de cassation.

[2] Constitution du 22 frimaire an VIII, article 42.

2.

aux intérêts du pays, trois autorités se partageaient le pouvoir législatif. Au gouvernement l'initiative, au Tribunat la discussion, au Corps législatif le vote. Dans cette combinaison plus qu'ingénieuse, voisine même de la subtilité, qui ne se contentait pas de restituer au gouvernement l'initiative des lois, mais qui attribuait à deux corps différents la discussion et le vote, on reconnaît une des idées favorites de Sieyès. « Esprit plus creux que profond », comme disait Talleyrand, s'isolant dans les abstractions métaphysiques, il ne voyait dans le gouvernement des sociétés qu'un problème d'idéologie politique, dont une analyse exacte devait infailliblement donner l'équation. Du reste, le souvenir de la Convention, confondant toutes les fonctions, s'attribuant tous les pouvoirs, à la fois législateur, juge, gouvernement, pesait encore sur tous les esprits[1]. Pour prévenir le retour d'une aussi terrible dictature, il fallait, pensait-on, diviser à l'infini et répartir entre autant de corps et d'autorités différentes toutes les fonctions qu'elle avait exercées, tous les pouvoirs dont elle s'était emparée.

[1] Dans la seule séance du 15 septembre 1793, on peut relever quatre décrets de la Convention, qui sont des actes de pure administration : 1° décret qui accorde un passe-port à la dame Urbain ; 2° décret qui accorde une indemnité de 1,800 livres à des comédiens de Valenciennes ; 3° décret qui continue dans ses fonctions le citoyen Gillet ; 4° décret qui accorde de l'avancement aux marins du lougre *le Hook*. — Quant aux immixtions de la Convention dans l'action judiciaire, les exemples ne sont pas moins fréquents. Nous citons au hasard : décret du 1er brumaire an II (22 octobre 1793), qui annule un jugement du tribunal de cassation, relatif à Charles-François Flahaut, et qui ordonne l'exécution de celui rendu par le tribunal du Pas-de-Calais ; décret du 7 frimaire an II (27 novembre 1793), qui annule un jugement du tribunal de cassation, lequel avait cassé celui du tribunal criminel du Puy-de-Dôme, portant condamnation à la peine de mort contre plusieurs individus déclarés auteurs de l'assassinat du citoyen Marcellin, et ordonne l'exécution du jugement du tribunal criminel.

Le Conseil d'État préparait les lois sous l'autorité du pouvoir exécutif. Elles étaient soumises au Tribunat, qui les discutait, en proposait l'adoption ou le rejet sans pouvoir en modifier le texte, et désignait trois de ses membres pour soutenir auprès du Corps législatif l'opinion qui avait prévalu dans son sein. Trois conseillers d'État, choisis par le Premier Consul, étaient également chargés de défendre le projet du gouvernement devant le Corps législatif. Cette dernière assemblée, après avoir entendu les orateurs du gouvernement et ceux du Tribunat, votait sans discussion.

L'attribution exclusive du droit d'initiative au gouvernement constituait un véritable progrès. C'est une condition indispensable pour introduire dans une législation cette unité de vues et de pensée, impossible à obtenir d'une assemblée souveraine, agitée successivement par mille passions diverses, renversant parfois le lendemain ce qu'elle a établi la veille, et s'exposant souvent sur une proposition individuelle mal conçue, mal étudiée, à bouleverser tout un système législatif. On dit la législation impériale et les lois révolutionnaires : l'une est un tout, les autres une succession de décrets.

Si l'initiative parlementaire était effacée de nos constitutions, le Tribunat avait qualité pour émettre des vœux « sur les lois faites et à faire, sur les abus à corriger, sur les améliorations à entreprendre dans toutes les parties de l'administration publique, mais », ajoutait le législateur, encore hanté par les souvenirs de la Convention, « jamais sur les affaires civiles ou criminelles portées devant les tribunaux [1] ». C'étaient de simples vœux, indiquant au gouvernement les réformes qui auraient pu

[1] Constitution du 22 frimaire an VIII, art. 29.

échapper à son attention, lui signalant les besoins, les
intérêts à satisfaire, mais ne pouvant en aucune façon
entraver sa marche et modifier ses projets ; quelque
chose comme les vœux de nos conseils généraux, avec
un domaine plus étendu et une autorité plus grande.

Le second pouvoir de l'État était le Sénat conservateur. Sorte de cour de cassation politique, il pouvait annuler tous les actes qui lui étaient déférés par le Tribunat ou par le gouvernement comme inconstitutionnels.
Mais, avant tout et par-dessus tout, le Sénat était le
grand électeur.

Au Premier Consul appartenait la nomination à tous
emplois de l'ordre administratif, les ministres compris ;
au Sénat, le choix pour toutes les fonctions de l'ordre
politique. Législateurs, tribuns, consuls, juges de cassation, commissaires à la comptabilité [1], étaient élus par
le Sénat. Ces élections se faisaient sur des listes établies
suivant un système des plus compliqués.

Dans chaque arrondissement, il était dressé au scrutin secret une liste de notabilité communale. Tout
citoyen domicilié dans l'arrondissement depuis un an,
et inscrit sur le registre civique [2], était appelé à partici-

---

[1] Les commissaires à la comptabilité remplissaient les fonctions
dévolues depuis à la Cour des comptes.

[2] Le registre civique avait été institué par le décret du 22 décembre
1789-janvier 1790. Il était tenu par canton et devait porter les noms
de tous les citoyens domiciliés dans le canton et âgés de vingt et un
ans. Les droits électoraux ne s'exerçaient néanmoins qu'à partir de
vingt-cinq ans. (Décret du 22 décembre 1789-janvier 1790, section I,
article 4.) Ce sont les décrets des 10 et 11 août 1792 qui abaissèrent à
vingt et un ans l'âge nécessaire pour être admis à voter dans les assemblées primaires. Pendant toute la Révolution, les élections législatives
étaient à deux degrés, les assemblées primaires ou cantonales nommant
les électeurs qui choisissaient les députés. A dater du 10 août 1792, la
majorité politique resta fixée à vingt et un ans (Constitution du 5 fructidor
an III. — Constitution du 22 frimaire an VIII. — Décret du 17 janvier

per à la confection de cette liste, qui devait comprendre un nombre de noms égal au dixième du nombre des électeurs. Les citoyens portés sur les listes communales désignaient également un dixième d'entre eux, qui constituait la liste départementale. Les citoyens inscrits sur les listes départementales choisissaient à leur tour un dixième d'entre eux : c'était la liste nationale. Toutes

1806); mais l'âge requis pour être nommé électeur fut maintenu à vingt-cinq ans (Constitution du 5 fructidor an III). Le registre civique, établi désormais par arrondissement, en vertu de la constitution du 22 frimaire an VIII, fut conservé par la législation impériale (décret du 17 janvier 1806); c'était en réalité la liste des électeurs primaires. — Le décret du 22 décembre 1789 (section 1) décidait que l'inscription au registre n'aurait lieu qu'après prestation du serment civique : ce serment fut exigé de tout électeur, sous peine de déchéance, par un décret du 21-29 mai 1791. La loi du 19 fructidor an V (5 septembre 1797) renouvela ces prescriptions dans les termes les plus formels, et fit du serment préalable une condition absolu du droit du vote, tant dans les assemblées électorales que dans les assemblées primaires. — Il n'est peut-être pas sans intérêt de relever quelques-unes des formules de serment qui furent successivement imposées aux électeurs et aux citoyens. Voici la formule du serment civique d'après la constitution du 3-14 septembre 1791 (titre 2, art. 5) : « Je jure d'être fidèle à la nation, à la loi et au roi, et de maintenir de tout mon pouvoir la constitution du royaume décrétée par l'Assemblée nationale constituante aux années 1789, 1790 et 1791. » Le décret du 11-12 août 1792 exigea désormais « le serment de maintenir la liberté et l'égalité ou de mourir en les défendant ». L'article 11 de la loi du 19 fructidor an V, dont nous venons de rappeler sommairement les dispositions, porte : « Nul ne sera plus admis à voter dans les assemblées primaires et électorales, s'il n'a préalablement prêté, devant l'assemblée dont il sera membre, entre les mains du président, le serment individuel de haine à la royauté et à l'anarchie, de fidélité et attachement à la République et à la constitution de l'an III. » Une loi du 12 thermidor an VII (30 juillet 1799) adoucit la violence de ces termes et leur substitua cette nouvelle rédaction : « Je jure fidélité à la République et à la constitution de l'an III. Je jure de m'opposer de tout mon pouvoir au rétablissement de la royauté en France et à celui de toute espèce de tyrannie. » La loi du 21 nivôse an VIII (11 janvier 1800) supprima le serment et le remplaça par une simple déclaration ainsi conçue : « Je promets d'être fidèle à la constitution. » Enfin le sénatus-consulte du 28 floréal an XII (18 mai 1804) fixa ainsi la formule du serment : « Je jure obéissance aux constitutions de l'Empire et fidélité à l'Empereur. »

ces listes devaient être revisées tous les trois ans. Sur la liste communale, le gouvernement choisissait les fonctionnaires publics de l'arrondissement ; sur la liste départementale, les fonctionnaires du département[1]. Enfin, sur la liste nationale, le Sénat élisait toutes les autorités dont il avait la nomination[2]. Le Premier Consul devait prendre dans cette même liste les ministres et les conseillers d'État.

En réalité, il n'y avait plus d'élections. Ce système qui, avec nos idées actuelles, peut paraitre aujourd'hui si étrange, l'opinion publique lassée, écœurée des luttes tumultueuses qui avaient accompagné, sous le régime de la constitution de l'an III, toutes les réunions des colléges électoraux, non-seulement l'acceptait, mais même le réclamait. L'ordre et la sécurité, voilà tout ce qu'on demandait au nouveau gouvernement.

Ce n'était pas l'œuvre d'un jour que de mettre en mouvement des rouages aussi compliqués. Mais ce qui préoccupait avant tout le Premier Consul, c'est que tous les hommes qu'il allait associer à son œuvre fussent profondément imbus de sa pensée ; que, quels que fussent leurs antécédents, ils comprissent que l'ère des dissensions était terminée, et que ce qu'il fallait, pour répondre au vœu de la France, c'était l'oubli du passé, le calme et le repos. Aussi l'article 14 de la constitution décidait-il

---

[1] Sous cette dénomination de fonctionnaires publics étaient seulement compris les membres des administrations locales (communales ou départementales) et les membres des tribunaux de première instance et d'appel (juges et commissaires du gouvernement).

[2] Les Consuls, nommés pour dix ans, étaient rééligibles. Bonaparte, Cambacérès et Lebrun furent investis des fonctions consulaires par la Constitution même (art. 39). Il ne faut pas oublier que cette désignation fut ratifiée par un plébiscite. Le Tribunat, composé de cent membres, et le Corps législatif, de trois cents, se renouvelaient par cinquièmes tous les ans.

qu'on attendrait à l'an IX (1800-1801) pour former les listes de notabilité, laissant ainsi pour la première fois au Premier Consul et au Sénat toute latitude dans leurs choix.

La même pensée présida à l'organisation du Sénat conservateur. Ce corps, dont les membres étaient nommés à vie, se recrutait par lui-même. Pour chaque place vacante, trois candidats lui étaient présentés, l'un par le Corps législatif, l'autre par le Tribunat, le troisième par le Premier Consul : c'est sur un de ces candidats qu'il devait arrêter son choix. Les deux consuls sortants, Sieyès et Roger-Ducos, sénateurs de droit[1], réunis aux consuls Cambacérès et Lebrun, furent chargés, aux termes de la Constitution, de désigner la majorité du Sénat, qui se compléta lui-même. Plus tard, le Premier Consul reçut le droit exclusif de présentation : il put même nommer directement au Sénat[2]. Telle fut l'origine de ce corps qui, le 3 avril 1814, se croyait en droit de parler au nom du peuple français, de décréter la déchéance de celui qui, quatre fois, avait été proclamé par des millions de suffrages, et de détruire un contrat que le peuple seul avait qualité pour modifier.

Le Sénat, qui se composait à l'origine de quatre-vingts membres, et qui devait en compter cent quarante aux derniers jours de l'Empire, lorsque la France s'étendait sur cent trente départements, fut constitué le 3 nivôse an VIII (24 décembre 1799). A côté de nombreux membres des conseils des Anciens et des Cinq-Cents, qui avaient pris une part active au 18 brumaire, et dont le

---

[1] Constitution du 22 frimaire an VIII, art. 24. Sieyès et Roger-Ducos avaient été nommés consuls provisoires en même temps que Bonaparte par la loi du 19 brumaire an VIII (10 novembre 1799).

[2] Sénatus-consulte du 16 thermidor an X (4 août 1802).

plus marquant était Cabanis, l'ami de Mirabeau et de
Sieyès, on y voyait figurer d'anciens ministres du Directoire, Lambrechts et François de Neufchâteau, d'anciens constituants comme Destutt de Tracy et Volney,
un nom de l'ancien régime, Choiseul-Praslin ; la Convention y était également représentée par quelques-
uns de ses membres les plus modérés. Celui qui disait
plus tard : « Si Corneille vivait, je le ferais prince »,
avait voulu qu'une large place fût réservée aux illustrations scientifiques, dont la France était si riche alors.
Les grands noms de Laplace, de Lagrange, de Monge,
figurent dans la liste du 3 nivôse ; Darcet, Dauben-
ton, Lacépède, le collaborateur et l'élève de Buffon,
avaient leur siége dans la nouvelle assemblée, ainsi
que le peintre Vien et le célèbre Bougainville, successivement soldat, diplomate, marin, et l'un des premiers parmi nos navigateurs. Plus tard, Chaptal et Berthollet vinrent combler les vides que la mort n'avait pas
tardé à faire dans ce qu'on eût pu appeler le banc des
savants.

La Constitution de l'an VIII rendait au pouvoir exécutif les attributions qui lui appartiennent de droit.
Comme beaucoup de constitutions, sa durée a pu être
éphémère ; mais les principes que le génie de Napoléon
avait posés lui ont survécu : ils ont pénétré dans toutes
nos institutions. Pour la première fois depuis 1789, le
pouvoir exécutif recouvrait son indépendance, son initiative, sa liberté d'action. Il n'était plus, rouage en
quelque sorte inutile, condamné à subir toutes les
volontés, même celles des autorités subalternes.

Il faut suivre dans tous ses détails l'histoire de la
Révolution, pour se rendre compte de ce qu'était alors
devenue l'action du pouvoir exécutif. Surveillés par des

municipalités, qui se croyaient toutes l'organe du peuple souverain, menacés d'accusation s'ils exécutaient les instructions de leurs chefs, les agents de l'autorité centrale se trouvaient réduits à l'impuissance. Un ordre du gouvernement était arrêté par la dernière municipalité de village. Le désordre devint tel, que le 9 septembre 1793, la Convention était forcée de rendre un décret pour défendre aux autorités chargées de la police de Paris, de faire arrêter les fonctionnaires publics.

L'article 75 de la constitution de l'an VIII vint restituer au gouvernement l'autorité pleine et entière qui doit lui appartenir sur tous ses agents [1]. Délivrés de toute crainte d'immixtion dans leurs fonctions, garantis contre toute poursuite arbitraire, protégés contre les rancunes et les vengeances individuelles, les fonctionnaires apprirent que l'obéissance est le premier de leurs devoirs, et que la discipline doit régner dans l'administration comme dans l'armée. Du jour où fut promulgué l'article 75, l'administration française était créée, cette administration que quelques esprits légers et superficiels peuvent chercher à discréditer, mais qui n'en reste pas moins une des forces vives de notre pays. Dans une de nos dernières tourmentes, cette disposition a disparu de nos codes, mais son esprit s'est maintenu dans nos lois [2]. Répudiant les dangereux exemples des parlements, qui cherchaient toujours à empiéter sur le domaine administratif, les tribunaux se sont efforcés jusqu'ici, par une jurisprudence imbue des véritables principes, à sauve-

---

[1] Constitution du 22 frimaire an VIII, art. 75 : « Les agents du gouvernement, autres que les ministres, ne peuvent être poursuivis pour des faits relatifs à leurs fonctions qu'en vertu d'une décision du Conseil d'État : en ce cas, la poursuite a lieu devant les tribunaux ordinaires. »

[2] Décret du 19 septembre 1870.

garder, autant que possible, l'indépendance du pouvoir
exécutif.

III

Il peut paraître singulier de ne trouver dans la Constitution de l'an VIII aucune disposition spéciale relative
à la presse. Elle garde sur cette matière un silence absolu. C'est qu'on était loin alors de ces jours d'illusions
où la pensée humaine paraissait chose incorruptible et
sacrée, où la presse était considérée comme une sorte de
panacée universelle, comme le flambeau de la raison,
appelé à éclairer le monde; on était loin de cette heure
où l'Assemblée constituante proclamait solennellement la
liberté de la presse « un des droits les plus précieux de
l'homme[1] ». On avait vu, pendant cette terrible période
de dix ans, ce que peuvent l'outrage, l'injure et la
calomnie déversés à flots; on avait vu des écrivains sans
conscience, sans talent, sans courage, soulever par leurs
déclamations furibondes la population la plus impres-
sionnable de la terre, et, du fond de leur cabinet, lancer
successivement à l'assaut de tous les pouvoirs ces malheureux rendus furieux par le poison qu'ils leur versaient
tous les jours.

Les révolutionnaires avaient bien voulu se servir de
la presse comme d'un bélier pour renverser tout ce qui
leur faisait obstacle; mais ils n'étaient pas hommes à

---

[1] Déclaration des droits de l'homme et du citoyen, 26 août 1789,
art. 11.

souffrir que la presse se retournât contre eux : ils savaient trop, à l'user, quelle est sa force et sa puissance de destruction. Aussi faut-il voir comment ils traitaient les journalistes qui avaient le malheur de leur déplaire. Un décret du 29-31 mars 1793, rendu par la Convention, porte : « Quiconque sera convaincu d'avoir composé ou imprimé des ouvrages ou écrits qui provoquent la dissolution de la représentation nationale, le rétablissement de la royauté ou tout autre pouvoir attentatoire à la souveraineté du peuple, sera traduit au tribunal extraordinaire et puni de mort. » Le Directoire se contentait, lui, de mettre les écrits périodiques « sous l'inspection de la police [1] ». Il est vrai qu'il y ajoutait Sinnamari pour les journalistes. La loi du 22 fructidor an V (8 septembre 1797) autorisa la déportation en masse des « propriétaires, entrepreneurs, directeurs, auteurs, rédacteurs » de quarante-deux journaux. Ils ne sont pas autrement désignés dans le texte. Ce n'était pas seulement à l'heure des coups de force, quand toutes les violences semblent autorisées, que le Directoire avait recours à ces procédés sommaires. Le 17 fructidor an VII (3 septembre 1799), il faisait saisir les presses de onze journaux et arrêter leurs rédacteurs [2].

Pendant toute la durée du Consulat et de l'Empire, le régime de la presse fut fixé par l'arrêté du 27 nivôse an VIII (17 janvier 1800). Cet arrêté réduisait à treize le nombre des journaux politiques publiés à Paris; il interdisait la création de nouvelles feuilles dans toute l'étendue de la République et plaçait tous les écrits

[1] Lois du 19 fructidor an V (5 septembre 1797) et du 9 fructidor an VI (26 août 1798).

[2] L'obligation du timbre remonte au Directoire : loi du 9 vendémiaire an VI (30 septembre 1797), article 56.

périodiques sous le contrôle absolu de l'autorité administrative.

Napoléon, qui s'était imposé la tâche d'extirper les
derniers restes de la guerre civile, voulait l'empêcher de
renaître à jamais. Il n'entendait pas borner son œuvre à
une œuvre toute matérielle : il voulait rétablir la paix
dans les esprits. Il n'ignorait pas quelles haines, quelles
colères, quelles fureurs s'agitaient encore dans le sein
de ces hommes qu'il avait appelés à l'honneur de reconstituer la France avec lui et sous lui; il savait qu'ils
étaient encore prêts à s'entre-dévorer, et que ce n'était
pas trop de sa volonté de fer pour leur imposer l'oubli
du passé et les contraindre à se tolérer, à se respecter
les uns les autres. En finir avec les querelles intestines,
avec les dissensions de parti, « faire vivre en paix l'ancienne et la nouvelle France », les unir, les confondre de
manière à n'en plus former qu'un seul tout, et donner
au pays cette force et cette cohésion que la concorde
seule peut assurer, tel était le but où tendaient ses
efforts. Il était décidé, suivant ses propres paroles, à
« ne pas permettre que, pour arrondir ses périodes, un
lettré vaniteux vînt compromettre les heureux résultats
de sa politique ». En vain lui eût-on dit qu'on pouvait
maintenir la presse dans une ligne de modération, en
faire un censeur vigilant, un contrôleur utile, non pas
du souverain, placé trop au-dessus d'elle pour subir
ses atteintes, mais de ses conseillers et de ses lieutenants. Il savait trop bien comment une plume habile
et flexible se joue impunément de toute entrave, comment, sous une forme doucereuse et pour ainsi dire
irréprochable, il est facile d'entretenir les passions, de
nourrir les colères, d'attiser les haines. « Quand on
attaque les conseils, disait-il, c'est pour renverser celui

qui les écoute; quand on veut abattre un arbre, on le déchausse. »

Du reste, l'idée d'une presse périodique libre de toute surveillance administrative, dégagée de tout lien envers l'autorité publique, eût épouvanté tous les esprits. L'impression laissée par le rôle fatal qu'avait joué le journalisme pendant la Révolution était encore si profonde, qu'en 1814, quand fut rédigé l'article de la Charte reconnaissant à tout Français « le droit de publier et de faire imprimer ses opinions », personne, dans les conseils du gouvernement, ne pensait que les journaux fussent compris dans cette disposition; nul n'eût été assez audacieux pour proposer de soustraire la presse à l'action administrative [1].

IV

La journée du 18 brumaire avait placé tous les pouvoirs entre les mains du général Bonaparte. La Constitution de l'an VIII ne fit en quelque sorte que confirmer son autorité. Voyons comment il en usa.

Dès la première heure, il se mettait à l'œuvre. Le 22 brumaire (13 novembre), la loi des otages est abrogée. Le 27 brumaire (18 novembre), la loi de l'emprunt forcé est rapportée. La Constitution est du 22 frimaire an VIII (13 décembre 1799). Soumise aux suffrages populaires le 23 frimaire, elle est mise en vigueur à dater du 4 nivôse (25 décembre). Le jour même, un avis du

---

[1] *Mémoires du comte Beugnot.*

Conseil d'État, considérant que « le gouvernement créé par la Constitution de l'an VIII a toute la force nécessaire pour être juste et maintenir dans toute leur pureté les principes de l'égalité et de la liberté... », déclare que les lois des 3 brumaire an IV, 19 fructidor an V et 9 frimaire an VI, excluant les parents d'émigrés et les ci-devant nobles de toutes fonctions publiques et leur refusant même les droits politiques, sont virtuellement abrogées. Le lendemain, 5 nivôse, un arrêté consulaire rappelait la plupart des proscrits de fructidor et confondait dans cet acte de réparation des jacobins victimes de la réaction thermidorienne. En six semaines (10 novembre-26 décembre), toute cette législation sauvage, dernier legs de la Convention et du Directoire, avait disparu de nos codes. La France commençait à respirer.

Restait la grande et délicate question des émigrés.

La plupart d'entre eux avaient été contraints d'abandonner le sol de la patrie pour échapper aux plus odieuses et aux plus brutales persécutions[1] ; ils n'en étaient pas moins restés confondus dans l'opinion populaire avec ceux qui, dès la première heure, étaient allés fomenter les intrigues de la coalition et chercher par toute l'Europe des ennemis à la France. La campagne des soldats de Condé sous le drapeau de Brunswick, l'expédition de Quiberon avec le concours des flottes anglaises, la seule présence des émigrés sur le territoire ennemi pendant la durée de cette longue guerre, dont on ne voyait pas encore la fin, avaient soulevé contre eux les passions de l'armée et du pays tout entier.

---

[1] *Voir* TAINE, *la Révolution*, tome Iᵉʳ. — Il faut lire tous les nombreux documents que M. Taine nous a révélés, pour se rendre un compte exact du sort qui était fait, dès les premiers jours de 1789, aux nobles et aux anciens privilégiés.

D'autre part, les lois draconiennes de la Révolution [1], en les dépouillant de leur patrimoine, avaient
créé des intérêts nouveaux, susceptibles, ombrageux
comme tous les intérêts que le temps n'a pas légitimés.
La seule pensée du retour possible des émigrés suffisait
pour jeter l'inquiétude chez tous les acquéreurs de biens
nationaux. Un an après le 18 brumaire, la plupart des
préfets s'accordent à reconnaître que, si les émigrés
venaient à rentrer en masse, ils ne pourraient répondre
de la sécurité dans leurs départements [2]. Aussi la Constitution de l'an VIII donnait-elle toute garantie aux acquéreurs de biens nationaux par son article 94 : « La nation
française déclare qu'après une vente légalement consommée de biens nationaux, quelle qu'en soit l'origine,
l'acquéreur légitime ne peut en être dépossédé, sauf aux
tiers réclamants à être, s'il y a lieu, indemnisés par le
trésor public. » Mais cette disposition n'avait pas paru
suffisante, et, pour calmer les susceptibilités inquiètes
des hommes de la Révolution, on avait dû la faire précéder d'un article 93, qui semblait fermer aux émigrés

[1] La législation sur les émigrés peut se résumer en quelques lignes
empruntées au décret du 28 mars-5 avril 1793. Article 1er : « Les émigrés
sont bannis à perpétuité du territoire français ; ils sont morts civilement ;
leurs biens sont acquis à la République. » Article 2 : « L'infraction du ban-
nissement prononcé par l'article 1er sera punie de mort. » Les émigrés qui
rentraient en France étaient condamnés à mort sur la seule constatation
de leur identité, et le jugement prononcé contre eux ne pouvait être
l'objet d'aucun recours en cassation (décret du 28 mars-5 avril 1793,
art. 74 à 79). Les dispositions de ce décret sont reproduites, dans des
termes presque identiques, par la loi du 25 brumaire an III (15 novembre 1794). — Ces lois étaient encore appliquées dans toute leur
rigueur sous le Directoire. Le 25 novembre 1796, un émigré, M. de
Cussy, était condamné à mort et exécuté à Paris, sur la seule reconnaissance de son identité.

[2] Rapports des conseillers d'État envoyés en mission par le Premier
Consul dans les divers départements de la République en l'an IX et en
l'an X.

tout espoir de retour : « La nation française déclare qu'en aucun cas elle ne souffrira le retour des Français qui, ayant abandonné leur patrie depuis le 14 juillet 1789, ne sont pas compris dans les exceptions portées aux lois contre les émigrés; elle interdit toute exception nouvelle sur ce point. Les biens des émigrés sont irrévocablement acquis au profit de la République[1]. » Deux ans plus tard, au lendemain de l'amnistie accordée aux émigrés, la loi constitutive de la Légion d'honneur comprendra encore dans la formule du serment imposé aux légionnaires, à côté de l'engagement de « combattre toute entreprise tendant à rétablir le régime féodal », la promesse de se vouer à « la défense des propriétés consacrées par les lois de la République[2] ». Bien plus, dans le serment que l'Empereur doit prêter à son avénement au trône, en vertu du sénatus-consulte du 28 floréal an XII (18 mai 1804), nous retrouvons encore l'engagement de « maintenir l'irrévocabilité des ventes des biens nationaux ».

Cependant, laisser errer par toute l'Europe cette masse de proscrits[3], n'était-ce pas autoriser à penser que le gouvernement issu du 18 brumaire n'était qu'un accident révolutionnaire analogue à ceux qui l'avaient précédé? n'était-ce pas permettre de douter de sa force et de sa stabilité, puisqu'il se reconnaissait lui-même impuissant à effacer les derniers vestiges de nos discordes civiles? Mais quelle que fût la pensée bien arrêtée du Premier Consul, l'opinion publique était trop prévenue,

---

[1] Ces deux articles 93 et 94 de la Constitution du 22 frimaire an VIII étaient empruntés à la Constitution du 5 fructidor an III, articles 373 et 374.

[2] Loi du 29 floréal an X (19 mai 1802).

[3] Le ministre de la police, dans un rapport de l'an VIII, estimait le nombre des émigrés à 145,000.

les intérêts à ménager étaient trop considérables pour qu'il pût agir avec cette décision et cette promptitude qui caractérisaient son génie.

Il mit deux ans à accomplir cette œuvre de réparation. Le 7 ventôse an VIII (26 février 1800), un arrêté consulaire prescrivait l'instruction immédiate de toutes les demandes en radiation de la liste des émigrés, formées avant le 4 nivôse (25 décembre 1799), et décidait qu'il serait statué sur chacune d'elles dans un délai de quatre mois. Le 11 ventôse (2 mars), un autre arrêté rouvrait les portes de la France aux pères mêmes de la Révolution, à ces membres de l'Assemblée constituante qui n'avaient pas tardé à chercher à l'étranger un abri contre les orages qu'ils avaient déchaînés [1]. Le 12 ventôse an VIII (3 mars 1800), une loi déclarait définitivement close la liste des émigrés, à la date du 4 nivôse an VIII, jour de la mise en vigueur de la nouvelle Constitution, et, rompant avec toute cette législation tyrannique, issue des violences jacobines, restituait enfin aux citoyens le droit d'aller et de venir, que la Révolution leur avait confisqué. Tout individu qui serait sorti de France depuis la mise en activité de l'acte constitutionnel, ou qui s'absenterait à l'avenir, cessait d'être soumis aux lois sur l'émigration.

La loi du 12 ventôse an VIII ne statuait que pour l'avenir. Il fallut au Premier Consul tout l'éclat du triomphe de Marengo pour qu'il se crût autorisé à tendre une main secourable aux victimes de la Terreur. Un arrêté du 28 vendémiaire an IX (20 octobre 1800)

---

[1] Pour profiter de ces dispositions, les membres de l'Assemblée constituante, inscrits sur la liste des émigrés, devaient justifier avoir voté « pour l'établissement de l'égalité et l'abolition de la noblesse ». (Arrêté du 11 ventôse an VIII.)

prescrivit pour la première fois des radiations en masse
et par catégories. Les laboureurs, journaliers, ouvriers,
artisans, domestiques, leurs femmes et leurs enfants,
ainsi que les mineurs de moins de seize ans, étaient rayés
d'office de la liste des émigrés ; on n'exigeait d'eux
qu'une simple promesse de fidélité à la constitution.

C'est seulement au lendemain de la paix d'Amiens et
du Concordat que Napoléon se crut assez fort pour proclamer enfin l'amnistie générale. Il venait de donner la
paix à l'Europe, de rendre à l'Église ses temples et ses
fidèles : la réconciliation devait être complète. La France
n'était-elle pas assez grande, assez puissante, assez respectée, pour ouvrir ses bras à tous ses enfants? Le sénatus-consulte du 6 floréal an X (26 avril 1802) rappela
enfin les proscrits [1]. « Considérant, y est-il dit, que la
mesure proposée est commandée par l'état actuel des
choses, par la justice, par l'intérêt national, en ce qu'elle
est conforme à l'esprit de la Constitution ; qu'aujour-
d'hui, la paix étant faite au dehors, il importe de la
cimenter dans l'intérieur par tout ce qui peut rallier les
Français, tranquilliser les familles et faire oublier les
maux inséparables d'une longue révolution... amnistie
est accordée, pour fait d'émigration, à tout individu qui
en est prévenu. » Les exceptions, dont le chiffre était
par avance limité à mille, ne comprenaient que les ennemis avérés de la France nouvelle, ceux qui n'y pouvaient plus trouver une patrie, parce qu'ils l'avaient
ouvertement répudiée ou trahie [2]. Pour profiter de l'am-

---

[1] La paix d'Amiens, signée le 6 germinal an X (27 mars 1802), fut proclamée loi de l'État le 30 floréal an X (20 mai 1802), et le Concordat, le
18 germinal an X (8 avril 1802).

[2] Sénatus-consulte du 6 floréal an X, article 10 : « Sont exceptés de
la présente amnistie : 1º les individus qui ont été chefs de rassemblements armés contre la République ; 2º ceux qui ont eu des grades dans

nistie, les émigrés n'étaient tenus qu'à préter serment d' « étre fidèles au gouvernement établi par la Constitution et de n'entretenir, ni directement, ni indirectement, aucune liaison ni correspondance avec les ennemis de l'État [1] ». Cinq mois leur étaient accordés pour rentrer en France; encore pouvaient-ils faire entre les mains de nos agents à l'extérieur les déclarations prescrites. Ils devaient néanmoins, pendant une période de dix ans, rester sous la surveillance spéciale du gouvernement, qui se réservait le droit de fixer le lieu de leur résidence. On voit, par cette seule disposition, à combien de ménagements le Premier Consul se trouvait encore tenu vis-à-vis de l'opinion révolutionnaire.

Quant aux acquéreurs de biens nationaux, leurs droits, que le préambule du sénatus-consulte plaçait sous la protection toute spéciale du Sénat et des Consuls [2], trouvaient une nouvelle sanction dans l'article 16 : « Les individus amnistiés ne pourront, en aucun cas et sous aucun prétexte, attaquer les partages de présuccession, succession ou autres actes et arrangements faits

---

les armées ennemies : 3° ceux qui depuis la fondation de la République ont conservé des places dans les maisons des ci-devant princes français; 4° ceux qui sont connus pour avoir été ou pour être actuellement moteurs ou agents de guerre civile ou étrangère; 5° les commandants de terre ou de mer, ainsi que les représentants du peuple qui se sont rendus coupables de trahison envers la République; 6° les archevèques et évèques qui, méconnaissant l'autorité légitime, ont refusé de donner leur démission. — Article **11** : Les individus dénommés en l'article précédent sont définitivement maintenus sur la liste des émigrés; néanmoins, le nombre n'en pourra excéder mille, dont cinq cents seront nécessairement désignés dans le cours de l'an X. »

[1] Sénatus-consulte du 6 floréal an X, article 4.

[2] « Considérant que les dispositions particulières de l'amnistie, en défendant de toute atteinte les actes faits avec la République, consacrent de nouveau la garantie des ventes des biens nationaux, dont le maintien sera toujours un objet particulier de la sollicitude du Sénat conservateur, comme il l'est de celle des Consuls... »

entre la République et les particuliers avant la présente amnistie. » Pour les biens non encore aliénés, à l'exception des bois et forêts, des immeubles affectés à un service public, des droits de propriété sur les canaux et des créances contre le Trésor, ils devaient être rendus aux ayants droit, toutefois sans restitution des fruits. « Je ne fais rien si je rends à ces émigrés leur patrie sans leur rendre leur patrimoine », répondait le Premier Consul aux objections qui s'élevaient contre cette restitution.

Quarante mille familles, cependant, rentrèrent en France dénuées de toutes ressources [1]. Cette situation ne laissait pas de préoccuper Napoléon. L'indemnité aux émigrés s'imposait dans sa pensée comme une des nécessités de l'avenir. « Il faudra bien un jour faire quelque chose », disait-il. C'était en effet le complément naturel du grand acte du 6 floréal an X. Il est malheureux qu'il n'ait pu lui-même réaliser ses vues : venant de lui, une telle mesure n'eût pas soulevé les hostilités que devait rencontrer la loi votée le 27 avril 1825, sous le ministère de Villèle. En faisant disparaitre, lui souverain issu du droit nouveau, les dernières traces des persécutions jacobines, il eût mis le sceau à la réconciliation de l'ancienne France avec la France moderne.

Quoi qu'il en soit, l'amnistie était le plus grand triomphe que le Premier Consul pût remporter sur les passions révolutionnaires : seul il était assez puissant pour l'imposer. Mesure large, généreuse et, par conséquent, politique, elle ne tarda pas à porter ses fruits. Nombre d'émigrés servirent loyalement et fidèlement

---

[1] Chiffre donné par l'Empereur au Conseil d'État (séance du 1er juillet 1806).

celui qui leur avait rouvert les portes de la patrie ; le
sang des plus nobles familles royalistes se mêla sur les
champs de bataille au sang des vainqueurs de Valmy
et de Fleurus ; et ce n'est pas sans une réelle émotion
que l'on voit, au nombre des quatre fidèles serviteurs
qui accompagnèrent dans sa captivité leur Empereur
proscrit, un ancien soldat de l'armée de Condé, le comte
de Las Cases.

V

La Constitution de l'an VIII, présentée le 23 frimaire
(14 décembre 1799) à l'acceptation du peuple, avait
été ratifiée par trois millions onze mille sept voix contre
quinze cent soixante-deux opposants. Le 20 floréal an X
(10 mai 1802), un nouveau plébiscite était soumis aux
suffrages populaires : Napoléon Bonaparte sera-t-il
Consul à vie ? Trois millions cinq cent soixante-huit
mille huit cent quatre-vingt-cinq voix répondirent oui ;
on ne releva que huit mille trois cent soixante-quatorze
votes négatifs.

Le sénatus-consulte organique du 16 thermidor an X
(4 août 1802) détermina les nouveaux pouvoirs conférés
à Napoléon. La dignité consulaire devenait viagère pour
ses deux collègues comme pour lui. Il était investi du droit
de désigner son successeur et de présenter au choix du
Sénat ses deux collègues. Il intervenait directement dans
la composition du Sénat par le droit de présentation qui
lui était désormais conféré exclusivement et par le droit
de nomination directe qui lui était réservé pour qua-

rante siéges [1]. Il ratifiait, sauf à les communiquer au Sénat avant leur promulgation, les traités de paix et d'alliance que la Constitution de l'an VIII soumettait au Tribunat et au Corps législatif, suivant la procédure adoptée pour les lois ordinaires. Enfin, le droit de grâce lui était dévolu. C'était la royauté, moins le titre.

L'autorité du Premier Consul semblait à première vue déjà suffisamment assise par la Constitution de l'an VIII. Cependant, dans le jeu de ce mécanisme, il n'avait rencontré que des difficultés. Les corps délibérants qu'elle créait, et qui ne tenaient en réalité leurs pouvoirs que du Sénat, n'avaient fait qu'entraver son œuvre. Sans sa ferme et puissante volonté, elle eût été à jamais compromise. Le Tribunat était devenu un foyer d'opposition tout à la fois ardente et mesquine. Dès la première heure, on n'y parlait de rien moins que de renverser « l'idole de quinze jours [2] ». Le Concordat, la Légion d'honneur avaient soulevé des tempêtes chez les tribuns : le Code civil lui-même n'avait pas trouvé grâce devant eux. Leur opposition avait gagné le Corps législatif, et c'est sur le Code qu'elle s'était exercée : le titre premier avait été rejeté. Pour arriver à doter la France de cet immortel monument législatif, il avait fallu recourir à une sorte de coup d'État. A l'époque du renouvellement

---

[1] Le nombre des sénateurs était porté de quatre-vingts à cent vingt. Les quarante places nouvelles étaient laissées à la disposition absolue du Premier Consul, sans qu'aucune condition vint limiter son choix. Pour les autres siéges, il exerçait seul le droit de présentation ; mais ses candidats, au nombre de trois pour chaque vacance, devaient être pris sur les listes dressées par les colléges électoraux.

[2] « Ces lieux (le Palais-Royal) où, si l'on osait parler d'une idole de quinze jours, nous rappellerions qu'on vit abattre une idole de quinze siècles. » Discours du tribun Duveyrier, séance du 13 nivôse an VIII (3 janvier 1800).

légal des deux Assemblées, le Sénat, au lieu de laisser désigner par un tirage au sort les membres qui devaient cesser d'en faire partie, résolut de procéder par voie de réélection générale, choisissant au scrutin les tribuns et les législateurs appelés à continuer leur mandat, et écartant ainsi ceux qui, loin de seconder les efforts du Premier Consul, paraissaient avoir pris à tâche de lui créer chaque jour de nouveaux obstacles [1].

Pour vaincre désormais toutes ces résistances, le sénatus-consulte du 16 thermidor an X donna aux pouvoirs du Sénat une nouvelle extension. Il fut investi du droit de dissoudre le Corps législatif et le Tribunat, de régler par des sénatus-organiques « tout ce qui n'avait pas été prévu par la Constitution et qui était nécessaire à sa marche, et d'expliquer les articles de la Constitution qui donnaient lieu à différentes interprétations ». Enfin, il pouvait « annuler les jugements des tribunaux lorsqu'ils étaient attentatoires à la sûreté de l'État [2] », suspendre pour cinq ans l'institution du jury, dans les départements où cette mesure était jugée nécessaire, et déclarer les départements « hors de la Constitution », c'est-à-dire proclamer l'état de siége.

Le Tribunat, divisé en sections, et qui devait être réduit à cinquante membres à dater de l'an XIII (1804-1805), était annihilé. Ce rouage inutile et malencon-

---

[1] Sénatus-consulte du 22 ventôse an X (13 mars 1802). Aux termes de la Constitution de l'an VIII, un cinquième du Tribunat et du Corps législatif, c'est-à-dire vingt tribuns et soixante législateurs, devait sortir en l'an X. Le Sénat commença par désigner les quatre-vingts tribuns et les deux cent quarante législateurs maintenus en fonction.

[2] C'est en vertu de cette disposition que fut rendu le sénatus-consulte du 28 août 1813, qui annula le verdict du jury de la Dyle, dans l'affaire de l'octroi d'Anvers. On a beaucoup déclamé sur cette affaire d'Anvers. En droit, la mesure était légale ; en fait, il s'agissait de fraudes et de malversations dans la gestion de l'octroi, suivies d'un acquittement scanda-

treux ne devait pas, du reste, tarder à disparaitre.
Le sénatus-consulte du 19 août 1807 le supprima définitivement et rendit au Corps législatif la discussion des
lois qu'il était appelé à voter [1].

Avec le sénatus-consulte du 16 thermidor an X dispa-
rurent les listes de notabilités, la combinaison la moins
pratique du génie si peu pratique de Sieyès. Il faut lire
la loi du 13 ventôse an IX (4 mars 1801) (elle a cent
vingt-quatre articles!), qui tenta d'organiser la confection
de ces listes, pour se faire une idée des difficultés inex-
tricables que présentait ce système. Les assemblées d'arrondissement étaient remplacées par des assemblées cantonales, dont faisaient partie tous les citoyens domiciliés
dans le canton. Il était créé des collèges électoraux
d'arrondissement et des collèges électoraux de département. Les membres de ces collèges, dont le nombre
variait suivant la population entre cent-vingt et trois
cents, étaient élus à vie et nommés par les assemblées
cantonales. Pour les collèges de département, les choix
devaient porter sur les six cents plus imposés du département. Aux membres élus le sénatus-consulte du
28 floréal an XII (18 mai 1804) ajouta des membres de

leux. La justice elle-même se chargea de donner raison à l'Empereur
vaincu, détrôné et proscrit. En 1816, l'un des accusés, qui s'était tenu
caché jusqu'alors, voulut profiter de la chute de l'Empire pour purger
sa contumace, et se présenta devant la cour de Bruxelles. Il fut condamné à cinq ans de travaux forcés et 100,000 francs de dommages-
intérêts envers la ville d'Anvers.

[1] En vertu des dispositions de ce sénatus-consulte, le Corps législatif
dut désormais, à l'ouverture de chaque session, nommer trois commissions permanentes de sept membres : législation, administration, finances.
C'était dans le sein de ces commissions qu'étaient discutés les projets
de loi. Si le projet était adopté par la commission, son président seul et
le conseiller d'État chargé de porter la parole au nom du gouvernement étaient entendus par le Corps législatif; dans le cas, au contraire,
où la commission concluait au rejet, chacun de ses membres avait le droit
de prendre part à la discussion.

droit : c'étaient, dans les colléges de département, les grands officiers, commandants et officiers de la Légion d'honneur ; dans les colléges d'arrondissement, les simples légionnaires. Les colléges électoraux de département et d'arrondissement présentaient chacun deux candidats pour composer la liste sur laquelle le Sénat choisissait les membres du Corps législatif. Les colléges électoraux de département désignaient en plus deux citoyens pour figurer sur la liste dans laquelle le Premier Consul prenait les candidats qu'il proposait au Sénat pour les quatre-vingts siéges sénatoriaux restant à la nomination de ce corps. Tant que subsista le Tribunat, les colléges électoraux d'arrondissement nommaient, de leur côté, deux candidats pour cette assemblée.

La Constitution de l'an VIII avait fait du Corps législatif, comme du Tribunat, des assemblées exclusivement politiques où l'élément local apparaissait à peine. Dans le Corps législatif, qui comptait trois cents membres, le Sénat était seulement tenu d'affecter un siége au moins à chaque département. La création des colléges électoraux eut pour conséquence de rendre à cette assemblée le caractère de représentant des intérêts locaux, qui avait disparu dans l'œuvre de Sieyès. Désormais, chaque département dut compter au sein du Corps législatif un nombre de membres proportionné à sa population. Les intérêts départementaux, si distincts et souvent si opposés, retrouvaient ainsi des organes attitrés auprès du gouvernement [1].

On était encore bien loin de l'élection directe par le

---

[1] Sénatus-consulte du 16 thermidor an X, titre VII. — D'après la Constitution du 3-14 septembre 1791 (chapitre Iᵉʳ, section 1ʳᵉ), les représentants étaient nommés par département, en proportion tout à la fois de l'étendue du territoire, de la population et du chiffre total des

pays. Mais à une combinaison toute fictive se substituait une organisation qui eût pu, en se développant, devenir plus tard la base d'un système électoral. Et cependant ces colléges permanents, ce droit de présentation, paraissaient alors à beaucoup d'esprits réfléchis une imprudente et dangereuse concession[1].

VI

Le sénatus-consulte organique du 28 floréal an XII (18 mai 1804) donna au gouvernement issu de la Constitution de l'an VIII sa forme définitive. Napoléon était proclamé Empereur des Français. La dignité impériale devenait héréditaire dans sa descendance directe, légitime et adoptive, et dans la descendance directe, naturelle et légitime de ses frères Joseph et Louis. Un sénatus-consulte du 24 septembre 1806 compléta ces dispositions, en appelant également la famille de Jérôme à participer à l'hérédité de la couronne impériale.

Le 29 floréal an XII (19 mai 1804), le peuple français était de nouveau convoqué dans ses comices : trois millions cinq cent quatre-vingt-un mille six cent soixante-quinze suffrages contre deux mille cinq cent soixante-dix-neuf opposants donnèrent à Napoléon et à ses descendants l'investiture de la dignité impériale. Pour la troisième fois, la nation acclamait Napoléon : elle le dé-

contributions directes. La Constitution de l'an III (titre V) décida que les membres des deux Conseils seraient élus par département uniquement en raison de la population.

[1] THIERS, *Histoire du Consulat et de l'Empire.*

clarait son chef héréditaire. Un demi-siècle après, par quatre scrutins solennels, les fils devaient à leur tour consacrer l'œuvre de leurs pères.

A part le titre d'empereur et l'hérédité, déjà en germe dans le sénatus-consulte du 16 thermidor an X, le sénatus-consulte du 28 floréal an XII n'apportait à la Constitution que de légères modifications. Le trône impérial était entouré de grands dignitaires, réminiscence des grandes charges du Saint-Empire romain germanique [1]. Une haute cour impériale, juridiction exclusivement politique, était chargée de poursuivre les délits commis par les membres de la famille impériale, ainsi que les attentats et complots contre la sûreté de l'État et la personne de l'Empereur [2].

[1] Les grands dignitaires furent d'abord au nombre de six : grand électeur (Joseph), archichancelier de l'Empire (Cambacérès), archichancelier d'État (Eugène Beauharnais), architrésorier (Lebrun), connétable (Louis), grand amiral (Murat). Leur nombre fut porté successivement à neuf, par la création (décret du 9 août 1807) des deux charges de vice-grand électeur (Talleyrand) et de vice-connétable (Berthier), et par l'adjonction du prince Borghèse, gouverneur général des départements au delà des Alpes (sénatus-consulte du 2 février 1808). Immédiatement après les grands dignitaires venaient se placer les grands officiers de l'Empire. Étaient désignés sous ce titre : les maréchaux de l'Empire, les inspecteurs généraux et colonels généraux des diverses armes et les grands officiers civils de la couronne. Le grand chancelier et le grand trésorier de la Légion d'honneur avaient également rang de grands officiers de l'Empire. Les titulaires des grandes dignités de l'Empire n'exerçaient en réalité d'autres fonctions que celles qui leur étaient déléguées par l'Empereur. C'est ainsi que Lebrun fut envoyé comme gouverneur général à Gênes en 1805, et en Hollande en 1810. Cambacérès seul prit une part active à la politique générale. Il présidait le Conseil d'État en l'absence de l'Empereur : lorsque celui-ci était aux armées, il lui confiait avec la présidence du conseil du gouvernement la surveillance générale de l'administration intérieure.

[2] Les ministres, directeurs généraux, préfets, généraux et capitaines généraux des colonies, pouvaient également être traduits devant la haute cour impériale, sur la dénonciation du Corps législatif. — Le sénatus-consulte du 28 floréal an XII organisait au sein du Sénat deux commissions permanentes de la liberté individuelle et de la liberté

Telle fut la dernière transformation de la Constitution de l'an VIII. Chose qui peut paraître étrange aujourd'hui, l'Empire héréditaire ne faisait pas disparaître le nom de République. L'article Ier du sénatus-consulte du 28 floréal an XII portait, en effet : « Le gouvernement de la République est confié à un empereur, qui prend le titre d'Empereur des Français. » Le serment que devait prêter l'Empereur et qui, en énumérant tous les principes que la France entendait sauvegarder, toutes les conquêtes qu'elle voulait faire respecter, nous donne une idée très-exacte de l'état des esprits en 1804, renferme encore le mot de République[1]. Depuis douze ans, la

de la presse. Ces commissions avaient qualité pour saisir le Sénat des dénonciations qui leur parvenaient. Si la haute assemblée déclarait qu'il y avait de « fortes présomptions » que la liberté de la presse ou la liberté individuelle avait été violée, le Corps législatif avait le droit de déférer à la haute cour impériale le ministre ou l'agent incriminé. L'article 46 de la constitution du 22 frimaire an VIII, avait reconnu au gouvernement le droit de décerner des mandats d'amener et des mandats d'arrêt, dans le cas de conspiration contre la sûreté de l'État. C'est cette disposition qu'entendait réglementer le sénatus-consulte du 28 floréal an XII. Le décret du 3 mars 1810 sur les prisons d'État a également la même origine. Cette législation disparut avec le gouvernement impérial. Mais il ne faut pas oublier qu'elle fut remplacée par les lois de sûreté générale des 29-31 octobre 1815 et 12 février 1817. Conçues dans le même but, renfermant des dispositions encore plus rigoureuses, ces lois furent d'une application bien plus fréquente que la législation si violemment attaquée de l'Empire. Quant aux dispositions relatives à la presse, elles s'appliquaient uniquement aux livres, et non à la presse périodique, qui, ainsi que nous l'avons déjà fait remarquer, resta pendant toute la durée de l'Empire régie par les dispositions de l'arrêté du 27 nivôse an VIII.

[1] Sénatus-consulte du 28 floréal an XIII, article 53 : « Le serment de l'Empereur est ainsi conçu : Je jure de maintenir l'intégrité du territoire de la République ; de respecter et de faire respecter les lois du concordat et la liberté des cultes ; de respecter et faire respecter l'égalité des droits, la liberté politique et civile, l'irrévocabilité des ventes des biens nationaux ; de ne lever aucun impôt, de n'établir aucune taxe qu'en vertu de la loi ; de maintenir l'institution de la Légion d'honneur ; de gouverner dans la seule vue de l'intérêt, du bonheur et de la gloire du peuple français. »

France avait souffert, combattu, vaincu sous le drapeau républicain. Pour beaucoup, pour ceux surtout qui avaient vécu dans les camps, pour ces héroïques soldats d'Italie et d'Égypte, enivrés de la gloire de leur général, république était devenue en quelque sorte synonyme de patrie. Aux yeux de la génération de 1804, la monarchie ne rappelait que les souvenirs détestés et redoutés de l'ancien régime ; et parmi les plus fidèles compagnons du nouveau César, plus d'un se serait cru appelé à devenir un Brutus si l'on avait tenté de lui imposer un roi.

Pourquoi alors cette couronne, ce trône, cette cour? Napoléon cédait-il, comme on a voulu le faire croire, à un accès de vanité puérile, en se faisant octroyer, au risque de réveiller les vieilles susceptibilités républicaines, un titre qui ne pouvait en rien augmenter son pouvoir? Non ; il voyait plus haut et plus loin que ses contemporains et ses détracteurs. « Croyez-vous, disait-il au comte Miot, que ces changements, je les ai faits pour moi, que je tienne beaucoup à ces titres, que je n'en apprécie pas la véritable valeur? Je ne les ai pris que pour rentrer en Europe ! » Parole profonde et éternellement vraie ! Tant que les sociétés européennes seront constituées comme elles le sont, tout peuple qui rompra avec les formes, les traditions, les usages que le temps a consacrés, se constituera par cela même en état d'infériorité. Il en est du monde politique comme du monde élégant : on n'y est admis qu'à certaines conditions de tenue. Le Premier Consul, malgré sa toute-puissance, restait isolé au milieu des souverains de l'Europe. Il lui fallait revêtir le manteau impérial, porter le sceptre de Charlemagne et la couronne des Césars ; il lui fallait l'onction du successeur de saint Pierre, pour pouvoir marcher de pair avec ces rois qu'il avait vaincus et que

son seul nom faisait trembler. « Il aspire à descendre »,
disait Courier. Boutade d'un lettré, homme d'esprit,
mais dénué de sens politique. Devenu Empereur et Roi,
le Premier Consul ne se grandissait pas, il ne le pouvait
plus : il grandissait la France [1].

VII

Dans leur forme définitive, les institutions impériales
se réduisaient à trois grands pouvoirs : l'Empereur,
pouvoir exécutif et politique, gouvernement, action ;
le Sénat, pouvoir de contrôle ; le Corps législatif, votant
les lois d'administration et de finances que lui soumettait
l'Empereur [2].

Les attributions du Corps législatif étaient réduites

[1] Dans les premiers mois de 1804, le Conseil d'État fut saisi des modifications à apporter à la Constitution. Un projet de déclaration fut préparé par les présidents de section : nous en reproduisons les considérants les plus remarquables. C'est en quelque sorte l'exposé des motifs du sénatus-consulte du 28 floréal an XII. « Considérant que l'intérêt de la nation est d'avoir un gouvernement dont les principes soient fixes, les vues permanentes, les projets suivis, la politique invariable, les alliances solides ; que la révolution n'a pas été commencée par la nation en **1789** contre l'hérédité de la suprême magistrature, et que, si elle a été dirigée depuis contre la famille en faveur de laquelle les représentants du peuple avaient confirmé cette hérédité, c'est parce que cette famille s'est armée contre la révolution et ses principes ; que la nation confirmera sa volonté d'éloigner cette famille en appelant une famille nouvelle et la plaçant à sa tête ; que l'hérédité de la suprême magistrature dans une famille n'est pas une concession dans l'intérêt de cette famille, mais une institution dans l'intérêt du peuple..... que l'hérédité de la suprême magistrature est analogue aux mœurs de la nation, convenable à sa population, adaptée à l'étendue de son territoire..... »

[2] Voir note A, à la fin du volume, sur les constitutions du royaume d'Italie et du royaume de Westphalie.

exclusivement à ces matières : il ne pénétrait ni dans les détails de la politique, ni dans ceux du gouvernement. « Un Corps législatif, disait Napoléon, est, par sa nature et sa composition, hors d'état de se mêler de l'administration et de descendre dans ses détails. Il ne peut connaitre ni juger ses besoins. Il ne faut donc soumettre au Corps législatif que des généralités, et les restreindre aux objets purement spéculatifs, tels que les lois du Code civil, des procédures, en y joignant cependant l'impôt, qu'il doit toujours consentir. Je conçois cette marche parce qu'en la suivant, il est évident que la résistance du Corps législatif, soit à consentir l'impôt, soit à adopter de grandes mesures sur lesquelles l'opinion peut prononcer, aurait de si grands résultats, que le gouvernement serait obligé ou de recourir au Sénat pour dissoudre le Corps législatif, ou de changer ses ministres et son conseil, s'il reconnaissait qu'ils l'ont égaré ou entraîné trop loin. Ce sont là de grandes crises inévitables dont chacun peut apercevoir les avantages ou les dangers, et dans lesquelles la nation est toujours en état de prononcer entre les deux partis. Mais laisser au Corps législatif la faculté d'arrêter la marche du gouvernement dans les détails, et cela résulterait infailliblement de l'obligation de recourir à lui pour ces détails, c'est placer le gouvernement dans l'alternative cruelle ou de se laisser gêner à chaque pas et de se laisser ruiner ainsi peu à peu, ou d'en venir à une mesure violente qui ne serait pas suffisamment motivée par l'importance de la matière, et qui lui ferait perdre l'opinion et la faveur publiques. »

Mais si Napoléon entendait que le Corps législatif ne fût ni une entrave pour son gouvernement, ni un foyer d'opposition, il voulait que la lumière se fît sur ses actes, que la nation fût à même de les apprécier et de les juger. Presque annuellement, ses ministres remettaient au Corps législatif un exposé de la situation de l'Empire, qui résumait à grands traits tous les travaux accomplis, toutes les améliorations effectuées[1]; ils communiquaient au Sénat les pièces diplomatiques les plus importantes. Certes, ce n'était pas là ce qu'on est convenu de nommer un gouvernement de contrôle, un de ces gouvernements où des discussions stériles raniment les passions, surexcitent les haines, et qui, par le jeu même de leur mécanisme, semblent prendre à tâche de diviser le pays en factions ennemies[2]. Mais ce n'était pas, comme on l'a prétendu, le gouvernement du silence et du mystère; il suffit pour s'en convaincre de parcourir ces documents soigneusement élaborés où nous puisons aujourd'hui tant de renseignements précis et utiles, et qui nous font mesurer, année par année, la grandeur de l'œuvre accomplie.

Armé du droit d'interpréter la Constitution et d'annuler les actes inconstitutionnels, ayant qualité pour nommer les membres du Corps législatif et pour dissoudre cette assemblée, le Sénat, seul pouvoir indépendant de l'Empereur et protégé par son inamovibilité, eût pu, avec le temps, arriver à exercer une action prépondérante et devenir la tête d'une sorte d'oligarchie qui eût mis le gouvernement en tutelle. Ce danger n'avait pas échappé à l'esprit politique de Napoléon. Par une sorte de prescience fatidique, il le disait dès 1804 : « Quelque jour le Sénat profitera de la faiblesse de mes

[1] On en compte neuf de 1800 à 1814.

[2] « Le gouvernement représentatif, par la publicité et la discussion continues, aggrave les dissentiments et échauffe les luttes. La vie politique est à ce prix. » (M. GUIZOT, *Mémoires pour servir à l'histoire de mon temps.*)

successeurs pour s'emparer du gouvernement, et, si l'occasion s'en présente, il pactisera avec les Bourbons aux dépens des libertés de la nation. » Mais l'Empereur comptait sur lui-même et sur la force que lui assuraient les millions de suffrages qui s'étaient par trois fois accumulés sur son nom.

Comme il l'établissait avec tant de raison dans la fameuse note insérée au *Moniteur* du 14 décembre 1808, le premier représentant de la nation était l'Empereur; il aurait pu dire l'unique, car seul il était issu des votes populaires[1]. Le Sénat et le Corps législatif n'étaient que des organismes gouvernementaux, tout comme le Conseil d'État, et leurs membres des fonctionnaires législatifs, et non des mandataires de la nation. Mais la logique et les souvenirs de la Convention l'entraînaient peut-être un peu loin, lorsqu'il ajoutait que « s'il y avait dans la Constitution un corps représentant la nation, ce corps serait souverain, les autres corps ne seraient rien, et ses volontés seraient tout ».

« Le prince, a dit Mirabeau, est le représentant perpétuel du peuple, comme les députés sont ses représentants élus à certaines époques. » L'un représente les intérêts permanents de la nation; les autres, ses intérêts passagers. L'art du gouvernement est de mettre d'accord ces deux sortes d'intérêts divers, et malheureusement quelquefois opposés, sans jamais sacrifier les premiers aux seconds. Quand le prince est l'élu de la nation, une chambre, même issue de la même origine, serait impuissante à s'attribuer la souveraineté, car elle ne représente que les diverses fractions du pays; le prince, lui, repré-

---

[1] « Le premier représentant de la nation, c'est l'Empereur; car tout pouvoir vient de Dieu et de la nation... » (*Moniteur du 14 décembre 1808.*)

4.

sente le pays tout entier. Il a le droit d'en appeler au peuple, juge suprême entre son mandataire permanent et ses délégués temporaires, et, dans notre organisation démocratique, le plus conservateur de tous les pouvoirs. Pour nos sociétés laborieuses, le premier des besoins est d'éviter les révolutions. Le peuple le sent d'instinct, et ses intérêts positifs l'emporteront toujours sur les intrigues personnelles et les jalousies ambitieuses. On peut, dans un petit monde d'oisifs, se complaire à ces jeux d'influence, dont la grande masse fait les frais : entre une opposition quelconque et le pouvoir, « ce moteur bienfaisant de l'organisme social [1] », appelez le peuple à décider ; et si le pouvoir est vraiment digne de ce nom, son verdict ne sera pas douteux [2].

C'est par ce respect constant de la volonté nationale, par ces appels réitérés à celui qu'un Napoléon aussi proclamait « le seul souverain qu'il reconnût en France [3] », que les constitutions impériales se recommandent à la postérité. Le principe de la souveraineté du peuple avait été posé par la Constituante et par la Convention [4]. On eût même pu croire que celle-ci, poussant à l'extrême toutes ses théories, avait pris à tâche d'en rendre l'exercice

---

[1] NAPOLÉON III, *Idées napoléoniennes.*

[2] Ce sentiment profondément conservateur de la nation n'a jamais échappé aux révolutionnaires clairvoyants. Dans la séance du 15 janvier 1793, lors du procès de Louis XVI, le conventionnel Garrau, de la Gironde, motivait son vote en ces termes : « Comme je ne veux ni roi, ni royauté, et que l'appel au peuple est peut-être le seul moyen de nous rendre l'un et l'autre... je dis non. »

[3] « Mon devoir est de sauver le pays, en invoquant le jugement solennel du seul souverain que je reconnaisse en France, le peuple. » (NAPOLÉON III, Proclamation du 2 décembre 1851.)

[4] Déclaration des droits de l'homme et du citoyen du 26 août 1789, article 3 : « Le principe de toute souveraineté réside essentiellement dans la nation ; nul corps, nul individu ne peut exercer d'autorité qui n'en émane expressément. » Constitution du 5 fructidor an III. Déclaration

impraticable, en voulant soumettre aux comices populaires la plupart des projets de loi[1]. Napoléon, lui, donna au plébiscite sa forme pratique : il le fit entrer dans nos mœurs.

Vainement on prétendra qu'il est inutile de mettre tout un peuple en mouvement pour constater le sentiment national, qu'il s'affirme de lui-même, sans qu'il soit nécessaire de remuer les urnes et d'ouvrir des registres. Certes, il est plus commode de proclamer qu'on est l'expression de la volonté du peuple, sans se donner la peine de le consulter, de déclarer que la nation est avec soi, quand on s'est dispensé de compter les votes. Étrange théorie qui veut que le peuple nomme ceux qui disposeront du moindre de ses deniers et qui lui refuse le droit de désigner celui à qui il entend confier la charge de ses destinées ! Si jamais quelqu'un était autorisé à s'emparer du pouvoir, du droit du génie et des services rendus, si quelqu'un était appelé à la suprême magistrature par ce vœu national inconscient, qu'on veut bien pressentir, mais non laisser formuler, c'était le général Bonaparte à la veille du 18 brumaire. Maître de la France, il voulut que son autorité fût confirmée par le peuple. Il eût pu se faire consul à vie ; il eût pu se faire empereur : le

des droits de l'homme et du citoyen, article 17 : « La souveraineté réside essentiellement dans l'universalité des citoyens »; article 18 : « Nul individu, nulle réunion partielle de citoyens ne peut s'attribuer la souveraineté. » Voir également Constitution du 24 juin 1793, Déclaration des droits de l'homme et du citoyen, articles 25 et 26.

[1] Constitution du 24 juin 1793, articles 53 à 60. Les dispositions législatives devaient être divisées en deux catégories : les lois proposées par le Corps législatif et soumises aux assemblées primaires; les décrets votés uniquement par le Corps législatif. Tous les actes de l'Assemblée constituante, de l'Assemblée législative et de la Convention portent la dénomination de décrets; le titre de loi n'apparaît qu'avec la Constitution de l'an III.

Sénat ne demandait qu'à lui conférer tous ces titres ; il voulut les recevoir du peuple. C'était bien là l'homme qui, dès 1797, écrivait : « Depuis cinquante ans, je ne vois qu'une chose que nous avons bien définie, c'est la souveraineté du peuple [1]. » A ce principe vague, à cette abstraction théorique, il donna un corps : le plébiscite devint la manifestation la plus solennelle de la vie des nations. Désormais, en face des révolutions qui ne font qu'entasser ruines sur ruines, une voie pacifique s'ouvrait pour sortir de la légalité, qui souvent nous étouffe, et rentrer dans le droit.

Un jour, Napoléon put s'écrier, dans un mouvement de légitime orgueil : « Empereur, consul, soldat, je tiens tout du peuple ! » Et le peuple, qui est moins ingrat, moins léger, moins volage que ceux qui s'arrogent le droit de parler en son nom, ne l'a jamais oublié.

[1] Lettre au ministre des relations extérieures, du 19 septembre 1797.

CHAPITRE III

I

L'Empereur gouvernait avec son Conseil d'État et par ses ministres.

Le Conseil d'État était une création de la Constitution de l'an VIII. Il lui a survécu. Ses attributions ont pu être modifiées suivant le cours des temps, les idées dominantes, le système gouvernemental; son action a pu être successivement diminuée, amoindrie, il n'en est pas moins resté le grand rouage de notre mécanisme administratif, et nul gouvernement depuis lors ne s'est passé de Conseil d'État.

L'article 52 de la constitution du 22 frimaire an VIII portait : « Sous la direction des Consuls, un Conseil d'État est chargé de rédiger les projets de loi et les règlements d'administration publique, et de résoudre les difficultés qui s'élèvent en matière administrative. » Cette disposition, rapprochée de celle qui retirait au Corps législatif, comme au Tribunat, le droit d'amendement, avait pour but d'introduire enfin dans notre législation cette unité de vues, cet esprit de suite qui lui avaient jusque-là fait complétement défaut. Elle enlevait aux corps délibérants tous ces détails de réglementation dans lesquels s'étaient noyées nos assemblées révolutionnaires, depuis la Constituante, qui rédigeait sur les lois qu'elle venait de rendre, des instructions analogues à nos circulaires ministérielles, jusqu'à la Convention, qui prenait de simples arrêtés administratifs [1].

Cette intervention du Conseil d'État dans toute l'œuvre législative lui donnait une autorité considérable. Nonseulement il préparait les lois, mais il en arrêtait le texte définitif, aucune modification ne pouvant être apportée aux projets, dont la rédaction lui appartenait, par les assemblées appelées à les approuver ou à les rejeter [2]; il les commentait dans les règlements d'administration publique, que seul il avait qualité pour formuler. Le Premier Consul alla encore plus loin : par le règlement organique du 5 nivôse an VIII (26 décembre 1799), il lui attribua l'interprétation des lois. « Le Conseil d'État,

---

[1] Voir, entre autres exemples, l'instruction du 8 janvier 1790, explicative du décret du 22 décembre 1789-janvier 1790, sur les assemblées primaires et administratives; l'instruction du 31 mai 1790, annexée au décret de la même date sur la vente de 400 millions de domaines nationaux; l'instruction du 23 novembre 1790, véritable commentaire du décret de la même date sur la contribution foncière. Pour la Convention, voir ch. II, § 2.

[2] Le sénatus-consulte du 28 floréal an XII (18 mai 1804) décida que lorsqu'il y aurait dissentiment sur la rédaction d'un projet de loi entre la section du Tribunat et celle du Conseil d'État, ces deux sections pourraient se réunir en conférence, sous la présidence de l'archichancelier ou de l'architrésorier. Cette disposition fut appliquée aux commissions créées au sein du Corps législatif, par le sénatus-consulte du 19 août 1807, qui supprima le Tribunat.

y est-il dit à l'article 11, développe le sens des lois, sur le renvoi qui lui est fait par les Consuls des questions qui leur ont été présentées [1]. » D'après ce même article, il devait également « prononcer sur les conflits qui peuvent s'élever entre l'administration et les tribunaux ». Enfin, la loi du 18 germinal an X (8 avril 1802) lui conféra les appels comme d'abus. Qu'on joigne à ces attributions le contentieux administratif, qui lui appartenait en vertu du texte même de la Constitution de l'an VIII, et l'on verra que le Conseil d'État était le régulateur suprême en matière législative et administrative. Il faisait la loi, sauf l'approbation du Corps législatif ; il l'interprétait, la commentait, jugeait en dernier ressort les affaires contentieuses, enfin était l'arbitre entre le pouvoir judiciaire et le pouvoir administratif, l'autorité civile et l'autorité religieuse.

Le décret du 11 juin 1806, qui réglait la procédure en matière contentieuse, donna encore au Conseil d'État de nouvelles attributions. Il l'appela à connaitre les questions de haute police administrative, c'est-à-dire à prononcer sur la conduite des fonctionnaires qui lui étaient déférés [2]. Cette disposition qui a disparu de notre législation est une des plus caractéristiques du système impérial. L'Empereur voulait des fonctionnaires dévoués, actifs, vigilants, n'ayant d'autre mobile que le sentiment du devoir, d'autre passion que l'honneur professionnel. Il entendait les enserrer dans les liens d'une hiérarchie puissante, et créer, à côté de ses soldats, une

---

[1] C'est là l'origine de ces avis du Conseil d'État qui servent encore de règle à notre jurisprudence.

[2] Décret du 11 juin 1806, article 14 : « Il (le Conseil d'État) connaitra : 1º des affaires de haute police administrative, lorsqu'elles lui auront été renvoyées par nos ordres. » (Voir le titre III.)

grande armée civile, sachant transmettre, exécuter,
interpréter ses ordres et manœuvrer avec la précision de
ses vieux régiments. Mais s'il imposait à leur obéissance
et à leur abnégation de nombreux devoirs, il trouvait
juste aussi de leur constituer des droits. Il ne voulait
pas que leur carrière fût à la discrétion d'un caprice ou
d'une fantaisie. Comme le soldat, ils étaient liés au service de l'État ; comme lui, ils ne devaient être rayés des
contrôles qu'après un jugement solennel. Le Conseil
d'État était constitué en grand conseil de discipline :
une révocation, au lieu de passer inaperçue et de pouvoir être attribuée à mille motifs, plus ou moins inavoués,
devenait un acte de justice, un exemple à méditer [1].
Chose curieuse ! cette garantie que l'Empereur n'hésitait
pas à accorder à ses fonctionnaires, aucun autre gouvernement, même ceux qui se glorifiaient le plus de leur
libéralisme, n'a pu la supporter. Elle a disparu avec la
Restauration ; et nul depuis n'a songé à rendre au Conseil d'État cette juridiction supérieure, cette haute surveillance disciplinaire qui, en se perpétuant, eût organisé
l'administration française en un corps compacte, avec ses
règles, ses traditions, ses principes.

Tous les pouvoirs conférés au Conseil d'État s'exerçaient sous l'autorité de l'Empereur, qui s'était réservé

---

[1] C'est ainsi qu'en décembre 1812, le préfet de la Seine, Frochot, fut
révoqué de ses fonctions après jugement du Conseil d'État, pour avoir
manqué d'énergie lors de la conspiration de Malet. — Bien avant le
décret du 11 juin 1806, un arrêté du 3 floréal an VIII (23 avril 1800),
réorganisant le département des relations extérieures, avait établi des
garanties analogues en faveur des agents de ce ministère. Ils ne pouvaient être destitués qu'après examen de leur conduite par une commission nommée par le Premier Consul. Voir dans le savant livre de
M. Frédéric Masson, *le Département des affaires étrangères pendant la
Révolution*, des exemples d'agents consulaires dont la révocation est pré-
cédée d'une enquête, d'après ces prescriptions.

de rendre exécutoires par sa sanction les décisions de ce grand corps, comme il avait tenu à en conserver la présidence effective, et à en diriger lui-même les délibérations [1]. C'est que le Conseil d'État était tout autre chose que les assemblées qui depuis ont porté le même nom : c'était le vrai, le seul conseil du gouvernement. Il n'existait en effet à cette époque rien qui ressemblât à nos conseils des ministres. L'Empereur travaillait avec ses ministres, ses directeurs généraux, ses grands chefs de service, leur dictait ses ordres, leur faisait parvenir ses instructions par son secrétaire d'État, pouvait tenir avec eux des conférences administratives spéciales; mais de conseil, tel que nous l'entendons aujourd'hui, où les ministres viennent, à jour convenu, apporter leur opinion sur les grandes mesures gouvernementales, sur les questions importantes qui relèvent de la politique générale, il n'y en a point trace [2]. Les ministres n'étaient, suivant le mot expressif de l'empereur Nicolas, que des « exécuteurs d'ordres ».

Tout ce qui était discussion, délibération, restait du ressort du Conseil d'État : mesures administratives, financières, politiques même, rien ne lui demeurait étranger. En même temps qu'il élaborait le Code civil, le Code de commerce, le Code de procédure, le Code d'instruction criminelle, qu'il préparait les lois de finances, les règlements administratifs, les lois organiques des cultes, l'organisation de l'Université, les lois sur les mines, sur les desséchements et les travaux publics, il délibérait sur la création de la Légion d'honneur, il était appelé à

---

[1] Règlement du 5 nivôse an VIII, articles 3, 8 et 9.

[2] Les ministres ne se formaient en conseil de gouvernement que par exception, lorsque l'Empereur était à la tête des armées : ils se réunissaient alors sous la présidence de l'archichancelier de l'Empire Cambacérès.

donner son avis sur les modifications à introduire dans
la Constitution, en transformant en Empire héréditaire
le pouvoir viager du Premier Consul. Tous les actes du
gouvernement étaient étudiés, discutés dans son sein.
Dans les premières années du Consulat, il avait même
la connaissance des traités de paix. Elle lui fut retirée
quand le sénatus-consulte du 16 thermidor an X décida
qu'ils cesseraient d'être présentés au Corps législatif.
D'après ces nouvelles dispositions, l'examen des traités
de paix, avant leur communication au Sénat, devait être
confié à un conseil privé, composé des deux consuls, de
deux sénateurs, de deux conseillers d'État et de deux
grands officiers de la Légion d'honneur. Ce même
conseil privé était désormais chargé exclusivement de la
préparation des sénatus-consultes.

Si son autorité fut restreinte sur certains points
spéciaux, et limitée aux matières d'administration et de
législation, le Conseil d'État n'en demeura pas moins le
grand conseil de l'Empire. C'est là que Napoléon venait,
non point écouter les remarquables dissertations des
esprits les plus sûrs et les plus éclairés de l'époque, mais
discuter, lutter de logique, de maturité, de profondeur
de vues avec ces hommes qui joignaient aux études les
plus consciencieuses, à un savoir réel, tout ce que dix
années de la plus terrible des révolutions peuvent donner
d'expérience et de sens pratique. C'est là qu'il se prenait
de corps avec des adversaires tels que les Cambacérès,
les Tronchet, les Portalis, les Merlin de Douai, les Treilhard, les Berlier, les Boulay de la Meurthe, étonnant
ces vieux légistes par la largeur de ses idées, par la
rectitude et la vigueur de son jugement, et les laissant
éblouis et confondus par la supériorité de l'intelligence
et du génie. C'est là qu'il passait ses « grandes revues

d'affaires ». C'est là qu'il conquérait cette gloire immortelle de législateur, que l'envie a cherché vainement à lui arracher.

On s'est plu à dire que son rôle avait été exagéré, que l'adulation et la flatterie s'en étaient mêlées, que son art avait été surtout de savoir choisir ses instruments. N'est-ce pas cet art qu'on s'efforce de rabaisser, qui a fait la grandeur de celui qui s'est appelé Louis XIV ? Mais lisez les procès-verbaux du Conseil d'État, écoutez les témoins de ces grandes séances, les Rœderer, les Miot, les Pelet de la Lozère ! C'est en sortant du Conseil d'État que Rœderer écrivait : « Jamais le conseil ne s'est séparé sans être plus instruit, sinon de ce qu'il a enseigné, au moins de ce qu'il a forcé d'approfondir. » Et plus loin : « Plus on l'approche, plus on le respecte. On le trouve toujours plus grand que soi, quand il parle, quand il pense, quand il agit. » Ah ! il avait bien le droit de le proclamer : « Ce n'est pas comme général que je gouverne, mais parce que la nation croit que j'ai les qualités civiles propres au gouvernement. » Et la nation ne se trompait pas !

Le nombre des conseillers d'État avait été fixé, par le sénatus-consulte du 16 thermidor an X, à cinquante ; il ne dépassa jamais quarante-cinq [1]. La plupart d'entre eux étaient chargés en même temps de la direction d'un grand service public. Cinq de ces directions avaient été

[1] En vertu du règlement du 5 nivôse an VIII, ils étaient répartis en cinq sections : législation civile et criminelle, finances, guerre, marine, intérieur. Le sénatus-consulte du 28 floréal an XII ajouta une section du commerce qui ne fut jamais organisée. Il fut créé postérieurement, sous le titre d'office des relations extérieures, une section des affaires étrangères. Un certain nombre de hauts fonctionnaires, tels que le premier président et le procureur général de la Cour de cassation, le préfet de la Seine, le préfet de police, faisaient partie du Conseil d'État, sans être attachés à aucune section : ils étaient compris dans le nombre total de

créés à l'origine [1] : elles ne tardèrent pas à s'accroître,
et bientôt le Conseil d'État se composa en grande partie
de hauts fonctionnaires, venant soumettre aux ministres [2]
et à leurs collègues, les questions les plus graves et les
plus difficiles, s'éclairant mutuellement de leurs lumières,
et discutant en commun les intérêts majeurs de chaque
service, que tant de liens communs rattachent l'un à
l'autre, et dont le faisceau constitue l'ensemble de l'administration [3]. C'était bien là, comme nous l'avons dit,
un grand conseil de gouvernement. Pour lui donner un
nouveau lustre, pour assurer encore plus l'indépendance
de ses membres, le sénatus-consulte du 28 floréal an XII
décida que tout conseiller d'État qui aurait siégé pendant cinq ans serait nommé conseiller d'État à vie.

Le recrutement de ce grand corps devait naturellement être l'objet de l'attention toute particulière de
Napoléon. Quand on parcourt la liste des cent dix conseillers d'État qui se sont succédé de 1800 à 1814, on
en trouve plus des deux tiers dont les noms ne sont
pas encore oubliés. La présidence, il ne la confie en
son absence qu'à Cambacérès, son collègue au temps du

cinquante. Il y eut aussi des conseillers d'État en service extraordinaire :
c'était un titre purement honorifique créé par l'arrêté du 7 fructidor
an VIII (25 août 1800).

[1] Règlement du 5 nivôse an VIII. Les cinq directions établies par cet
arrêté étaient celles des forêts, des domaines nationaux, des ponts et
chaussées, des sciences et arts, et des colonies.

[2] En vertu du règlement du 5 nivôse an VIII, les ministres n'avaient
au sein du conseil d'État que voix consultative : le sénatus-consulte du
16 thermidor an X leur donna rang, séance et voix délibérative.

[3] Ce ne fut guère que dans les dernières années de l'Empire que la
plupart des grands chefs de service furent placés dans le cadre des conseillers d'État hors sections. Jusque-là il n'était pas rare de trouver une
section composée uniquement de directeurs généraux. Voir la section des
finances en 1808. A la même date, sur trente-six conseillers d'État,
vingt-deux étaient chefs de service. En 1813, sur quarante-deux, vingt
se trouvaient dans les mêmes conditions.

Consulat et le premier, le plus éminent parmi ses collaborateurs. Les présidents de section s'appellent Boulay de la Meurthe, Brune, Defermon, Ganteaume, Rœderer, de Fleurieu, Lacuée, Regnaud de Saint-Jean-d'Angely, Bigot de Préameneu, Treilhard, Andréossy. Parmi les conseillers, nous relevons les noms des plus illustres de nos jurisconsultes : Portalis, Berlier, Merlin de Douai ; trois premiers présidents de la Cour de cassation sous trois règnes différents : Muraire, Henrion de Pansey, Portalis le fils [1] ; des administrateurs comme Français de Nantes, Petiet, Thibaudeau, Miot, Fourcroy, Duchâtel, de Gérando, Lavalette, Pelet de la Lozère, Frochot et Dubois, le premier préfet de la Seine et le premier préfet de police. C'est une pépinière d'hommes d'État : chaque gouvernement viendra y chercher des ministres ; l'Empire : Chaptal, Crétet, Daru, Montalivet, Regnier, Barbé-Marbois, Clarke, Portalis, Mollien, Collin de Sussy ; la Restauration : Siméon, Beugnot, Gouvion-Saint-Cyr, Dessolles, Malouet, Pasquier, Louis, Corvetto, enfin Molé, qui fut ministre sous trois règnes. L'armée y est représentée par Bernadotte, Jourdan, Marmont, Clarke, Gouvion-Saint Cyr, Dejean, Caffarelli, Gassendi, Mathieu Dumas ; la marine, par Truguet, Bruix, Forfait; le corps diplomatique, par d'Hauterive et Otto. On y vit même siéger des prélats [2]. L'Empereur voulut qu'avant de porter une couronne, ses frères Joseph et Louis vinssent faire à cette grande école leur éducation administrative. Des hommes de toutes les opinions s'y trouvaient confondus : des conventionnels

---

[1] Muraire, premier président, de 1804 à 1814; Henrion de Pansey, de 1828 à 1829, et Portalis, de 1829 à 1852.

[2] Le baron Mannay, évêque de Trèves, et le baron Duvoisin, évêque de Nantes, faisaient partie en 1813 de la section de l'intérieur.

comme Fourcroy, Berlier, Treilhard, Quinette ; des
royalistes comme Dufresne, Malouet ; des girondins
comme Defermon ; des modérés comme Bigot de Préameneu, Muraire, Regnaud de Saint-Jean-d'Angely,
Rœderer. A côté de Boulay de la Meurthe, l'auteur de
cette loi du 9 frimaire an VI, qui déniait aux anciens
nobles jusqu'aux droits de citoyens français, de Merlin
de Douai, le rapporteur de la loi des suspects, de Réal,
l'ancien substitut du procureur de la Commune Chau-
mette, venaient s'asseoir les proscrits de fructidor, Siméon,
Portalis, Barbé-Marbois et l'ancien ambassadeur du roi
Louis XVI près de la grande Catherine, le comte de
Ségur. Après cette terrible tourmente de dix ans, il était
bien peu d'hommes qui n'eussent quelque chose à se
faire pardonner. L'Empereur le savait ; aussi ne deman-
dait-il pas à chacun ce qu'il avait fait, mais ce qu'il était
capable de faire. C'était le même sentiment qui l'avait
porté à placer immédiatement à ses côtés le conventionnel Cambacérès et l'ancien secrétaire du chancelier
Meaupou, Lebrun.

Le Conseil d'État se compléta par l'institution des
maîtres des requêtes et des auditeurs. Les maîtres des
requêtes, dont le nombre ne dépassa pas dix-huit, furent
créés par le décret du 11 juin 1806, et spécialement
chargés de l'étude des affaires contentieuses. Les auditeurs les avait précédés. Dès le 19 germinal an XI
(9 avril 1803), huit auditeurs avaient été nommés : ils
devaient servir d'intermédiaires entre les départements
ministériels et le Conseil d'État et faire les rapports des
affaires courantes. Leur nombre s'accrut successivement : élevé à cent soixante par le décret du 26 décembre 1809, il fut porté par le décret du 7 avril 1811 à
trois cent cinquante, dont soixante seulement étaient

admis à assister aux séances du Conseil ; les autres, répartis entre les divers services publics, n'étaient rattachés au Conseil d'État que par un titre honorifique.

L'auditorat devint une grande école d'administration pratique. Sous de tels maitres, les hommes se formaient vite. On eut des préfets de vingt-sept ans, comme on avait eu des généraux de vingt-huit. C'était une pépinière de préfets, de sous-préfets, d'agents diplomatiques, de fonctionnaires de tout ordre, où Napoléon puisait incessamment. Il ne faut pas oublier qu'il avait à gouverner et à administrer près de la moitié de l'Europe. Empereur des Français, roi d'Italie, protecteur de la Confédération du Rhin, médiateur de la Confédération suisse, il régnait, soit par lui, soit par ses lieutenants, des bords du Tage à ceux de la Vistule, de l'extrémité de l'Adriatique aux rivages de la Baltique. Régir les provinces conquises avec Daru, organiser la Hollande avec Lebrun, l'Illyrie avec Marmont, le grand-duché de Berg et de Clèves avec Beugnot, la Westphalie avec Siméon et Jolivet, Naples avec Rœderer et Miot, faire pénétrer dans l'immensité de ce vaste empire nos principes et nos lois, telle fut la tâche qui incomba au Conseil d'État. A la suite de nos armées, conseillers d'État et auditeurs coururent l'Europe, portant la parole et la volonté du maître, et laissant partout dans les idées comme dans les institutions des traces ineffaçables.

II

A côté du Conseil d'État venaient se placer les ministres. Nous avons indiqué déjà quel était leur rôle. Au

Conseil d'État appartenait la délibération, aux ministres
l'action, mais l'action sous le contrôle exclusif et absolu
de l'Empereur. Car, ainsi que l'a très-bien dit Rœderer,
« Napoléon n'a eu besoin que de ministres qui l'enten-
dissent, jamais de ministres qui le suppléassent ». Exécuteurs ponctuels de la volonté de l'Empereur, dégagés
de tout autre souci que de veiller à la gestion des intérêts
qui leur étaient confiés, ils demeuraient cantonnés exclusivement dans leurs départements ministériels, plus que
suffisant pour absorber toute leur activité. En 1799, le
Premier Consul avait trouvé sept ministères : relations
extérieures [1], guerre, marine, justice, finances, intérieur
et police. Le 5 vendémiaire an X (27 septembre 1801),
le ministère du trésor public fut créé : puis vinrent le
ministère de l'administration de la guerre (17 ventôse
an X, 8 mars 1802), le ministère des cultes (21 messidor an XII, 10 juillet 1804), enfin le ministère des
manufactures et du commerce (22 juin 1811).

Si Napoléon répartissait sur un plus grand nombre de
têtes les attributions ministérielles, c'est qu'il entendait
que les hommes appelés à ces hautes fonctions fussent
à même de prendre une connaissance approfondie des
affaires de leurs départements, qu'ils les suivissent dans
les moindres détails, qu'ils en eussent véritablement la
direction : il n'aurait pas admis qu'ils se contentassent
de couvrir de leur approbation les décisions préparées
par des agents secondaires, même les plus capables et
les plus dévoués. Pour pouvoir lui rendre compte de
tout, répondre à ses questions incessantes, ses ministres
devaient savoir et travailler par eux-mêmes [2].

---

[1] C'est le nom que portait alors le ministère des affaires étrangères et
qu'il garda pendant toute la durée de l'Empire.

[2] Plusieurs grands fonctionnaires portèrent le titre de ministre

C'est cette même pensée qui lui fit instituer ces grandes directions générales, services presque complétement indépendants et rattachés pour ordre aux divers départements ministériels. Le règlement organique du 5 nivôse an VIII sur le Conseil d'État avait créé cinq de ces directions. Bientôt chaque branche importante de l'administration publique reçut une organisation analogue [1]. Pris dans le sein du Conseil d'État, les directeurs généraux étaient appelés fréquemment à travailler avec l'Empereur, à recevoir directement ses instructions et ses ordres : c'était en réalité des ministres au petit pied [2].

Le lien commun de ces divers services était le secrétaire d'État. Tous les décrets, toutes les décisions impériales passaient par ses mains. Sorte de notaire impérial, chargé exclusivement de constater l'authenticité des

d'État : ce n'était qu'une distinction honorifique. Elle fut conférée au grand chancelier de la Légion d'honneur Lacépède, à Defermon, à Regnaud de Saint-Jean-d'Angely, à Lacuée; d'anciens ministres et d'anciens ambassadeurs en furent également revêtus, tels que le duc d'Otrante, le duc de Cadore, le comte Otto.

[1] Le nombre des directions générales varia successivement, suivant les besoins du service; certaines furent transformées en ministères, telles que celle du trésor et celle des cultes. L'une d'elles, celle des colonies, ne fut jamais organisée.

Voir, note B, à la fin du volume, le tableau des ministres et des directeurs généraux.

[2] Dans les départements au delà du Rhin et des Alpes, des gouverneurs généraux représentaient la personne de l'Empereur. Au-dessous d'eux, des directeurs, choisis généralement dans le sein du Conseil d'État, étaient chargés de centraliser les affaires administratives qui restaient néanmoins sous la surveillance des ministres compétents. Le gouverneur général pour les départements au delà des Alpes (Piémont et Gênes) était le prince Borghèse; en Toscane, la princesse Élisa, qui portait le titre de grande-duchesse de Toscane; en Hollande, Lebrun. A Rome, Fouché fut nommé, mais ne s'installa pas; dans les départements anséatiques, les fonctions de gouverneur général étaient remplies par le maréchal Davout. Les provinces illyriennes, qui eurent successivement pour gouverneur général Marmont, Junot et Fouché, reçurent une organisation analogue.

actes du gouvernement, seul il avait le contre-seing. Le secrétaire d'État était, pour ainsi dire, un chef d'état-major d'une nature particulière, un Berthier civil. Attaché à la personne de l'Empereur, qu'il ne quittait presque jamais, faisant en quelque façon partie de sa maison (son traitement était payé sur les fonds de la liste civile), il l'accompagnait dans ses campagnes, recevait ses ordres et les transmettait aux ministres. C'était l'organe de ses volontés, et partant le confident de ses plus secrètes pensées.

Le nom de Maret est inséparable de la secrétairerie d'État. Appelé à ce poste dès le 4 nivôse an VIII (25 décembre 1799), il l'occupa presque sans interruption jusqu'aux derniers jours de l'Empire. Nul mieux que lui ne savait saisir au vol la pensée de l'Empereur et la reproduire avec cette facilité de rédaction, cette promptitude d'analyse qui avait été l'origine de sa fortune politique. Lorsqu'en 1811, il fut chargé du portefeuille des relations extérieures, Daru le remplaça pendant quelque temps. Ce n'était en réalité qu'un intérim : Daru ne tarda pas à lui rendre ces fonctions, avec lesquelles il s'était en quelque sorte identifié, et à retourner à l'administration des armées, où il avait rendu de si grands services[1].

Avec un autre souverain, le secrétaire d'État n'eût pas tardé à devenir le premier personnage de l'Empire, un véritable premier ministre tel qu'on le comprenait sous l'ancien régime. Du contre-seing au contrôle, du contrôle à la décision, il n'y a guère qu'un pas. Mais celui « qui savait tout, qui pouvait tout, qui voulait tout », entendait être son premier ministre, disons plus, son

---

[1] Le duc de Bassano quitta la secrétairerie d'État le **17** avril **1811**, pour la reprendre le **20** novembre **1813**.

unique ministre[1]. « Je suis plus vieux administrateur qu'eux, disait-il en parlant de ses conseillers les plus expérimentés. On a fait en peu de temps de grands pas dans l'administration, on en a promptement appris tous les secrets, quand on a dû tirer de sa seule tête les moyens de nourrir, de contenir, d'animer du même esprit et de la même volonté quelques centaines de mille hommes loin de leur patrie. » Et de fait, c'était en Italie et en Égypte qu'il avait appris à gouverner les empires : général, diplomate, administrateur, financier, intendant, ingénieur, il avait dû faire tout, surveiller tout, pourvoir à tout.

« L'art le plus difficile, disait-il, n'est pas de choisir les hommes, mais de donner aux hommes qu'on a choisis toute la valeur qu'ils peuvent avoir. » Et il s'y entendait à merveille. « Que me fait votre esprit? ajoutait-il ; c'est l'esprit de la chose qu'il me faut. Il n'y a point de bête qui ne soit propre à rien : il n'y a point d'esprit qui soit propre à tout. » Ici il s'est chargé lui-même de démentir ses propres paroles. Quand on lit sa volumineuse correspondance, on reste confondu non pas seulement par l'immensité du génie, mais par la netteté, la précision, la spécialité des connaissances. Examinant tout, voyant tout, pénétrant dans les moindres détails, soulevant à chaque instant des objections, il apprend leur métier non-seulement à ses vieux généraux d'Italie et d'Allemagne, mais à des ministres comme les Daru, les Mollien, les Montalivet.

Cette correspondance, elle ne s'arrête jamais, ni à

---

[1] « Avec une activité insaturable de détails, une inquiétude d'esprit toujours avide de nouveaux soucis, il ne se bornait pas à régner, à gouverner; il continuait d'administrer non pas même comme premier ministre, mais plus minutieusement que chaque ministre. » (MOLLIEN, *Mémoires d'un ministre du trésor public.*)

Paris, ni à Saint-Cloud, ni à Bayonne, ni sur les bords de l'Elbe, du Tage, du Danube ou de la Moscowa : il dicte, il dicte sans cesse, épuisant ses malheureux secrétaires, les Meneval, les Fain et tant d'autres qu'il tient quelquefois à côté de lui pendant plus de vingt-quatre heures, sans leur laisser un instant de repos [1]. On a voulu voir une sorte d'ostentation dans ce décret réorganisant la Comédie française, daté du Kremlin [2]. Pour se permettre une pareille appréciation, il faut bien peu le connaître. Ce qui nous paraît étrange, extraordinaire, anormal, c'était alors chose toute simple. Et ces lettres sans nombre, du camp d'Osterode ou du quartier général de Finkenstein, au lendemain d'Eylau, à la veille de Friedland, et cette correspondance de Dresde pendant l'armistice de 1813, au moment où il allait jouer avec sa dernière armée sa fortune et celle de la France, était-ce aussi de l'ostentation ? Puis, quand la paix lui laissait des loisirs, il courait à Bordeaux, à Venise, à Bruxelles, à Amsterdam, pour se rendre compte par lui-même, et des besoins des populations, et de l'exécution de ses ordres.

Il faut lire dans les Mémoires de Beugnot cette scène du Conseil d'État du grand-duché de Berg et de Clèves, où l'Empereur, tombant à Dusseldorf, vérifie les états de comptabilité comme l'eût fait un inspecteur du Trésor, et trouve Beugnot en défaut. Et l'on comprendra cette exclamation d'admiration naïve échappée à un des Allemands du Conseil : « Je ne connaissais pas l'Empereur : c'est plus qu'un homme ! » A quoi Beugnot malmené et mécontent de lui-même répondait : « Je le crois comme vous ; c'est un diable ! »

[1] MOLLIEN, *Mémoires.*
[2] Décret du 15 octobre 1812.

« Retenez bien ceci, disait un jour l'Empereur à Mollien, les méthodes ne se défendent pas toutes seules : les lois seules ne gouvernent pas les hommes, et moins en France qu'ailleurs. La France est faite pour la monarchie; mais elle a surtout besoin de sentir la main du monarque. C'est elle qu'elle invoque contre les abus de l'autorité immédiate; c'est rarement elle qu'elle en accuse. Il ne faut pas oublier ce cri par lequel les paysans français se consolaient autrefois des vexations subalternes (ce cri qui cependant ne réveilla pas Louis XV): « Ah! « si le roi le savait! » Croyez-moi, j'ai de bonnes raisons pour ne pas m'endormir sur ce siége. Je connais la nation française : elle me sait gré de mes longues veilles. Je les dois aux efforts que je lui demande; je les dois à l'exemple même que je dois à tant d'hommes, dont je n'entretiens l'activité que par la mienne, dont je ne préviens les écarts que par ma surveillance. Pour être efficace, il faut que cette surveillance soit de tous les moments, qu'elle s'étende à tous les détails. Je ne cherche pas les plus courts chemins. Je ne crains ni la fatigue ni l'ennui des longues routes : elles m'offrent plus de choses à voir. » Connaissait-il son métier de souverain, celui qui le comprenait et le définissait de telle sorte?

Ce qui a fait la supériorité de ces grands administrateurs de l'Empire, c'était cette surveillance de tous les instants et de tous les détails, qui tenait en haleine tous les serviteurs du pays, depuis les plus élevés jusqu'aux plus humbles. Écoutez Mollien, quand il nous explique comment dans cette cour impériale les jalousies étaient réduites au silence et les intrigues n'avaient pas le temps de naître. « Le devoir plus que l'amitié servait de lien à ses ministres. Chacun était assez embarrassé de ses propres affaires pour ne pas empiéter sur celles des autres, trop peu sûr de son crédit pour attaquer un rival, trop bien retenu dans son tourbillon par le chef du gouvernement, pour rien voir, rien chercher au delà. On n'est pas offensif, quand on est déjà très-occupé du seul soin de sa propre défense. Les affaires absorbaient tous les moments d'un ministre : il n'en restait guère pour les affections ; et il n'y avait presque pas de jour où plus d'une missive impériale n'apportât à chaque ministre la demande subite de quelque éclaircissement nouveau, la révélation de quelque retard de la part d'un de ses agents et plus souvent quelque censure, à laquelle il fallait répondre. On vivait ainsi au milieu des controverses, à côté des censeurs et cependant sans rancune contre ces derniers ; on les regardait comme rentrant aussi dans le système de l'Empereur ; on s'y soumettait comme à la nécessité. Les objections d'ailleurs n'avaient jamais rien de personnel, ni contre l'accusé, ni de la part de l'accusateur : elles ne servaient pas la passion d'un parti ; elles ne servaient que la passion du chef pour tout voir, tout savoir, commander toujours de nouveaux efforts, en prouvant qu'on n'en faisait jamais assez. »

Entendez Beugnot, quand il nous entretient de son administration dans le grand-duché de Berg et de Clèves. « Je travaillais du soir au matin, avec une ardeur singulière : j'en étonnais les naturels du pays qui ne savaient pas que l'Empereur exerçait sur ses serviteurs, et si éloignés qu'ils fussent de lui, le miracle de la présence réelle. Je croyais le voir devant moi, lorsque je travaillais enfermé dans mon cabinet ; et cette préoccupation assidue, qui m'a quelquefois inspiré des idées au-dessus de ma sphère, m'a plus souvent préservé des fautes qui naissent de la négligence et de la légèreté. Un ancien a dit qu'il y avait grandement à gagner dans la conduite de la vie à se tenir par la pensée en présence d'un homme supérieur, et je suis tenté de croire que l'Empereur n'a été généralement si bien servi que parce que, soit par les précautions qu'il y prenait, soit par l'influence de ce nom qui se répétait tous les jours et partout, chacun de ses serviteurs le voyait sans cesse à ses côtés. » Présent, il les dominait de toute la hauteur de son génie ; absent, il les remplissait encore de sa pensée.

C'est ce « miracle de la présence réelle », comme l'appelle si excellemment Beugnot, qui peut seul expliquer le phénomène que nous signale Rœderer, cette absorption de toutes les individualités dans la sienne. « Il arriva, dit Rœderer, sous son gouvernement, une chose assez extraordinaire, entre les hommes qui travaillaient avec lui : la médiocrité se sentit du talent, le talent se crut tombé dans la médiocrité : tant il éclairait l'une, tant il étonnait l'autre ! Des hommes jusque-là jugés incapables se rendaient utiles ; des hommes jusque-là distingués se trouvaient confondus ; des hommes regardés comme les ressources de l'État se trouvaient inutiles ; et toutes les âmes ambitieuses de gloire furent forcées de se contenter d'un reflet de sa gloire. »

CHAPITRE IV

L'ORGANISATION ADMINISTRATIVE

I

Avant tout, le Premier Consul dut s'occuper de reconstituer l'administration. Le 18 pluviôse an VIII (7 février
1800), il saisissait le Tribunat de la loi qui, promulguée
le 28 pluviôse (17 février), est encore aujourd'hui la base
de toute notre organisation administrative.

Nous l'avons déjà dit, depuis 1789 le pouvoir exécutif
était complétement désarmé ; c'est à peine si quelques
liens rattachaient encore les autorités locales au gouvernement central. La loi avait eu beau établir et les
constitutions répéter que « les administrations municipales étaient subordonnées aux administrations de
département et celles-ci aux ministres[1] », quelle subor-

---

[1] Constitution du 5 fructidor an III, titre VII. (Voir Constitution du
3-14 septembre 1791, ch. iv, section 2, et décrets du 14 et du 22 décembre 1789.)

dination pouvait-il exister entre des autorités toutes électives, qui puisaient dans leur origine le sentiment de leur indépendance absolue ? Auprès des nombreuses assemblées dont la Constituante avait couvert la France, le pouvoir central n'avait aucun représentant. Elles se contrôlaient bien l'une l'autre ; mais où était la sanction de ce contrôle ?

D'abord ce sont les municipalités. Le corps municipal, présidé par le maire, se divise en bureau chargé de l'exécution et en conseil : réuni aux notables, il forme le conseil général de la commune, qui n'est appelé à délibérer que sur les intérêts majeurs, acquisitions et aliénations d'immeubles, emprunts, impositions extraordinaires. A ces nombreux rouages vient s'ajouter un procureur-syndic, sans voix délibérative, sorte de conseil de la commune « chargé de défendre les intérêts et de poursuivre les affaires de la communauté » . Tous ces fonctionnaires sont issus du suffrage direct des citoyens actifs [1]. On entendait alors par citoyen actif tout Français âgé de vingt-cinq ans, ayant prêté le serment civique, justifiant d'une année de domicile et payant une contribution de la valeur de trois journées de travail [2].

Au-dessus des municipalités, nous trouvons les administrations de district, qui se divisent en conseil et en directoire, et auxquelles est attaché un procureur-syndic ; enfin les administrations de département formant toujours conseil et directoire, et assistées d'un procureur général syndic. Les membres de ces administrations ainsi que les procureurs-syndics étaient choisis par les électeurs appelés à nommer l'Assemblée nationale [3]. Ces

---

[1] Décret du 14 décembre 1789.

[2] Décret du 22 décembre 1789-janvier 1790, section 1.

[3] Décret du 22 décembre 1789-janvier 1790, section 2. Les membres

électeurs, qui étaient désignés par les assemblées primaires à raison de un pour cent citoyens actifs, devaient justifier du payement d'une contribution équivalente à dix journées de travail : cette même condition de cens était imposée aux membres des administrations de district et de département [1].

On sait ce qu'étaient devenues les municipalités pendant la période révolutionnaire. Dès la première heure elles opposaient leurs volontés non-seulement aux corps administratifs chargés de les surveiller, mais à l'Assemblée elle-même. La Constituante en était réduite à discuter avec elles pour obtenir l'exécution de ses décrets [2]. Puis aux jours de danger, quand les bandes furieuses descendaient dans la rue, le pouvoir exécutif, n'ayant d'autre droit que le droit de réquisition, se trouvait complétement désarmé devant l'inertie ou le mauvais vouloir d'un conseil local. On vit alors combien peu pesaient devant les foules ces magistratures électives que leur origine semblait devoir rendre inviolables. Les corps administratifs, enchevêtrés les uns dans les autres, sans action directe et partant sans responsabilité effective, étaient fatalement condamnés à l'impuissance ; et l'autorité, armée de la loi, ne tardait pas à succomber devant quelques conspirateurs, parce que la force lui faisait défaut.

La Convention elle-même avait eu peine à se faire

des directoires de département et de district étaient choisis par les conseils et pris dans leur sein.

[1] Décret du 22 décembre 1789-janvier 1790, sections 1 et 2.

[2] Voir TAINE, *la Révolution*. C'est l'anarchie complète sur toute l'étendue du territoire. Voir notamment les difficultés que rencontra l'Assemblée constituante pour arriver à faire exécuter son décret du 24 février 1791, interdisant à la municipalité d'Arnay-le-Duc de s'opposer au voyage de Mesdames, tantes du roi.

obéir. Nous avons cité son décret du 9 septembre 1793 pour protéger les fonctionnaires publics contre l'arbitraire de la commune de Paris [1]. Déjà le 16 août 1793 elle avait dû menacer de dix ans de fers les membres des administrations locales qui se permettaient de suspendre l'exécution des arrêtés des représentants en mission. Pour triompher de toutes ces résistances, le 14 frimaire an II (4 décembre 1793), elle bouleversait tous les corps administratifs. Le Comité de salut public et les représentants en mission étaient autorisés à nommer des agents qui ne dépendaient que d'eux pour l'exécution des « mesures révolutionnaires et de sûreté générale ». Les administrations départementales étaient pour ainsi dire supprimées. Plus de conseils de département, plus de procureurs généraux syndics : le département s'effaçait devant le district. Là des agents nationaux dont la nomination était ratifiée par la Convention elle-même, devenaient de véritables délégués du pouvoir central. A la commune étaient installés d'autres agents nationaux dont le choix était soumis au district [2]. Sans parler de la commune de Paris qui imposait ses décrets à la Convention, de Lyon et de Bordeaux qui exigeaient des armées pour les réduire, il ne fallut rien moins que ces terribles proconsuls traînant avec eux la guillotine, qui s'appelaient les représentants en mission, pour faire respecter dans les départements les volontés du Comité de salut public. Partout les corps électifs s'étaient érigés en souverains. Sortes de conventions au petit pied, ils

[1] Ch. ii, § 2.

[2] Ce décret du 14-16 frimaire an II (4-6 décembre 1793) fut abrogé par un décret du 28 germinal an III (17 avril 1795) qui, revenant à l'organisation antérieure, supprima les agents nationaux, rétablit les procureurs généraux syndics et les procureurs-syndics, et replaça le district sous la surveillance du département.

avaient accaparé toutes les fonctions, envahi tous les pouvoirs. Ils avaient administré, gouverné, légiféré, jugé. Le désordre et la confusion furent tels que la Constitution du 5 fructidor an III trouvait nécessaire de rappeler que « les administrations départementales et municipales ne peuvent modifier les actes du Corps législatif, ni ceux du Directoire exécutif, ni en suspendre l'exécution », et elle ajoutait qu' « elles ne peuvent s'immiscer dans les objets dépendants de l'ordre judiciaire [1] ».

Avec la Constitution de l'an III nouvelle organisation des corps administratifs. Le district, qui avait joué un rôle si important aux premiers temps de la Révolution, disparaît. Il ne reste plus que le département et la commune. A la tête de chaque département était placée une administration de cinq membres, nommée par les mêmes électeurs que le Corps législatif, c'est-à-dire par le suffrage à deux degrés [2]. Auprès de cette administration départementale le Directoire déléguait un commissaire du gouvernement chargé de requérir et de surveiller l'exécution de la loi. Des commissaires investis des mêmes attributions étaient également attachés à toutes les administrations communales [3]. Celles-ci furent constituées sur un mode tout nouveau. En réalité la législation de l'an III supprimait la commune : elle était absorbée dans le canton. Toute commune d'une popula-

---

[1] Constitution du 5 fructidor an III, article 189.

[2] Voir pour les conditions exigées des membres des assemblées primaires et des électeurs, ch. I. Voir également les lois des 3 brumaire an IV, 19 fructidor an V et 9 frimaire an VI (ch. I), qui restreignirent singulièrement le droit électoral.

[3] Les commissaires du gouvernement près des administrations municipales et départementales devaient être choisis parmi les citoyens âgés de vingt-cinq ans et domiciliés depuis un an dans le département.

tion inférieure à cinq mille habitants n'eut plus qu'un agent municipal et un adjoint. La réunion des agents municipaux de chaque circonscription cantonale constituait une administration municipale, dont le président était élu par le canton tout entier. Les communes de cinq mille à cent mille habitants formaient seules une municipalité. Quant aux communes d'une population supérieure à cent mille âmes, elles étaient divisées entre trois municipalités au moins. C'était le cas de Lyon, de Bordeaux et de Marseille ; Paris en comptait douze. Dans ces communes un bureau central de trois membres, choisis par l'administration de département et confirmés par le pouvoir exécutif, était chargé de la gestion des intérêts jugés indivisibles. Tous les membres des administrations municipales étaient élus par les assemblées primaires[1].

Annihiler les grandes communes en détruisant leur autonomie, soumettre à la surveillance du gouvernement les petites communes jusque-là abandonnées à tous les excès du despotisme local : tel avait été le but du législateur de l'an III. L'anarchie ne fut pas moindre que par le passé. L'étendue des cantons était, il est vrai, plus limitée que celle de nos cantons actuels[2]. Mais le défaut de communications, le peu de relations qui existaient alors entre chaque commune rendaient impossible leur réunion autour d'un centre unique. Qu'on joigne à

[1] Constitution du 5 fructidor an III, titre VII, et décrets du 21 fructidor an III (7 septembre 1795) et du 19 vendémiaire an IV (11 octobre 1795). — Ainsi que les commissaires du gouvernement de tout ordre, les membres des administrations départementales et du bureau central des quatre grandes villes recevaient un traitement : les fonctions des administrations municipales étaient seules gratuites (décret du 21 fructidor an III).

[2] Chaque département en comptait environ un tiers en plus, quelquefois même le double.

ces entraves matérielles l'apathie des populations, les dangers auxquels s'exposait, au milieu des factions qui se disputaient la France, quiconque revêtait un caractère public, et l'on comprendra sans peine les difficultés que rencontra l'organisation des nouvelles municipalités. Un rapport qui date des premiers temps du Directoire nous montre des départements, comme Maine-et-Loire et l'Allier, où les administrations municipales n'ont pas pu se constituer, comme le Cher, où, sur quarante-deux cantons, dix-sept n'ont encore aucune organisation [1]. La crainte ou l'insouciance sont telles qu'on en arrive à proposer de rendre les emplois municipaux obligatoires. Quel mobile pouvait en effet attirer vers les fonctions publiques, quelles satisfactions pouvaient-elles donner à l'ambition, à l'amour-propre, au sentiment même désintéressé du bien, quand on voit l'administration d'un département, celui de la Loire, changer dix à douze fois de l'an IV au 18 brumaire, et les administrations cantonales éprouver le même sort [2] ?

Quant aux commissaires du gouvernement, quoique fonctionnaires salariés et révocables, relevant du pouvoir exécutif, ils n'avaient en réalité aucune autorité : ils pouvaient uniquement provoquer l'annulation des décisions des corps électifs. Soumis d'ailleurs à ces fluctuations perpétuelles qui des pouvoirs publics faisaient sentir leur contre-coup sur toute l'étendue du territoire, ils participaient à l'instabilité du gouvernement qu'ils avaient pour mission de représenter.

---

[1] Ce rapport a été publié par M. Félix Rocquain, *Etat de la France au 18 brumaire.*

[2] Rapport du conseiller d'État Najac (15 ventôse an IX, 6 mars 1801). Le gouvernement avait le droit de suspendre et de révoquer les administrations tant départementales que municipales.

II

La Constitution de l'an III avait cherché à établir le contrôle du pouvoir central ; mais son action ne se montrait nulle part. Or c'est cette action non moins que le contrôle qui constitue l'administration. Au Premier Consul revint la gloire de l'organiser.

Il fallait reconstituer l'autorité, donner au gouvernement des agents ne dépendant que de lui, n'ayant d'autre souci que d'exécuter ses ordres, de transmettre son action et de faire pénétrer sa pensée jusque dans la plus reculée des communes. Napoléon n'hésita pas à aller chercher ses inspirations dans la plus forte peut-être des institutions du passé, mais certainement l'une des plus décriées à la veille de 1789. Les intendants, cette création du génie de Richelieu, dont Louis XIV sut tirer un si merveilleux parti pour la grandeur de la France, furent rétablis sous le nom de préfets. Nulle de nos institutions ne peut étaler de plus belles lettres de noblesse ; elle est marquée au sceau des trois plus grands génies dont s'enorgueillisse la France, Richelieu, Louis XIV, Napoléon.

Nous n'analyserons pas la loi du 28 pluviôse an VIII. Tout le monde la connaît : un préfet à la tête du département ; un sous-préfet pour l'arrondissement ; un conseil de préfecture, juge du contentieux administratif ; un conseil général répartissant les contributions directes, votant les dépenses départementales et appelant l'attention du gouvernement sur les besoins et les intérêts locaux ; enfin des conseils d'arrondissement, auxiliaires du conseil général dans la répartition de l'impôt. Exécution, administration, délibération, répartement de l'impôt, représentation des intérêts départementaux, contentieux administratif, la Constitution de l'an III avait tout confondu dans les mêmes mains. L'administration départementale de cinq membres qu'elle avait organisée était, tout à la fois, corps délibérant, corps administratif, juge du contentieux. La loi du 28 pluviôse sépara ces attributions si diverses : au délégué du pouvoir central, l'action, l'exécution ; aux représentants des populations, le répartement des contributions, la gestion des intérêts locaux ; aux conseils de préfecture, le contentieux [1].

On a plus d'une fois attaqué cette dernière institution. Que le contentieux administratif soit un souvenir de l'ancien régime, qu'il soit né de l'ancienne maxime de nos feudistes : « Le Roi est juge en sa propre cause » ; que son domaine se soit étendu outre mesure dans la lutte que les parlements entamèrent contre l'autorité royale et ses représentants directs, les intendants ; que les tribunaux civils puissent sans inconvénient être appelés à statuer sur certains cas réservés à la juridiction administrative, tout ceci peut prêter à de longues et savantes dissertations ; mais ce qui est certain, c'est que la création des conseils de préfecture donnait aux justiciables des garanties inconnues jusqu'alors. Avant 1789, l'intendant jugeait seul, sauf recours au Roi en son conseil. La législation de 1789 et de l'an III n'était pas plus libérale que celle de l'ancien régime ; les corps administratifs restaient seuls juges de leurs actes, sauf recours aux ministres. Napoléon donna une organisation régulière

---

[1] La loi du 28 pluviôse fut soutenue devant le Corps législatif par Rœderer, Chaptal et Cretet. L'exposé des motifs, où se retrouve à côté

à la justice administrative. La loi du 28 pluviôse an VIII avait créé les conseils de préfecture ; le décret du 11 juin 1806, en constituant la commission du contentieux, composée de six maîtres des requêtes, sous la présidence du ministre de la justice, régularisa la procédure au sein du Conseil d'État. La juridiction administrative avait désormais au-dessus de ses tribunaux de première instance son tribunal d'appel et de cassation ; elle se rapprochait de plus en plus des formes judiciaires. La jurisprudence se fixait, et les intérêts particuliers ne tardèrent pas à trouver dans le Conseil d'État un protecteur non moins éclairé et aussi efficace qu'auraient pu l'être les cours impériales et la Cour de cassation.

La loi du 28 pluviôse reconstitua les communes ; elles recouvrèrent leur individualité, leur existence propre. Dans chacune d'elles, une administration composée d'un maire, de ses adjoints et d'un conseil municipal, fut installée. Le maire était nommé par le gouvernement : il devenait le représentant direct du pouvoir exécutif[1]. C'était l'action gouvernementale s'exerçant désormais dans toutes les communes, et non plus une surveillance trop souvent illusoire[2].

En maintenant la division du territoire français en départements (la seule des lois administratives de la Constituante qui lui ait survécu)[3], la Constitution de l'an VIII

d'un réel mérite toute la subtilité métaphysique du dix-huitième siècle, est l'œuvre de Rœderer.

[1] Les maires étaient nommés par le Premier Consul dans les communes de plus de 5,000 âmes, par les préfets dans les autres.

[2] Une loi du 15 ventôse an XIII (6 mars 1805) rendit leur autonomie aux villes de Lyon, de Bordeaux et de Marseille, qui depuis le décret du 19 vendémiaire an IV étaient restées fractionnées en trois municipalités.

[3] Décrets des 22 décembre 1789-janvier 1790 et du 26 février-4 mars 1790.

6.

avait créé les arrondissements, dits arrondissements communaux[1]. Cette nouvelle circonscription, qui, dans le projet de Sieyès, avait principalement pour objet de faciliter la confection des fameuses listes de notabilités, devint une des bases de la réorganisation administrative. A la tête de chaque arrondissement fut placé un sous-préfet. C'était l'ancien subdélégué, avec cette différence essentielle qu'au lieu de n'être, comme autrefois, que le délégué de l'intendant, choisi par lui, il était le représentant du gouvernement dont il tenait directement ses pouvoirs. A la municipalité cantonale, qui supprimait la commune, la Constitution de l'an VIII substituait un groupement de communes contrôlées et dirigées par un agent de l'autorité centrale, intermédiaire naturel entre le préfet dont il relevait et les populations avec lesquelles il devait se trouver journellement en contact[2].

La hiérarchie était rétablie ; or, la hiérarchie est la première condition d'une administration régulière. Préfets, sous-préfets, maires devinrent les anneaux d'une vaste chaine qui relia désormais au centre la dernière des communes. Surveiller et contrôler tous les services publics, provoquer l'initiative, arrêter les entraînements, donner une même impulsion aussi bien aux agents de l'État qu'à mille agglomérations de nature diverse, les pénétrer les uns comme les autres de la pensée du pouvoir central, les maintenir dans le cercle de leurs attributions, prévenir et réprimer ces envahissements des autorités locales, qui dégénèrent bientôt en

---

[1] Constitution du 22 frimaire an VIII, article 1er.

[2] Le décret du 7 avril 1811 institua des sous-préfets dans les arrondissements chefs-lieux de préfecture. Ces postes étaient confiés à des auditeurs au Conseil d'État. C'était en réalité un stage d'administration pratique qu'ils étaient appelés à faire sous les yeux mêmes du préfet.

la plus insupportable des tyrannies, tel fut le rôle des préfets. Ils n'ont pas tardé, a-t-on dit, à envahir le domaine de la politique : reste à savoir si ce n'est pas la politique qui est venue les chercher.

L'élection n'apparaissait nulle part dans la loi du 28 pluviôse an VIII. Les agents du gouvernement à tous les degrés : préfets, sous-préfets, maires, adjoints, conseillers de préfecture, tenaient naturellement leurs pouvoirs du Premier Consul. Sa prérogative s'étendait encore au delà : il nommait les conseillers généraux et les conseillers d'arrondissement, et les préfets nommaient les conseillers municipaux ; ces choix n'étaient limités que par les listes de notabilité. Le sénatus-consulte du 16 thermidor an X donna aux colléges électoraux de département le droit de présenter au Premier Consul deux candidats pour chaque place vacante dans les conseils généraux ; les colléges électoraux d'arrondissement étaient investis du même droit, en ce qui concernait les conseils d'arrondissement. Les assemblées primaires devaient, de leur côté, désigner deux candidats pris parmi les cent plus imposés du canton, pour chaque vacance, dans les conseils municipaux des villes de plus de cinq mille âmes. Ces présentations n'avaient lieu que lors de la réunion des colléges ou des assemblées primaires : dans l'intervalle le pouvoir exécutif continuait à nommer directement[1]. L'élection appliquée aux conseils locaux n'aurait pu, à cette époque, qu'aviver les colères et les haines encore mal assoupies : la période du Directoire était là pour en témoigner. Au lieu de trouver un concours dans les conseils élus, l'administration n'y eût rencontré que des entraves. Dans toute commune la Révo-

---

[1] Décrets du 17 janvier 1806 et du 13 mai 1806.

lution avait laissé des traces de sang ; la population se partageait en proscripteurs et en proscrits. Le problème était alors de faire vivre les uns à côté des autres, et il fallait avant tout éviter de réveiller ces terribles souvenirs dans l'ardeur des luttes locales [1].

III

Restait à pourvoir à ce grand service d'ordre public, dont l'existence est aussi indispensable à la sécurité des citoyens qu'à la sûreté de l'État, à la police. Jamais on n'avait fait de la police un plus effroyable abus que pendant la période révolutionnaire. Est-il besoin de rappeler ces mille comités de surveillance qui n'avaient été que les pourvoyeurs de la guillotine ? La Constituante et la Convention avaient bien établi des commissaires de police [2] ; mais ces fonctionnaires élus tantôt par les assemblées primaires [3], tantôt par les administrations municipales [4], étaient condamnés par leur origine même

[1] Une observation curieuse fut faite au cours de la discussion de la loi du 28 pluviôse par le tribun Dieudonné et reproduite par Rœderer : c'est que la nouvelle organisation était de beaucoup moins coûteuse que celle de l'an III. Dieudonné estimait l'économie à 50 pour 100; il y a là certainement exagération. Mais si l'on tient compte des gaspillages et du désordre financier qui ont signalé toutes ces administrations de passage, c'est par millions qu'il faut chiffrer le bénéfice annuel qu'a rapporté au pays la nouvelle organisation administrative.

[2] Décret du 21-29 septembre 1791. Décret du 19 vendémiaire an IV (11 octobre 1795).

[3] Décret du 1er juin 1792.

[4] Décret du 19 vendémiaire an IV. Dans les communes divisées en plusieurs municipalités, leur nomination appartenait au bureau central, mais sur la proposition de l'administration municipale. Ce même décret

à n'être que les instruments des haines et des vengeances des partis vainqueurs. Dès le 19 nivôse an VIII (9 janvier 1800), le Premier Consul reprenait le droit absolu de nomination. Quelques jours après, la loi du 28 pluviôse an VIII décidait que toute ville de plus de cinq mille habitants aurait un commissaire de police, fixait le nombre de ces agents pour les grandes agglomérations, enfin établissait des commissaires généraux de police dans les villes de plus de cent mille âmes, et à Paris un préfet de police.

Les attributions du préfet de police furent déterminées par l'arrêté du 12 messidor an VIII (1ᵉʳ juillet 1800), qui est encore en vigueur aujourd'hui. Police générale, police municipale, police spéciale, tout était concentré entre ses mains. C'était l'ancien lieutenant général de police avec des pouvoirs précis et nettement définis. Le comte Dubois, puis le baron Pasquier, inaugurèrent cette longue série de préfets de police, dont l'administration a été signalée par tant d'actes utiles.

Gardienne de la paix publique, protectrice des intérêts de tous et de chacun, à toute heure, nuit et jour, la préfecture de police veille, suivant les malfaiteurs, prévenant le crime, saisissant le coupable, assurant la sécurité de la voie publique, la salubrité des approvisionnements, la sincérité des transactions commerciales ; et nous jouissons inconscients des mille bienfaits que son infatigable activité nous assure et qui nous paraissent choses aussi naturelles que l'air que nous respirons, que le soleil qui nous éclaire. Énumérer les services que cette grande magistrature a rendus à la société, à chaque

posait le principe de l'établissement d'un commissariat de police dans toute commune de plus de 5,000 âmes.

famille, à chaque citoyen, demanderait un volume. Ce serait aussi long que de redire les injustices, les injures, les outrages dont elle a été abreuvée. Dénoncée, attaquée, menacée dans son existence à chacune de nos explosions révolutionnaires, la préfecture de police est encore debout. Elle a pu être envahie par l'émeute, tomber au pouvoir des conspirateurs de la veille ; elle a survécu à tous nos bouleversements. Ses chefs ont été poursuivis, traqués, proscrits ; ses agents les plus modestes, dispersés, décimés, massacrés. Le lendemain, chefs et soldats se remettaient à l'œuvre : héros sublimes et obscurs, n'ayant d'autre passion que le sentiment du devoir, jamais ils n'ont hésité à assurer, au péril de leur vie, la sécurité et le repos de cette ingrate cité qui, à ces jours néfastes, les abandonne comme des victimes expiatoires aux fureurs les plus abjectes.

Dans les principales villes de France, des commissaires généraux de police étaient investis des mêmes pouvoirs que le préfet de police à Paris. A n'examiner que leurs attributions et l'étendue de leurs circonscriptions, ils répondaient à peu près à nos commissaires centraux d'aujourd'hui ; mais si l'on considère la situation qui leur était faite, le traitement qui leur était alloué, on verra que l'intention de Napoléon était d'en faire des préfets de police au petit pied. Il entendait relever et mettre en pleine lumière ces fonctions que le vulgaire ignorant ou prévenu se plaît à méconnaitre et dont il n'hésitait pas à aller chercher les titulaires jusque dans le sein de son Conseil d'État [1].

---

[1] L'arrêté du 5 brumaire an IX (27 octobre 1800) fixa les attributions des commissaires généraux de police. Ses dispositions sont analogues à celles de l'arrêté du 12 messidor an VIII, relatif au préfet de police. Leurs pouvoirs s'exerçaient dans une circonscription limitée,

Les divers services de la police étaient centralisés sous l'autorité d'un ministre spécial. Que n'a-t-on pas dit contre ce ministère de la police? On s'est plu à le représenter comme une institution sans précédents, comme l'instrument d'un despotisme épouvantable. Faisons d'abord remarquer que le ministère de la police date du Directoire. C'est au lendemain de son installation, deux mois après la mise en activité de la Constitution de l'an III, que fut rendue la loi du 12 nivôse an IV (2 janvier 1796) qui créait ce nouveau département ministériel et en fixait les attributions. Du 2 thermidor an VII (20 juillet 1799) au 28 fructidor an X (15 septembre 1802) il resta confié à Fouché. Supprimé à cette époque et rattaché au ministère de la justice, il constitua une direction générale qui eut à sa tête Réal[1]. Il fut rétabli le 21 messidor an XII (10 juillet 1804). Fouché reprit alors son portefeuille. Quatre conseillers d'État lui furent adjoints et se partagèrent sous sa direction la surveillance du territoire : c'était pour Paris le préfet de police, et pour les trois autres circonscriptions Réal, Miot et Pelet de la Lozère. Lorsque, lassé des intrigues perpétuelles de Fouché, Napoléon se décida à lui retirer le ministère de la police, le 3 juin 1810, il en chargea le général Savary, duc de Rovigo. Commandant de la gendarmerie d'élite, aide de camp de l'Empereur, Savary avait été à plusieurs

---

généralement une ville et sa banlieue. Quoique autorisés à correspondre directement avec le ministre de la police, les commissaires généraux restaient cependant placés sous l'autorité des préfets. L'arrêté du 17 ventôse an VIII (8 mars 1800) avait fixé les traitements des commissaires généraux de police aux quatre cinquièmes de celui des préfets; le décret du 25 mars 1811 les réduisit à 15,000 francs, 10,000 et 8,000. Ces fonctions furent souvent confiées à des auditeurs au Conseil d'État.

[1] Cette direction générale ne fut organisée que le 11 pluviôse an XII (1er février 1804).

reprises chargé de missions toutes de confiance, et l'on pouvait compter sur sa droiture et son dévouement. C'est lui qui fit rendre le décret du 25 mars 1811 et qui donna à ce département ministériel son organisation définitive. Aux derniers jours de l'Empire, cinq directeurs généraux de police, établis en Piémont, en Toscane, à Rome, en Hollande et à Hambourg centralisaient le service dans les départements situés au delà du Rhin et des Alpes ; vingt commissaires généraux, dont deux résidant en Espagne [1], et trente-quatre commissaires spéciaux, complétaient le haut personnel de ce service. On voit que l'organisation de la police impériale ne s'éloignait guère de ce que nous connaissons aujourd'hui.

A côté de ces fonctionnaires spéciaux, mais en dehors d'eux, venait se placer la gendarmerie déjà réorganisée par la loi du 28 germinal an VI (17 avril 1798). Le Premier Consul lui imprima le caractère qu'elle a conservé jusqu'à nos jours. Il entendit que, tout en restant à la disposition de l'autorité civile et en contact permanent avec les populations, elle demeurât une force essentiellement militaire et qu'elle échappât par son origine, par son organisation, par sa discipline, aux mille influences qui peuvent s'agiter autour d'elle et au-dessus d'elle. Il plaça à sa tête un inspecteur général qui centralisait le service et correspondait directement avec les ministres de la guerre, de la police et de la justice [2]. Pour bien marquer l'esprit qui devait animer ce corps d'élite, Napoléon confia ces fonctions à l'un des hommes les plus respectés de l'armée, le général Moncey, depuis maréchal de l'Empire et duc de Conegliano, et il les lui conserva

---

[1] A Barcelone et à Girone.
[2] Arrêté du 8 germinal an VIII (29 mars 1800).

pendant toute la durée de son règne. Auxiliaire de l'autorité civile, mais relevant comme soldat du ministre de la guerre, le maréchal inspecteur général de la gendarmerie était en réalité un de ces grands chefs de service qui ne dépendaient que de l'Empereur.

Quelles étaient exactement les attributions du ministre de la police? A vrai dire, il n'en avait pas de bien définies. Les agents d'exécution, comme nous venons de le voir, étaient soustraits à son autorité. La direction générale de l'imprimerie et de la librairie, créée en 1810, n'avait même pas été comprise dans son département : elle se rattachait à l'intérieur. Le ministre de la police était en quelque sorte le surveillant général des divers services publics, recevant les plaintes et les réclamations, relevant les erreurs et les fautes, et portant à la connaissance de l'Empereur tout ce qui pouvait être de nature à mériter son attention. C'était un de ces contrôles comme Napoléon aimait à en établir pour s'assurer que sa pensée n'était pas méconnue et que ses ordres étaient partout exécutés. Il le disait : « Ce ministre est tout d'exception. Rien ne doit être soustrait à sa surveillance ; mais par cela même, il ne doit rien diriger. Car s'il s'endort, qui le surveillera lui-même [1] ? » Il sentait bien que, même réduit à ce rôle, le ministre de la police devait fatalement tendre à absorber tous les autres, à devenir en quelque

[1] Il n'est pas nécessaire de remonter bien loin pour trouver un département ministériel constitué dans des conditions analogues. Lorsque Casimir Périer prit le ministère de l'intérieur, il fit réduire ses attributions au personnel administratif, aux élections, aux gardes nationales et à la police (ordonnance du 17 mars 1831). Cette organisation lui survécut, et quand M. Thiers fut nommé ministre de l'intérieur le 11 octobre 1832, ses attributions furent encore restreintes et limitées aux élections, à la police, à l'imprimerie et à la librairie : c'était un véritable ministère de la police ; il n'y manquait que le nom. Le ministère de l'intérieur ne redevint un ministère d'affaires que le 4 avril 1834.

sorte un ministre universel. Aussi cette surveillance, il ne la lui abandonnait pas sans partage. Autour de ce contrôleur, il avait multiplié les contrôles. Ces quatre conseillers d'État qui l'assistaient étaient moins des subordonnés que des auxiliaires indépendants. Les préfets d'un côté, la gendarmerie de l'autre relevaient tout ce qui eût pu échapper à sa vigilance, sans parler de ces mille correspondances, de ces mille rapports que l'Empereur se faisait adresser directement et qu'il trouvait le temps de dépouiller lui-même [1].

IV

Au ministre de la police appartenait la surveillance et le contrôle ; au ministre de l'intérieur, l'action. C'était le grand, l'unique ministre d'affaires. Toutes les directions générales administratives relevaient de lui. Administration communale et départementale, agriculture, commerce, travaux publics, instruction publique même, jusqu'au jour où fut organisée l'Université [2], où fut créé le ministère des manufactures et du commerce [3], sa compétence s'étendait sur tous les services.

Ce n'était pas chose facile que de remplir dignement un pareil poste. Napoléon sut trouver des hommes à la hauteur de cette tâche. A Laplace, l'immortel auteur de la *Mécanique céleste*, et à Lucien Bonaparte, qui ne

---

[1] Voir MOLLIEN, *Mémoires.*
[2] **17 mars 1808.**
[3] **22 juin 1811.**

firent guère que traverser le ministère[1], succéda Chaptal[2]. Savant illustre, doublé d'un administrateur, nul peut-être ne seconda plus utilement le Premier Consul. Poursuivre l'application du la loi du 28 pluviôse, présider à ce grand travail de réorganisation, restaurer l'enseignement, et cela sans négliger les questions industrielles et commerciales, vers lesquelles ses goûts comme ses études l'attiraient tout particulièrement, il sut faire face à tout. Partout on suit la trace de cette activité infatigable qui étonnait déjà en 1787 la province de Languedoc, lorsque l'éminent professeur de chimie trouvait le temps, aux heures de loisir que lui laissaient ses cours et ses travaux scientifiques, de créer, de diriger, de faire prospérer les plus importants établissements industriels. Après lui vint Champagny, que la diplomatie reprit bientôt à l'administration[3]. L'Empereur le remplaça par un des hommes les plus laborieux de cette grande phalange administrative. Entré seulement dans la vie politique en 1795, Crétet n'avait pas tardé à s'y faire une situation telle, que Napoléon hésita un moment à le choisir pour troisième consul. Directeur général des ponts et chaussées, il avait réorganisé ce service, alors en complet désarroi; gouverneur de la Banque, la hardiesse de ses vues étonna plus d'une fois Mollien. Il ne resta que peu de temps au ministère[4] : la mort l'enleva au bout de deux ans. Son portefeuille échut à Monta-

---

[1] Laplace fut ministre de l'intérieur du 21 brumaire au 4 nivôse an VIII (12 novembre au 25 décembre 1799), et Lucien Bonaparte du 4 nivôse an VIII au 15 brumaire an IX (25 décembre 1799 au 6 novembre 1800).

[2] Chaptal, ministre de l'intérieur du 15 brumaire an IX au 20 thermidor an XII (6 novembre 1800 au 8 août 1804).

[3] Du 20 thermidor an XII (8 août 1804) au 9 août 1807.

[4] Du 9 août 1807 au 1er octobre 1809.

livet, qui lui avait déjà succédé comme directeur général
des ponts et chaussées. C'était un homme d'une véritable capacité et d'une réelle expérience administrative :
il avait appartenu aux anciens parlements, et dès 1801
d'importantes préfectures lui étaient confiées. Il fut le
dernier des ministres de l'intérieur de l'Empire; il était
encore en fonction au 30 mars 1814[1].

Les nominations de préfets suivirent de près la promulgation de la loi du 28 pluviôse. Les premières sont
du 11 ventôse an VIII (2 mars 1800). Dans ces choix
se retrouve la pensée dominante du Premier Consul, l'oubli du passé. Tous les hommes qui avaient montré ou
qui promettaient du talent, de la valeur, de l'énergie,
quelle que fût leur origine, furent appelés à concourir à
la réorganisation du pays. Ce qu'exigeait d'eux avant tout
le chef du nouveau gouvernement, c'étaient de grandes
facultés de travail et du sens pratique. Prenez la liste des
préfets de 1800 à 1815, toutes les opinions s'y trouvent
représentées. Ici des conventionnels : Thibaudeau, Jean
Debry, Jean-Bon Saint-André, encore tout plein des
souvenirs du Comité de salut public[2]; là les débris les
plus illustres de la Constituante : Mounier, Alexandre
de Lameth, Frochot, l'exécuteur testamentaire de Mirabeau; des membres de l'Assemblée législative qui siégeaient alors dans des camps opposés : Beugnot, Français de Nantes; le plus courageux peut-être des girondins, Doulcet de Pontécoulant; d'anciens ministres du
Directoire : Delacroix, Cochon, Quinette. Dès la première heure apparaît un nom de l'ancien régime : la

---

[1] Montalivet fut ministre de l'intérieur du 1er octobre 1809 au 30 mars
1814.

[2] Voir dans les Mémoires du comte Beugnot la curieuse anecdote sur
Jean-Bon Saint-André, alors préfet à Mayence (1813).

Rochefoucauld ; d'autres s'y joindront bientôt : Cossé-Brissac, Breteuil. Puis des hommes que la politique ou l'administration retrouveront sous d'autres règnes : de Chauvelin, de Sainte-Aulaire, de Bondy, de Barante, de Rambuteau, un futur ministre de Charles X, le baron Capelle, enfin le comte de Vaublanc, se signalant déjà par cette ardeur bruyante qu'il ne devait pas tarder à déployer au service d'une autre cause [1].

V

Les préfets se mirent aussitôt à l'œuvre. La tâche était rude et laborieuse. Tout était à faire, tout était à créer : il n'existait plus rien dans ce malheureux pays.

Pour se rendre un compte exact de l'état de la France en 1799, il faut lire les rapports des conseillers d'État envoyés en mission par le Premier Consul dans les divers départements de la République en l'an IX et en l'an X [2]. C'est un tableau navrant : on n'y voit que ruines, pillages, désolation. Les contributions ne rentrent plus ; à Paris, l'arriéré est de 70 à 76 millions ; on ne le connaît même pas exactement [3]. Les traitements ne sont plus payés : il est dû à des juges de paix, à de modestes fonctionnaires, tels que geôliers, portiers-consignes, six mois, un an d'arriéré. Français de Nantes rapporte que deux ingénieurs sont morts de faim, dans les Basses-

---

[1] *Mémoires* du comte Miot de Melito.

[2] Ces rapports ont été publiés par M. Félix Rocquain, dans son livre *État de la France au 18 brumaire*.

[3] Rapport de Lacuée, an IX.

Alpes et dans les Alpes-Maritimes [1]. Les routes, abandonnées sans entretien, n'existent plus; les ports s'ensablent; les édifices publics s'écroulent : Barbé-Marbois en signale dont les toitures ont dû être remplacées par des toiles à voiles [2].

Les hospices présentent le spectacle de la misère la plus effroyable. Partout les ressources sont insuffisantes. A Paris, leurs revenus étaient tombés en l'an V de 6 à 7 millions à environ 7 ou 800,000 francs [3]. A Bordeaux, le déficit annuel était en l'an VI de plus de 300,000 francs [4]. Pour tous les hospices du département du Nord, il est d'environ 360,000 francs en l'an X [5]. Plus de linge, plus de couvertures aux lits; c'est à peine si l'on peut nourrir les malades. A Toulon, quatre-vingts malades n'avaient à se partager que sept livres de viande par jour [6]. Par le décret du 28 juin 1793, « la nation se chargeait de l'éducation physique et morale des enfants abandonnés ». Comment cet engagement avait-il été tenu? En l'an VIII, on devait aux nourrices, dans le département de la Manche, un arriéré de 539,000 francs; dans le Calvados, 1,102,000 francs, et partout à l'avenant [7]. Dans les hospices où ces enfants sont renfermés, ils ne trouvent que la mort : la proportion des

---

[1] Rapport de Français de Nantes, 6 floréal an IX (26 avril 1801).

[2] Rapport de Barbé-Marbois sur les départements de Bretagne, du 19 nivôse an IX (9 janvier 1801).

[3] Pétition des administrateurs du département de la Seine, du 26 brumaire an V (16 novembre 1796). Félix ROCQUAIN, *État de la France au 18 brumaire*.

[4] Pétition de la commission administrative des hospices de Bordeaux, du 17 frimaire an VI (7 décembre 1797). *État de la France au 18 brumaire*.

[5] Rapport de Fourcroy, pluviôse et ventôse an X (février-mars 1802).

[6] Rapport de Français de Nantes, 6 floréal an IX (26 avril 1801).

[7] Rapport de Fourcroy, floréal an IX (avril-mars 1801).

décès, à Toulon, est des dix-neuf vingtièmes ; à Marseille, elle est de 94 pour 100 [1-2].

Veut-on avoir une idée de ce qu'était une des villes importantes de la République en 1800 ? Voici le tableau que Français de Nantes nous fait de Toulon : « Point de gendarmerie dans la ville ; point de réverbères ; toutes les nuits des boutiques enfoncées et volées ; point de pavés ; point de propreté ; point de sûreté ; point d'octroi ; point de pain aux hospices [3]. »

Les campagnes étaient ravagées par ces bandes de brigands dont nous avons déjà eu occasion de parler [4], et qui s'organisaient jusqu'aux portes de Paris, soutenues par des populations intimidées ou complices. Leur audace ne connaissait plus de bornes. En septembre 1800,

---

[1] Rapport de Français de Nantes, 6 floréal an IX (26 avril 1801).

[2] La Convention avait été prodigue de promesses envers les indigents. Un décret du 22-27 floréal an II (11-16 mai 1794) prescrivit la création d'un « livre de la bienfaisance nationale ». Ce livre devait être ouvert dans chaque département et divisé en trois sections : « cultivateurs vieillards ou infirmes, artisans vieillards ou infirmes, mères et veuves ayant des enfants dans les campagnes ». La Convention promettait cent vingt livres de rente à chaque vieillard inscrit et à chaque mère ou veuve soixante. — Il faut lire, du reste, tout entier ce décret du 22 floréal an II : rien ne peint mieux la sensiblerie déclamatoire de l'époque. Le titre V porte, article 1er : « La première fête nationale qui sera célébrée est celle consacrée à honorer le malheur. » Article 5 : « Le jour consacré au soulagement du malheur..... il y aura dans chaque chef-lieu de district une cérémonie civique dans laquelle les agriculteurs et les artisans vieillards ou infirmes, les mères et les veuves ayant des inscriptions (sur le fameux livre), seront honorés et recevront, en présence du peuple, le premier semestre de la bienfaisance nationale. » Le titre IV a pour objet d'organiser les secours à domicile, dans l'état de maladie, ce que nous appelons la médecine gratuite. On y lit, article 12 : « Chaque commune dans les campagnes fera cultiver, autant que lui permettront les localités, les plantes les plus usuelles en médecine, qui leur seront indiquées par l'officier de santé. Il est fait une invitation civique aux citoyens de l'arrondissement de cultiver dans leurs jardins quelques-unes de ces plantes et d'en fournir gratuitement aux malades. »

[3] Rapport du 6 floréal an IX.

[4] Chapitre I.

le sénateur Clément de Ris était enlevé à quelques lieues
de Tours et tenu en captivité pendant dix-neuf jours.
Barbé-Marbois, dans sa tournée en Bretagne, au commencement de l'an IX, constate que « tous les jours on
lui rapportait que quelques habitants avaient été tués,
une diligence pillée, des caisses volées, des percepteurs
enlevés ». La même année, Français de Nantes signale
comme un grand progrès que le nombre des bandes
armées en Provence est réduit à trois ou quatre ; il se
félicite que, grâce à la répression vigoureuse organisée
par le gouvernement consulaire, les routes d'Avignon à
Aix et de Marseille à Toulon par l'intérieur des terres sont
enfin libres ; il ne peut en dire autant de celles du littoral.

Telle était la situation de la France au moment où
s'installait la nouvelle administration. Son action ne
tarda pas à se faire sentir. La confiance que le Premier
Consul inspirait au pays tout entier, chacun de ses agents
sut la mériter. Les brigands sont pourchassés ; ces populations naguère si timides prennent d'elles-mêmes les
armes pour seconder la gendarmerie et les préfets [1]. Une
loi du 18 pluviôse an IX (7 février 1801) vint donner le
dernier coup au brigandage. Des tribunaux spéciaux, mi-
partie civils, mi-partie militaires, furent installés dans
tous les départements infestés. Bientôt la sécurité ne
tarda pas à être rétablie sur tous les points du territoire
français. Un exemple entre mille des résultats dus à
l'énergique volonté du Premier Consul et à la vigueur de
ses collaborateurs : dans le Vaucluse, où des communes
entières étaient signalées comme complices des bandits,
où le brigandage était passé à l'état d'industrie, on relevait, en l'an VIII, soixante-dix-neuf assassinats ; dans

---

[1] Rapport de Français de Nantes, 6 floréal an IX (26 avril 1801).

les six premiers mois de l'an IX, le nombre des meurtres était réduit à onze ; le trimestre suivant, on n'en enregistrait pas un seul[1].

Les administrations municipales étaient organisées. Dans ces départements où le Directoire était impuissant à constituer les municipalités cantonales, le gouvernement consulaire trouvait trente-six mille maires, autant d'adjoints et plus de trois cent soixante mille conseillers municipaux. On se sentait enfin protégé, soutenu, défendu. Les fonctions municipales pouvaient être encore un fardeau ; elles cessaient d'être un péril, une menace de proscription. L'heure était arrivée où, suivant la parole d'un autre Napoléon, « les bons se rassurent et les méchants tremblent[2] ».

Pendant toute la période révolutionnaire, la gestion des intérêts communaux avait été abandonnée au hasard, sinon à l'incurie et aux malversations. Dès les premiers jours de 1789, la politique avait envahi les assemblées locales, et, comme toujours, elle en avait chassé l'administration. Les partis s'attaquant, se renversant, se succédant, n'avaient laissé après eux que ruines et désordre. « Depuis 1790, disait le Premier Consul dans la célèbre note qu'il dictait à Lucien Bonaparte dès son arrivée au ministère de l'intérieur, les trente-six mille communes représentent en France trente-six mille orphelines, héritières des vieux droits féodaux, filles délaissées ou pillées depuis dix ans par les tuteurs municipaux de la Convention et du Directoire. En changeant de maires, d'adjoints et de conseillers de commune, elles n'ont guère fait en général que changer de mode de brigandage ; on a volé le chemin vicinal, on a volé le sentier, on a volé les arbres,

---

[1] Rapport de Français de Nantes, 6 floréal an IX.
[2] Napoléon III. Proclamation du 13 juin 1849.

on a volé l'église, on a volé le mobilier de la commune et on vole encore sous le flasque régime municipal de l'an VIII. »

Établir des administrations municipales durables, vigilantes, soumises à un contrôle sévère, reconstituer le patrimoine de la commune [1], lui créer des ressources, éteindre enfin les dettes qui pesaient sur elle, telle fut la pensée constante de Napoléon. Avec son esprit mathématique, il la résumait en ces quelques mots dans le document que nous venons déjà de citer : « Chaque commune représente en France mille habitants. Travailler à la prospérité des trente-six mille communautés, c'est travailler au bonheur des 30 millions d'habitants, en simplifiant la question, en diminuant la difficulté de tout ce qu'établit de différence le rapport de trente-six mille à 30 millions. C'est ainsi que Henri IV entendait faire, lorsqu'il parlait de sa poule au pot ; autrement, il n'eût dit qu'une sottise. »

Un conseiller d'État fut chargé de la surveillance spéciale de l'administration des communes et des octrois (17 ventôse an X, 8 mars 1802). Français de Nantes, ancien directeur des douanes avant la Révolution, préfet de la Charente après le 18 brumaire, fut placé à la tête de ce service ; il y apporta les principes et les habitudes de régularité de l'administration financière. Cette direction, qui disparut lorsque Français de Nantes fut nommé directeur général des droits réunis [2], fut rétablie le 29 novembre 1810 [3] et confiée à Quinette, alors préfet de la

---

[1] Si une loi du 20 mars 1813 prescrivit l'aliénation d'une partie des biens des communes, elle leur alloua en échange des rentes sur l'État.

[2] Direction générale créée le 5 germinal an XII (26 mars 1804).

[3] Elle prit alors le titre de direction de la comptabilité des communes et des hospices.

Somme. Français de Nantes et Quinette eurent l'honneur d'organiser ce grand service qui, sous des dénominations diverses, à travers toutes nos révolutions, est resté la pierre angulaire de notre système administratif et qui a vu se succéder à sa tête les esprits les plus distingués de l'administration française.

Le 4 thermidor an X (23 juillet 1802) tous les conseils municipaux furent convoqués pour établir d'une manière exacte la situation financière des communes de la République. Le désordre était à son comble. Les caisses étaient vides. La propriété communale elle-même avait disparu. Quand elle n'avait pas été partagée en vertu des décrets de l'Assemblée législative et de la Convention[1], elle avait été livrée au pillage et était devenue la proie du premier occupant. Ces audacieuses usurpations sont recherchées[2]. Les budgets municipaux sont soumis à un contrôle sévère : les règles qui les régissent encore sont tracées[3]. Une des premières mesures proposées pour assurer l'équilibre des recettes et des dépenses fut le rétablissement des octrois. Le 19 février 1791, l'Assemblée constituante les avait supprimés, et aucune disposition législative n'était venue combler le déficit et réparer le trouble qu'une telle mesure avait apporté dans tous les services. Déjà le 27 vendémiaire an VII (18 octobre 1798), on avait dû réorganiser l'octroi de Paris, et une série de lois spéciales votées sous le Directoire avait rendu à un certain nombre de villes ces ressources si imprudemment abandonnées. Le gouver-

---

[1] Décrets du 14 août 1792 et du 10-11 juin 1793. Les partages furent arrêtés par la loi du 21 prairial an IV (9 juin 1796).

[2] Loi du 9-19 ventôse an XII (29 février-9 mars 1804) et du 9-19 ventôse an XIII (28 février-10 mars 1805).

[3] Arrêté du 4 thermidor an X (23 juillet 1802). Décret du 27 février 1811.

nement du Premier Consul généralisa ces dispositions :
une loi du 5 ventôse an VIII (24 février 1800) décida
que des octrois seraient établis dans toutes les villes dont
les hospices n'avaient pas de revenus suffisants. Ce n'était
pas seulement du défaut de subventions communales que
les hospices avaient eu à souffrir [1]. Le décret du 23 messidor an II (11 juillet 1794) avait prescrit la vente de
leurs propriétés, et confondu leur actif et leur passif dans
celui de l'État. Quoique bientôt révoquée [2], cette mesure
révolutionnaire avait eu le temps de produire des conséquences désastreuses. Le Premier Consul dut reconstituer
aux établissements charitables cette dotation que leur
avait faite la piété des siècles [3].

De quelque côté que l'on porte ses regards, tous les
services publics étaient dans le même désarroi. Aucun
n'échappa à l'attention de Napoléon. Les questions les
plus diverses sont tour à tour étudiées, élucidées,
élaborées. Pendant dix ans, c'est une succession de lois,
de décrets, de décisions, que nous appliquons encore
pour la plupart à l'heure actuelle. Le 29 ventôse an XI
(20 mars 1803), l'exercice de la médecine et de la pharmacie est réglementé : la législation est désormais fixée
sur ce point. Le 4 juillet 1806, les haras sont réorganisés. Le 26 septembre 1807 est promulguée cette fa-

[1] Dans le déficit signalé par les administrateurs du département de la
Seine, le 26 brumaire an V (16 novembre 1796), la suppression des subventions perçues sur l'octroi entre pour trois millions, et la suppression
du droit des pauvres sur les spectacles pour 400,000 francs. Le droit
des pauvres fut rétabli par la loi du 7 frimaire an V (27 novembre
1796), qui affecta cette ressource aux bureaux de bienfaisance.

[2] Les décrets du 9 fructidor an III (26 août 1795) et du 2 brumaire
an IV (24 octobre 1795) avaient suspendu l'exécution du décret du
23 messidor an II, et la loi du 16 vendémiaire an V (7 octobre 1796)
avait prescrit la restitution des biens non aliénés.

[3] Arrêté du 15 brumaire an IX (6 novembre 1800) et loi du 4 ventôse
an IX (23 février 1801).

meuse loi sur le desséchement des marais, qui est demeurée si longtemps notre unique code des travaux publics. Le 21 avril 1810, c'est la loi sur les mines qui régit encore la matière. Le corps des mines est constitué, une direction générale est créée pour ce service spécial[1]. Une nouvelle direction générale, celle de l'imprimerie et de la librairie, est rattachée au ministère de l'intérieur le 5 février 1810; les dispositions de ce décret sur la police de l'imprimerie et de la librairie devaient rester en vigueur pendant soixante ans[2]. Le service des enfants assistés est organisé par le décret du 19 janvier 1811, où ne se retrouve plus la sensiblerie déclamatoire de la Convention, mais ces dispositions pratiques qui caractérisent les véritables œuvres législatives.

VI

Sait-on combien l'Empire a dépensé en travaux publics? Plus d'un milliard : 143 millions pour les travaux de défense militaire et 862 millions pour les travaux civils. En voici le détail :

Places de guerre, arsenaux, casernes	143,669,600
Routes	277,484,549
Ponts	30,605,356
Navigation, canaux et desséchements	122,587,898
Ports maritimes, digues, podlers	117,328,710
Travaux de Paris	102,421,187
Édifices publics des départements et des villes	149,108,550
Palais impériaux et bâtiments de la couronne	62,054,583
TOTAL	1,005,260,433

[1] Le décret organique du corps des mines est du 18 novembre 1810. La direction générale des mines fut créée le 7 août de la même année et confiée au comte Laumond.

[2] La direction générale de l'imprimerie et de la librairie fut occupée

Encore ne s'agit-il que de la période impériale proprement dite, de 1804 à 1813. Si l'on veut connaître
combien d'œuvres utiles et grandioses ont été entreprises
et exécutées pendant ces neuf années, il faut lire dans
son entier l'exposé de la situation de l'Empire présenté,
le 25 février 1813, au Corps législatif par le comte de
Montalivet [1]. Ce remarquable document est en quelque
sorte le testament du règne. Au moment où allait
s'écrouler l'édifice impérial, le dernier des ministres de
l'intérieur, l'un des plus éminents parmi la foule des
lieutenants civils de l'Empereur, venait, par une sorte
d'inspiration fatidique, rappeler au pays tout ce que
celui que dans un an on abreuvera d'outrages, qu'un
écrivain illustre ne rougira pas de comparer aux pires
des Césars [2], tout ce que celui que, cinquante-six ans
avant les énergumènes de la Commune, quelques royalistes furieux arracheront de son glorieux piédestal, avait
fait pour la grandeur, la prospérité et la fortune de la
France !

En l'an VIII, le service des ponts et chaussées, sans
ressources, sans crédits, sans fonds disponibles, n'existait plus que de nom. Le tableau que nous tracent les
conseillers d'État en mission des principales routes de la
République est navrant. Les chaussées sont détruites,

successivement par le comte Portalis (1810) et par le baron de Pommereul (1811).

[1] Le chiffre de 1,005,260,433 francs s'applique aux travaux exécutés
de 1804 à 1813. La dépense à faire pour achever les projets étudiés ou
en cours d'exécution était estimée à 575,835,000 francs.

[2] « Il a plus corrompu les hommes et plus fait de mal au genre
humain dans le court espace de dix ans, que tous les tyrans de Rome
ensemble, depuis Néron jusqu'au dernier persécuteur des chrétiens.....
Encore quelque temps d'un pareil règne, et la France n'eût plus été
qu'une caverne de brigands. » (CHATEAUBRIAND, *De Buonaparte et des Bourbons.*)

les ornières sans nombre; ici, des trous de plusieurs mètres d'étendue et de profondeur, dans lesquels vont s'embourber charrettes et voitures, que l'on ne pourrait retirer sans l'aide de plusieurs paires de bœufs[1]; là, les routes, complétement défoncées, ne présentent plus qu'une succession de cavités et de saillies contre lesquelles viennent se briser les roues des voitures. Fourcroy rapporte que, dans son trajet de Tours à Poitiers et à la Rochelle, et de la Rochelle à Nantes, sa voiture a été brisée six fois, et que onze fois il a été obligé d'envoyer chercher des bœufs pour la tirer des boues dans lesquelles elle était enfoncée jusqu'au-dessus du moyeu des grandes roues. Les rouliers ne voyagent plus qu'en troupe pour pouvoir se porter secours, se frayant souvent un chemin à travers les terres labourées, afin d'éviter la grande route, qui n'est plus qu'une vaste fondrière; ils n'osent s'aventurer que le jour et souvent ne font pas plus de trois ou quatre lieues dans une journée.

Avec des transports aussi longs, aussi pénibles, aussi coûteux, il est facile de s'imaginer ce que pouvaient être le commerce et l'industrie. Le blé, qui vaut dix-huit francs sur le marché de Nantes, revient à trente-six francs rendu à Brest[2]. Aussi la disette règne-t-elle dans maints départements. Certaines villes sont rationnées comme des places assiégées. Dans les premières années du Directoire, à Rouen, sur quatre-vingt-cinq mille habitants, soixante-quatre mille prennent part aux distri-

---

[1] Rapport de Fourcroy, 5 nivôse an IX (26 décembre 1800). Dans ce même document, il estime la somme qu'exigerait la réfection de toutes les routes à 60 millions; chiffre énorme si l'on considère que le budget de l'an IX était de 545 millions.

[2] Rapport de Fourcroy, 5 nivôse an IX.

butions de pain ; encore ne reçoivent-ils chacun qu'un
quart de ration [1]. Assurer l'approvisionnement des villes
était la principale préoccupation de l'administration
pendant tout le Directoire et aux premiers temps du
Consulat : comme aujourd'hui dans l'Inde, on vivait
alors en France sous la terreur de la famine.

Si les routes sont abandonnées dans cet état, inutile
de dire ce qu'étaient devenus les ports et les canaux.
Rochefort est envahi par les vases ; les marais qui entourent la ville menacent de la rendre inhabitable. Le port
de Fréjus n'est plus qu'un marécage fétide [2]. Les grands
travaux de desséchement exécutés par Louis XIV dans
la Camargue, laissés sans entretien, sont envahis par les
eaux. Les fameuses digues qui, depuis des siècles, proté-
geaient les Flandres, de Dunkerque à Anvers, sont à la
merci d'une tempête ; l'épouvante règne dans les départements de la Lys et de l'Escaut, menacés d'une submer-
sion presque totale [3]. Souvent le moindre travail exécuté
à temps eût écarté dès l'origine tout danger ; mais les fonds
manquent, rien ne se fait, et le mal s'aggrave. A Dol
(Ille-et-Vilaine), les digues sont attaquées dès l'an VI ;
dix mille francs eussent suffi alors pour les réparer ; en
l'an IX, c'est deux cent mille francs qui seront nécessaires [4]. Les écluses de Dieppe réclamaient en l'an IV
une dépense d'environ cinq mille francs ; l'année suivante, il en faudrait quarante mille ; en l'an IX, ce travail, toujours ajourné, se chiffre par trois cent mille [5].

Dès le 5 nivôse an VIII (26 décembre 1799), la direc-

---

[1] Félix Rocquain, *État de la France au 18 brumaire.* — Documents du
Directoire.

[2] Rapport de Français de Nantes, 6 floréal an IX (26 avril 1801).

[3] Rapport de Fourcroy, pluviôse et ventôse an X (février-mars 1802).

[4] Rapport de Barbé-Marbois, 19 nivôse an IX (9 janvier 1801).

[5] Rapport de Fourcroy, floréal an IX (avril-mai 1801).

tion générale des ponts et chaussées est créée. Elle sera confiée successivement à Cretet (1799), à Montalivet (1806), à Molé (1809) et au baron Costaz (1813). Le 7 fructidor an XII (25 août 1804), le corps des ponts et chaussées reçoit son organisation définitive. Les ressources faisaient défaut. La loi du 24 fructidor an V (10 septembre 1797) avait établi sur toutes les routes un droit de barrière, dont le produit devait être employé exclusivement à leur entretien. Cet impôt malencontreux, qui soulevait les plaintes les plus légitimes et dont les frais de perception absorbaient la majeure partie, était loin de fournir les sommes sur lesquelles on avait compté. Des crédits extraordinaires furent alloués aux routes sur les fonds généraux du Trésor[1]. Plus tard, quand la loi du 24 avril 1806 vint supprimer définitivement le droit de barrière, elle affecta spécialement le produit de l'impôt du sel aux travaux des ponts et chaussées [2].

Les travaux sont poussés avec une activité inconnue jusqu'alors, et dont on ne retrouve d'exemple qu'à une époque toute rapprochée de nous. Aux réparations, aux restaurations si urgentes ne tardèrent pas à succéder les créations nouvelles. Trois routes sont ouvertes à travers les Alpes : celle du Simplon, celle du mont Cenis, celle du mont Genèvre. La fameuse route de la Corniche, entre Nice et Gênes, est entreprise. Gênes est reliée à Alexandrie par-dessus les Apennins, la Spezzia à Parme. De Bordeaux à Bayonne, il y avait à peine un chemin frayé dans la lande ; une voie pavée est construite. C'est de l'Empire que date la route d'Anvers à Amsterdam, celle de Wesel à Hambourg, celle de Maëstricht à Wesel.

---

[1] Dès nivôse an IX (décembre 1800-janvier 1801), un crédit de 12 millions était ouvert pour ce service.

[2] Loi du 24 avril 1806, titre VII.

Les ponts de Bordeaux, de Rouen, de Turin, de Tours sont encore un souvenir de l'époque impériale.

Le réseau de nos canaux est l'objet d'études toutes spéciales. Le canal de Saint-Quentin est achevé. Les canaux du Rhône au Rhin, de Bourgogne, de Nantes à Brest, de Niort à la Rochelle, d'Arles à Bouc, sont entrepris. Le port de Flessingue est créé; celui d'Anvers est transformé; l'œuvre gigantesque de Cherbourg est presque terminée. Un énorme arsenal est en voie de construction à l'extrémité de la Hollande, à Nieuw-Dypp. On travaille au Havre, à Dunkerque, à Marseille. Les digues de l'Escaut et du Pô sont consolidées. Les marais de Rochefort sont desséchés. La presqu'île de Perrache est arrachée aux eaux de la Saône pour être réunie à la ville de Lyon.

Napoléon-Vendée, Napoléonville sont créés. Près de cent cinquante millions sont dépensés, dans tout l'Empire, en bâtiments communaux ou départementaux, préfectures, tribunaux, prisons. Fontainebleau, Compiègne sont restaurés. De grands travaux sont projetés à Rome; le Forum de Trajan est dégagé.

La même activité règne et dans le royaume d'Italie et dans les provinces les plus éloignées. La façade de la cathédrale de Milan est achevée. Le canal de Bologne vient abréger le cours du Reno; le canal de Pavie réunit le lac de Côme à l'Adriatique. Des fortifications s'élèvent à Corfou; des routes s'ouvrent à travers l'Illyrie.

Derrière ses ministres, ses directeurs généraux, ses ingénieurs, Napoléon est là qui les presse, qui les pousse, qui les excite. Ce n'était pas seulement en effet les questions législatives qui le préoccupaient. Son esprit ne s'arrêtait pas uniquement aux grandes lignes, et il n'entendait pas se contenter de fixer les principes qui devaient présider à son gouvernement ; il pénétrait dans le détail des affaires, et, en y apportant son attention, il forçait l'attention de ses ministres. Tous les grands travaux lui sont soumis, et on peut dire qu'il en dirige lui-même l'exécution. Un jour, il chargera Prony d'exécuter le canal de Saint-Quentin, et il voudra examiner les projets du savant ingénieur ; un autre, il discutera avec Fontaine et Vignon les plans du temple de la Gloire [1]. A Anvers, à Cherbourg, il ira se rendre compte par lui-même de ce qui reste à faire. En 1807, il s'arrête à Venise, et aussitôt il prescrit toute une série de travaux pour appeler à une vie nouvelle cette antique reine de l'Adriatique. En 1808, il passe à Bordeaux, et un décret vient indiquer en quelques lignes les améliorations à entreprendre pour ajouter encore à la splendeur de cette grande cité [2].

La transformation de Paris, cette œuvre à laquelle un autre Napoléon devait attacher son nom, commence sous la direction successive des deux préfets de la Seine, le comte Frochot et le baron Chabrol de Volvic. Le canal de l'Ourcq est ouvert ; les halles sont entreprises. Les rues de Rivoli et de Castiglione remplacent les vieux bâtiments du Manége et des Feuillants ; les Tuileries sont dégagées d'une partie des maisons qui les entourent ; on étudie l'achèvement du Louvre. Les ponts d'Austerlitz, d'Iéna, des Arts sont jetés sur la Seine ; les quais sont construits dans presque toute leur étendue. La Bourse s'élève ; la façade du Corps législatif est édifiée ; l'Arc de triomphe et la colonne de la Grande Armée viennent rappeler d'immortels souvenirs.

Voilà ce qu'a fait l'Empereur, voilà ce qu'il a conçu

---

[1] Depuis la Madeleine.
[2] Décret du 25 avril 1808.

et exécuté pendant une lutte de quinze ans contre l'Europe coalisée, dans ces heures de repos qu'il s'accordait entre deux victoires ! Voilà quelle a été l'œuvre de celui qui, pour quelques esprits impuissants et bornés, ne fut qu'un destructeur d'empires ! Là où les autres conquérants n'ont semé que des ruines, il a laissé des traces immortelles de son passage. Toute cette Europe occidentale qu'il a conquise, domptée, soumise, il l'a remplie des monuments de sa gloire. Aujourd'hui encore, dans la vieille France, comme dans ces provinces qu'il confondait sous un titre ou sous un autre dans son vaste empire, partout on retrouve l'empreinte de sa main puissante : en Illyrie comme à l'extrémité de la Hollande, à Milau comme à Lyon, à Gênes comme à Bordeaux, à Venise comme à Anvers, à Corfou comme à Cherbourg, ainsi que les monuments indestructibles que nous a légués le génie de l'ancienne Rome, l'œuvre de l'Empereur subsiste et défie la rouille des temps !

CHAPITRE V

L'ORGANISATION FINANCIÈRE

I

C'est en quelque sorte un axiome établi que les finances de la France datent de la Restauration, qu'à elle revient l'honneur d'avoir fondé le crédit public, et d'avoir donné au service du Trésor cette régularité, cette précision, cette ponctualité que peut seul assurer, dit-on, le contrôle parlementaire. Loin de nous la pensée de chercher à diminuer l'œuvre des Louis, des Corvetto, des de Villèle : ils ont rendu au pays d'éminents services. Mais quelque désastreuses que fussent les circonstances, la tâche leur était relativement facile. Ils trouvaient une administration tout organisée, qui depuis quinze ans avait été

dirigée par les mains les plus habiles et les plus expéri-
mentées ; et, pour ne parler que de ceux à qui échut la
douloureuse mission de liquider les dépenses des terribles années 1814 et 1815, le baron Louis et le comte
Corvetto, ils n'eurent qu'à suivre les traditions, qu'à
s'inspirer des principes de leurs illustres prédécesseurs,
Gaudin, duc de Gaëte et le comte Mollien, dont ils
avaient eu la fortune d'être les élèves.

On a fait grand bruit du découvert que laissait après lui
le gouvernement impérial. Les ministres de la Restauration n'hésitaient pas, dans l'exposé de la situation du
royaume présenté aux Chambres le 12 juillet 1814, à accu-
ser bruyamment un déficit de 1,645,469,000 francs[1] quand
en réalité l'arriéré se réduisait à 503,983,190 francs[2] et
ne devait pas s'élever au delà de 653,599,000 francs en
comprenant l'exercice 1815[3]. En fait, au 31 mars 1814,
le Trésor public renfermait 402,656,382 fr. 75 c. en
bonnes valeurs à terme et 5,112,281 fr. 22 c. en numéraire[4].

Tout autre était la situation en l'an VIII. « Au
20 brumaire an VIII, dit Gaudin dans ses Mémoires,
il n'existait réellement plus vestige de finances en
France. »

L'histoire financière de la Révolution n'est qu'une
série de banqueroutes.

---

[1] Tandis que ce document lu à la Chambre des pairs par le chancelier
Dambray, et à la Chambre des députés par l'abbé de Montesquiou, alors
ministre de l'intérieur, portait le chiffre de 1,645,469,000 francs, le baron
Louis, ministre des finances, réduisait ce même déficit à 759,175,000 francs,
dans l'exposé des motifs du budget de 1815, déposé aux Chambres dix
jours après, le 22 juillet 1814.

[2] Compte général des finances de 1817.

[3] Compte général des finances de 1833.

[4] *Mémoires* du comte MOLLIEN. — A ces ressources s'ajoutaient encore
e disponible du domaine extraordinaire. Voir ch. IX, § 3.

Lorsque, par le décret des 19-21 décembre 1789, la Constituante décida une première émission de 400 millions d'assignats, qui avaient pour gage les propriétés nationales, Dupont de Nemours, conjurant l'Assemblée de ne point entrer dans cette voie, lui prédit que le jour où le papier-monnaie viendrait à remplacer les espèces, on ne tarderait à voir le prix d'une paire de bottes s'élever de 24 francs à 50 écus. On rit alors de ce qu'on ne considéra que comme une saillie d'économiste. En 1796, la paire de bottes se payait 4,000 francs en assignats[1], et ceux des collègues de Dupont de Nemours qui avaient échappé à l'échafaud purent voir, le 3 ventôse an IV (22 février 1796), le louis d'or de 24 livres coté 8,137 livres. L'assignat était réduit au trois cent trente-neuvième de sa valeur nominale. Dans l'espace de moins de sept mois, du 17 germinal an III au 2 brumaire an IV (6 avril au 24 octobre 1795), le louis d'or était monté de 180 livres à 1,817 livres. Le mouvement ascendant devait atteindre son point culminant le 3 ventôse, et le 27 (17 mars 1796), le louis était encore à 6,101 livres. En moins d'un an, du 6 avril 1795 au 22 février 1796, l'or avait gagné quarante-quatre fois sa valeur, et l'assignat de 1 franc était tombé de 13 centimes à moins d'un tiers de centime[2] !

Comment s'en étonner, quand on voit la circulation des assignats, qui en avril 1792 se chiffrait déjà à 1,549,000,000, monter aux derniers jours de la Convention à 18,923,000,000, pour s'accroître encore sous le Directoire, en l'espace de moins de quatre mois (du

---

[1] *Mémoires* du duc DE GAETE.

[2] Tableau officiel du cours des assignats annexé à la loi du 5 messidor an V (23 juin 1797). Voir note C, à la fin du volume, le tableau des cours des assignats depuis leur origine.

5 brumaire au 30 pluviôse an IV [27 octobre 1795 au
19 février 1796], de plus de 20 milliards[1]? La loi du
2 nivôse an IV (23 décembre 1795), en prescrivant la
destruction de la planche aux assignats, fixait l'exécution de cette mesure au jour où le papier en circulation
aurait atteint le chiffre fantastique de 40 milliards. Cette
planche néfaste fut brisée le 30 pluviôse an IV (19 février
1796). A cette époque, la somme des assignats émis
depuis la création s'élevait à 45,581,412,518 livres[2]. Il
en restait en circulation 49 milliards, qui devaient être
bientôt réduits à 24 par les rentrées sur lesquelles comptait ce qui s'appelait encore le Trésor public[3].

Toute cette masse de papier, qu'on avait si imprudemment prodiguée, était devenue sans valeur. Il fallait
cependant trouver des ressources. La loi du 28 ventôse
an IV (18 mars 1796) tenta d'y pourvoir. Les assignats
étaient retirés de la circulation. On créait 2 milliards
400 millions de mandats territoriaux, toujours hypothéqués sur les biens nationaux : 600 millions étaient mis à
la disposition de la trésorerie pour les besoins du service
courant ; sur les 1,800 millions restant, une portion
était affectée à l'échange des assignats qui devaient être
reçus pour le trentième de leur valeur nominale, soit
800 millions, en comptant sur 24 milliards d'assignats ;
le surplus, 1 milliard, demeurait en réserve pour l'avenir.
C'étaient encore et toujours des assignats sous un autre
titre légal et sous une autre dénomination.

Le public ne s'y trompa pas. En vain la loi avait im-

---

[1] LEROY-BEAULIEU, *Traité de la science des finances.*
[2] *Id.*   *Ibid.*
[3] Les assignats étaient, à l'origine, de véritables délégations sur les
biens nationaux. En vertu du décret du **19-21** décembre **1789**-janvier
1790, art. **12**, ils portaient intérêt à **5** pour **100**. Cet intérêt fut réduit

posé le cours forcé des mandats territoriaux [1]; en vain elle avait voulu les assimiler à l'or et à l'argent, en prescrivant que les obligations même contractées en numéraire seraient acquittées principal et intérêts en mandats [2]; elle avait même poussé la prévoyance jusqu'à interdire le commerce de l'or et de l'argent [3]. Rien n'y fit. Les promesses de mandats étaient à peine sorties des presses qu'elles perdaient 83 pour 100. Le 1er germinal an IV (20 mars 1796), deux jours après la promulgation de la loi du 28 ventôse, les mandats de 100 livres étaient cotés 17 livres. Le 15 prairial (3 juin), deux mois et demi après leur émission, ils sont à 5 livres; le lendemain, à 3 livres 17 sous 6 deniers [4].

Il fallut en revenir à la réalité. Le 29 messidor an IV (17 juillet 1796), les dispositions de la loi du 15 germinal sur le mode de payement des obligations entre particuliers sont abrogées. Le 5 thermidor (23 juillet), les citoyens ne sont plus tenus à recevoir les mandats qu'au cours du jour et du lieu. Le 13 thermidor (31 juillet), le gouvernement lui-même se fait autoriser à n'accepter son nouveau papier qu'aux mêmes conditions. Ce fut

à 3 pour 100 par le décret du **17-22** avril **1790**, art. 4. Le décret du **8-12** octobre **1790** supprima tout intérêt. Dès lors l'assignat ne fut plus que du papier-monnaie. Le cours forcé fut établi par les décrets du **17-22** avril **1790** et du **12-18** septembre **1790**.

[1] Loi du **28** ventôse an IV, article 2.

[2] Loi du **15** germinal an IV (**4** avril **1796**). Aux termes de cette loi, toutes les obligations antérieures au **1er** janvier **1792**, et toutes celles contractées depuis avec mention spéciale du remboursement en espèces, devaient être acquittées en mandats territoriaux : pour les obligations postérieures au **1er** janvier **1792** et dont le mode de remboursement n'était pas spécifié, une échelle décroissante était établie suivant l'époque du contrat, et le taux du remboursement variait de **95** pour **100** à **2** pour **100**, suivant que l'obligation avait été contractée en **1793** ou en **1795**.

[3] Loi du **28** ventôse an IV, art. 15.

[4] Tableau officiel des cours annexé à la loi du 5 messidor an V (**23** juin **1797**).

8.

le coup de grâce des mandats territoriaux ; ils ne s'en relevèrent pas. Quand la loi du 16 pluviôse an V (4 février 1797) vint supprimer le cours forcé, ils étaient cotés une livre et se trouvaient réduits au centième de leur valeur nominale [1]. Comme les assignats, les mandats territoriaux ne pesaient guère plus qu'une feuille de papier.

Restait la dette publique. Le 24 août 1793, la Convention, guidée tout autant par une préoccupation politique que par une pensée financière, constituait, sur la proposition de Cambon, le grand-livre de la dette publique. Confondre sous un seul et même titre la dette de l'ancien régime et celle de la Révolution, de telle sorte que si une restauration royaliste venait à triompher, il lui fût impossible de distinguer l'origine des créances, c'était donner à ceux qui avaient eu foi dans le gouvernement nouveau la plus solide et la plus réelle des garanties. Le montant des arrérages était alors de 174,716,000 francs [2]. Il s'élevait en l'an VI, en y comprenant la dette viagère, à 258,035,394 francs [3]. C'était une lourde charge pour un budget de 616 millions. Il est vrai que le payement s'en trouvait singulièrement facilité : le créancier de l'État recevait un quart en numéraire et le reste en bons dits des *trois quarts* sur les biens nationaux.

Le Directoire aux abois résolut d'alléger son budget en se débarrassant de cette énorme dette. La loi du 9 vendémiaire an VI (30 septembre 1797) décida que le tiers seulement de chaque inscription serait conservé au

---

[1] Le 22 thermidor an IV (9 août 1796), ils avaient déjà été cotés 1 livre 10 sous. Tableaux officiels des cours annexés aux lois des 16 pluviôse an V et 5 messidor an V.

[2] Compte général des finances.

[3] Rapport de Crétet au Conseil des anciens, le 8 vendémiaire an VI (29 septembre 1797).

grand-livre; c'est ce qu'on appela le tiers consolidé. Quant aux deux autres tiers, le capital devait en être remboursé aux titulaires sous la forme de bons au porteur, hypothéqués sur les biens nationaux[1]. Encore et toujours des assignats! Ces bons, émis à 100 livres, tombaient, dès le 21 nivôse an VI (10 janvier 1798), à 2 livres 16 sous 3 deniers; en l'an VII, ils étaient cotés 1 franc 50 centimes, et ne se relevaient à 2 francs 50 qu'en nivôse an IX (décembre-janvier 1801)[2], lorsque le Premier Consul prit la résolution d'en autoriser la conversion en rentes sur le taux de 5 pour 100 de la valeur nominale[3].

Encore si les créanciers de l'État avaient touché leurs arrérages, réduits au tiers en valeurs métalliques! C'eût été trop beau. Ils reçurent des bons que les caisses publiques reprenaient ensuite en payement des contributions, et qui perdaient sur la place de 50 à 80 pour 100[4]. On était si bien accoutumé à être payé en monnaie fictive, que quand, par l'arrêté du 23 thermidor an VIII (11 août 1800), le Premier Consul décida qu'à partir de l'échéance du 1er germinal an IX (22 mars 1801), les rentes et pensions seraient acquittées en numéraire, la panique se répandit chez

---

[1] Loi du 9 vendémiaire an VI, articles 98 à 101. Cette même loi supprima l'impôt auquel la rente était assujettie en vertu des articles 111 et 112 du décret du 24 août-13 septembre 1793. — Dans son rapport du 8 vendémiaire an VI, Crétet estime le montant du tiers consolidé à 86,011,794 francs; ce chiffre comprenait la dette viagère, qui avait subi la même réduction que la dette perpétuelle. Le montant des rentes perpétuelles ne s'élevait en l'an VIII qu'à 40,216,000 francs (compte général des finances).

[2] Cours moyen par mois des bons des deux tiers annexé à l'arrêté du 3 ventôse an X (22 février 1802).

[3] Loi du 30 ventôse an IX (21 mars 1801).

[4] *Mémoires* du comte MOLLIEN.

tous les porteurs de titres[1]. En vain l'arrêté du 23 thermidor avait statué, pour plus de sûreté, que ces payements seraient faits par l'intermédiaire de la Banque[2]. La promesse était trop brillante, elle devait cacher quelque piége ; chacun s'attendait à être frustré.

Si nous comptons bien, c'est trois banqueroutes en moins de deux ans sous le régime du Directoire : banqueroute envers les porteurs d'assignats, banqueroute envers les porteurs de mandats, banqueroute envers les rentiers. Voilà comment la République de 1796 et de 1797 entendait le respect de la propriété ! Voilà comment elle appliquait la fameuse déclaration des droits de l'homme[3] ! On était loin du jour (13 juillet 1789) où l'Assemblée constituante proclamait « que nul pouvoir n'a le droit de prononcer l'infâme mot de banqueroute, nul pouvoir n'a le droit de manquer à la foi publique, sous quelque forme et dénomination que ce puisse être ». A ces violations répétées des engagements les plus solennels venaient se joindre les emprunts forcés dont nous avons déjà expliqué le mécanisme[4] ; on en compte quatre pendant la période révolutionnaire, dont deux sous le Directoire[5]. Les procédés financiers de Law et de l'abbé Terray lui-même étaient dépassés !

---

[1] *Mémoires* du duc DE GAETE.

[2] C'est seulement en l'an X que le payement des rentes fut effectué directement par le Trésor.

[3] Déclaration des droits de l'homme et du citoyen, 26 août 1789, article 17 : « La propriété étant un droit inviolable et sacré, nul ne peut en être privé si ce n'est lorsque la nécessité publique, légalement constatée, l'exige évidemment et sous la condition d'une juste et préalable indemnité. »

[4] Voir chap. Iᵉʳ.

[5] 20 mai 1793, 3 septembre 1793, 19 frimaire an IV (10 décembre 1795), 10 messidor an VII (28 juin 1799). — Nous ne parlons pas ici du maximum que la Convention imposa aux transactions commerciales pendant quinze mois. Établi sur les grains le 4 mai 1793, le maximum

Lorsque, le 20 brumaire an VIII, le Premier Consul confia à Gaudin le portefeuille des finances, le nouveau ministre ne trouva dans la caisse du Trésor qu'une misérable somme de 167,000 francs en numéraire. Encore provenait-elle d'une avance de 300,000 francs faite la veille même[1]. Dans les premiers jours, le gouvernement consulaire ne vécut que d'un prêt de 12 millions qui lui fut consenti par le commerce de Paris le 24 frimaire an VIII (15 décembre 1799). Les conditions de cette négociation en disent long sur le crédit dont jouissait alors l'État, même au lendemain du 18 brumaire. C'était un emprunt avec lots, qui devait être remboursé intégralement et par quart dans l'espace de sept mois. Le premier remboursement, de 3 millions, était fixé en germinal, c'est-à-dire à quatre mois. En réalité, il s'agissait d'un simple prêt usuraire à plus de 12 3/4 pour 100.

L'argent avait pour ainsi dire disparu. Vainement on avait tenté d'y suppléer par mille papiers de formes diverses : titres de compensation que l'État remettait aux rentiers au lieu et place de leurs arrérages, bons de réquisition, etc., etc., toutes valeurs qui faisaient retour au Trésor en payement de l'impôt, après avoir nourri le plus scandaleux agiotage. En présence de cette masse flottante de papier, il était impossible au ministre des finances d'asseoir une prévision quelconque sur les rentrées futures. Si quelques écus venaient à s'égarer dans ses caisses, ils lui étaient immédiatement enlevés par

fut appliqué à tous les objets de première nécessité par le décret du 29 septembre 1793. Toute contravention aux dispositions de cette loi entraînait, outre une amende, l'inscription du vendeur et de l'acheteur sur la liste des suspects (art. 7). Le maximum fut supprimé par le décret du 4 nivose an III (24 décembre 1794).

[1] *Mémoires* du duc DE GAETE.

les fournisseurs, en vertu de délégations sans échéance qu'ils se faisaient délivrer sur les premiers fonds disponibles.

C'était, du reste, entre l'État et ses fournisseurs, une lutte incessante de ruses et de fraudes où l'avantage ne restait pas toujours au premier. Le Trésor en était réduit à payer avec les recettes opérées dans la matinée même, à n'ouvrir ses caisses qu'à deux heures pour les fermer dès qu'on avait épuisé les modiques ressources de la journée[1]. On n'en délivrait pas moins tous les jours des ordonnances de payement pour des millions qu'on savait ne pas exister ou qu'on se reconnaissait impuissant à faire rentrer ; elles allaient immédiatement se négocier à la Bourse, où leur cote ajoutait encore au discrédit de l'État. Quand on les acquittait, c'était avec des cédules hypothécaires souscrites par des acquéreurs de biens nationaux, pour la plupart insolvables, avec des assignations sur des rentes foncières dont l'État se prétendait propriétaire, et dont il ne connaissait même pas les débiteurs. On les donnait à 5 pour 100 quand le taux de l'intérêt variait de 15 à 20, et au pair quand, sur le marché, elles perdaient de 50 à 80 pour 100[2].

Quant aux fournisseurs, ils sont restés légendaires. Un fait entre mille. Gaudin raconte qu'à son arrivée au ministère, il employa en payement des traites d'adjudicataires de coupes de bois ; elles revinrent protestées, les adjudicataires étant autorisés, disaient-ils, à ne payer qu'en ordonnances du ministre de la marine, avec lequel ils avaient contracté un marché pour la fourniture de bois de construction. Vérification faite, il fut reconnu

[1] *Mémoires* du duc DE GAETE.
[2] *Mémoires* du comte MOLLIEN.

qu'on leur avait adjugé depuis trois ans, à ces conditions, pour plusieurs millions de coupes de bois, mais qu'aucune livraison n'avait été effectuée !

Il n'y avait pas que les fournisseurs qui fussent armés par les mandats de délégation du droit de saisir le numéraire dans les caisses du Trésor. Les généraux agissaient de même : c'était souvent, du reste, le seul moyen de faire payer la solde des troupes. Ces habitudes étaient tellement invétérées, que Barbé-Marbois signale encore, dans le premier trimestre de l'an IX, des réquisitions faites, en dehors de toute règle, par l'autorité militaire sur la caisse du payeur d'Ille-et-Vilaine pour 112,914 fr. 5 centimes. En l'an VIII, dans le Morbihan, la dernière administration centrale et le préfet avaient fait sortir des caisses du receveur général, sans ordonnances régulières, une somme de 822,029 francs 89 centimes [1].

Comment, dans ces conditions, dresser même un budget? Aussi le Directoire laissait-il après lui un découvert de 212 millions; encore ce qui restait dû sur la solde et les traitements n'est-il pas compris dans ce chiffre [2]. A cela venaient s'ajouter les bons de réquisition, dont le total était encore inconnu en l'an IX, les bons des deux tiers et 1,329,641 francs de tiers provisoire, c'est-à-dire de promesses d'inscriptions de rente, dont un milliard n'était pas même liquidé [3]. Les bases de cette

---

[1] Rapport de Barbé-Marbois du 19 nivôse an IX (9 janvier 1801).

[2] Cet arriéré qui remontait à l'an V (1796-1797) s'élevait à 262 millions; il fut réduit de 50 millions par des recettes effectuées en l'an VIII, sur les exercices antérieurs.

[3] Le tiers provisoire avait été créé par la loi du 24 frimaire an VI (14 décembre 1797). Il avait pour objet de rembourser toutes les valeurs « saisies ou enlevées par les comités révolutionnaires, ainsi que les sommes et effets gratuitement avancés par des particuliers », pour le service des armées. Tant que l'inscription n'avait pas été portée définitivement au grand-livre, il ne donnait droit à aucun intérêt. Une loi du

énorme liquidation furent posées par la loi du 30 ventôse an IX (21 mars 1801). Il faut lire le grand rapport de Gaudin du 1er ventôse an IX (20 février 1801), qui sert en quelque sorte d'exposé de motifs à cette loi, si l'on veut se rendre un compte exact des difficultés avec lesquelles eut à lutter le nouveau gouvernement et de ce qu'il sut faire en l'espace de quelques mois.

II

Pour sortir d'une situation presque inextricable, pour pourvoir à tous les besoins administratifs d'une nation de trente millions d'âmes, pour soutenir la guerre contre la moitié de l'Europe, Napoléon ne pouvait compter sur d'autres ressources que sur son esprit d'ordre et d'économie, que sur la régularité et la ponctualité qu'il était décidé à introduire dans l'administration des finances. Faire appel au crédit était chose impossible : la Convention et le Directoire l'avaient tué. C'était à grand'peine qu'on avait obtenu, le 24 frimaire, 12 millions, et l'on sait à quelles conditions ! Le service du Trésor ne fut assuré en l'an VIII que par des emprunts renouvelés de décade en décade [1]. La rente qui, dès 1801, dé-

---

5 prairial an VI (24 mai 1798) avait prescrit également la liquidation de la dette des départements réunis. Le tiers provisoire, qui était coté 40 francs le 29 ventôse an IX (20 mars 1801), ne valait que 3 francs 75 le 16 brumaire an VIII (7 novembre 1799); dès le 21 brumaire (12 novembre), il était monté à 6 fr. 75.

[1] *Mémoires* du duc DE GAETE. En vertu de la loi du 30 ventôse an IX, il fut créé pour la liquidation de l'arriéré 6,200,000 francs de rente. La rente étant alors à 54 fr. 25 (cours du 29 ventôse an IX), c'était encore

passait 50 francs, qui devait atteindre le cours de 93 fr. 40 en 1807, et se maintenir jusqu'en 1813 entre 76 et 80, pour ne pas tomber au-dessous de 45 francs au milieu de nos désastres de 1814, était cotée à la veille du 18 brumaire 11 francs. Pour 11 francs on avait 5 francs de rente, ou plutôt la promesse, maintes fois violée, d'une rente de 5 francs [1] !

L'Assemblée constituante n'avait pas seulement proclamé le principe de l'égalité devant l'impôt [2] ; elle avait profondément modifié tout le régime financier. Elle avait supprimé la gabelle [3], les droits d'entrée [4], les aides [5], c'est-à-dire les perceptions sur le sel, les vins,

emprunter à près de 10 pour 100. Ces rentes ne firent pas l'objet d'une émission : elles furent inscrites au nom des créanciers de l'État en échange de leurs titres de créance.

[1] Voici quelques-uns des cours cotés sous le Directoire, le Consulat et l'Empire :

	fr.	c.
21 nivôse an VI (10 janvier 1798), première cote du tiers consolidé...	17	»
24 nivôse an VI (13 janvier 1798), cours maximum sous le Directoire..	24	25
6 vendémiaire an VIII (28 septembre 1799), cours minimum sous le Directoire...	7	»
16 brumaire an VIII (7 novembre 1799)................	11	»
17 brumaire an VIII (8 novembre 1799)................	11	30
18 brumaire an VIII (9 novembre 1799)................	13	»
19 brumaire an VIII (10 novembre 1799)...............	13	13
21 brumaire an VIII (12 novembre 1799)...............	16	38
24 pluviôse an IX (13 février 1801), cours maximum sous le Consulat...	68	»
27 août 1807, cours maximum sous l'Empire.............	93	40
29 mars 1814, cours minimum sous l'Empire.............	45	»

Voir note D, à la fin du volume, les cours maximum et minimum du 5 pour 100, de 1798 à 1815.

[2] Décret du 4 août-21 septembre 1789, article 9. — Déclaration des droits de l'homme et du citoyen, 26 août 1789, article 13.

[3] Décret du 21-30 mars 1790.

[4] Décret du 19-25 février 1791.

[5] Décret du 2-17 mars 1791.

les alcools, en somme, toutes les contributions indirectes. Les contributions directes étaient devenues la
principale, pour ne pas dire l'unique ressource des budgets. La contribution foncière avait été fixée pour 1791
à 240 millions, la contribution mobilière à 60. Avec les
sous additionnels destinés aux dépenses des départements et des districts, elles devaient produire, l'une 300,
l'autre 78 millions[1]. Des anciennes recettes, l'enregistrement, les postes, les douanes[2] et la loterie seuls
avaient été conservés. On avait créé les patentes en
remplacement des droits d'aides[3].

La Convention supprima les patentes[4] et la loterie[5].
Le Directoire ne tarda pas à les rétablir[6]. Il dut même
chercher de nouvelles ressources. Le 4 frimaire an VII
(24 novembre 1798), l'impôt des portes et fenêtres fut
ajouté aux contributions directes. La loi du 22 frimaire
an VII (12 décembre 1798) remania la perception des
droits d'enregistrement. Le timbre avait déjà fait l'objet
d'une loi du 13 brumaire an VII (3 novembre 1798).
Enfin l'on entrait timidement dans la voie des contribu-

---

[1] La contribution foncière fut établie par le décret du 23 novembre-
1er décembre 1790, et la contribution mobilière par le décret du 13-jan-
vier-18 février 1791. Sous cette dernière dénomination étaient comprises en réalité trois taxes de nature différente : contribution personnelle, équivalant à trois journées de travail; contribution somptuaire
sur les domestiques, les chevaux et les voitures; contribution mobilière
assise sur les loyers. Les taxes somptuaires, remaniées à diverses époques
et notamment par les lois du 7 thermidor an III (25 juillet 1795) et du
14 thermidor an V (1er août 1797), furent définitivement supprimées à
partir de 1807 (loi du 24 avril-4 mai 1806, article 69).

[2] Les douanes intérieures avaient été supprimées en vertu du décret
du 4 août 1789, abolissant les priviléges spéciaux des provinces.

[3] Décret du 2-17 mars1791.

[4] Décret du 21-22 mars 1793.

[5] Décret du 25 brumaire an II (15 novembre 1793).

[6] Patentes, loi du 6 fructidor an IV (23 août 1796). — Loterie, loi du
9 vendémiaire an VI (30 septembre 1797), article 90.

tions indirectes par la loi du 22 brumaire an VII (12 novembre 1798), prélevant un droit sur la fabrication du tabac, droit insignifiant, dont le produit ne dépassait pas 2 millions[1]. Une loi du 24 fructidor an V (10 septembre 1797) avait de plus établi sur les routes une taxe d'entretien, qui ne fut guère qu'une entrave au commerce.

A l'insuffisance des ressources venaient s'ajouter les difficultés du recouvrement. Le décret du 23 novembre-1er décembre 1790 avait confié aux municipalités la confection des rôles. Ce fut une source d'erreurs, d'abus, d'injustices, de vexations, dont tous les documents officiels se font l'écho[2]. Livrés complétement à l'arbitraire des autorités locales, les propriétaires étaient surtaxés s'ils n'appartenaient pas à la faction dominante, dégrevés quand le pouvoir était aux mains de leurs amis. Les intérêts de l'État n'avaient pas moins à souffrir que la justice et l'équité : nul n'en prenait souci. Dès la première heure, les impôts ne rentrent plus. Les rôles de 1791 ne sont publiés qu'en 1792. Au 1er février 1793, il est encore dû 176 millions sur les exercices de 1789 et de 1790. A la même date, il reste 161 millions à recouvrer sur les contributions foncières et mobilières de 1791; sur l'exercice 1792, le Trésor avait touché 4 millions, et le montant des rôles était de 300 millions[3]! En vain la loi du 22 brumaire an VI (12 novembre 1797) instituat-elle une agence des contributions directes, en vain chargea-t-elle spécialement les commissaires du gouvernement, près les administrations municipales et départe-

---

[1] Le monopole du tabac avait été supprimé par le décret du 20-27 mars 1791.

[2] Rapport de Français de Nantes, 16 messidor an IX (5 juillet 1801). — Rapport de Duchatel, 11 germinal an IX (1er avril 1801).

[3] TAINE, *la Révolution*.

mentales, de surveiller la confection des rôles[1] ; rien n'y
fit. Au commencement de l'an IX, l'arriéré des années
antérieures était de 400 millions. Au 20 brumaire
an VIII, il restait à établir trente-cinq mille rôles pour
l'an VII, quand ceux de l'an VIII auraient déjà dû être
en recouvrement[2].

Dès le 3 frimaire an VIII (24 novembre 1799) les
directions des contributions directes, telles qu'elles existent encore, sont créées dans tous les départements. Six
semaines suffisent pour les organiser. A la fin de l'an VIII
les trente-cinq mille rôles arriérés de l'an VII, les rôles
de l'an VIII et ceux de l'an IX étaient dressés, et les
deux premiers exercices étaient déjà en partie recouvrés.
La confection des rôles restait désormais confiée à une
administration indépendante des autorités locales, qui
pouvait trouver en elles tout à la fois un contrôle et
d'utiles auxiliaires, mais qui, relevant exclusivement du
pouvoir central, était à l'abri de tout soupçon de com-
plaisance ou de partialité, et donnait aux contribuables
les garanties qui leur avaient fait défaut jusqu'alors.

C'était déjà beaucoup ; mais ce n'était pas suffisant.
Il fallait fixer d'une manière invariable l'assiette de l'impôt, l'établir sur une base réelle, de telle sorte que la
quote-part de chaque propriétaire ne fût pas exposée à
s'accroître ou à diminuer suivant les appréciations de
l'administration et des répartiteurs, et qu'arrêtée définitivement, il fût facile à chacun de calculer avec une précision mathématique le supplément de charges que les

---

[1] La loi du 22 brumaire an VI établissait dans chaque département
un inspecteur chargé tout à la fois de vérifier les caisses, de surveiller la
confection des rôles et d'instruire les réclamations. Il était placé sous
les ordres immédiats du commissaire du gouvernement, près de l'administration départementale.

[2] *Mémoires du duc* DE GAETE.

contributions extraordinaires pouvaient lui imposer sous forme de centimes additionnels. Le cadastre fut une des idées persistantes de l'Empereur : c'était une garantie qu'il tenait à donner à la propriété. Comme il le disait : « La vraie liberté civile dépend de la sûreté de la propriété. Il n'y en a point dans un pays où on peut chaque année changer la cote du contribuable. » Dès l'an X (1801-1802), les travaux commencèrent. Cette œuvre immense soulevait de nombreuses difficultés pratiques, qui ne furent résolues qu'en 1807 par l'adoption définitive du cadastre parcellaire[1]. A partir de 1808 les travaux furent poussés avec une nouvelle activité, et les gouvernements qui se succédèrent depuis tinrent à honneur d'achever cette gigantesque entreprise, devant laquelle reculaient à l'origine les esprits les plus éclairés.

Les grandes directions générales des administrations financières furent établies et reçurent l'organisation qu'elles ont conservée jusqu'à nos jours. Elles remplacèrent les régies, qui depuis 1790 avaient centralisé ces divers services. Le défaut capital des administrations collectives, si fort en faveur pendant la Révolution, est d'apporter par le mode même de leur constitution des entraves à l'expédition des affaires et de supprimer la responsabilité individuelle, la seule réellement sérieuse et efficace. Le 29 fructidor an IX (16 septembre 1801), création de la direction générale des douanes : elle est confiée à Collin de Sussy, qui ne la quittera que le 16 janvier 1812 pour prendre le ministère des manufactures et du commerce[2]. Le troisième jour complémentaire de

---

[1] Loi du 15-25 septembre 1807, articles 23 à 39.
eut alors pour successeur M. Ferrier.

l'an IX (20 septembre 1801), constitution de la direction générale de l'enregistrement : Duchâtel, qui avait été au conseil des Cinq-Cents le rapporteur de la loi du 22 frimaire an VII sur l'enregistrement, est placé à la tête de ce service qu'il dirigera pendant toute la durée du règne. L'administration des forêts, séparée de celle de l'enregistrement, le 16 nivose an IX (6 janvier 1801), est réorganisée. Ce service avait été complétement abandonné pendant la Révolution. Les forêts domaniales étaient livrées au pillage : communes et particuliers ne se contentaient pas d'abattre les arbres ; ils s'emparaient du sol même. Les usurpations avaient pris de telles proportions que rien qu'en l'an X, la nouvelle administration fit rentrer dans le domaine public quatre mille deux cent quatre-vingt-deux hectares de bois, dont les riverains s'étaient emparés à la faveur des troubles révolutionnaires. Grâce à sa vigilance et à son activité, le revenu forestier s'éleva en un an de 17 millions (an IX) à 31 millions (an X)[1]. Cette administration reçut son organisation définitive le 7 thermidor an XIII (26 juillet 1805) par la nomination d'un directeur général, qui fut le comte Bergon. Le service des postes fut également reconstitué. En 1791, il produisait encore un revenu net de 12 millions ; en 1793, la Convention était obligée de lui allouer une subvention de 4 millions. Dès le 25 frimaire an VIII (16 décembre 1799), la ferme des postes est remplacée par une régie intéressée. Le 28 ventôse an XII (19 mars 1804), la direction générale des postes est créée et confiée à un ancien aide de camp du général Bonaparte, Lavalette, qui était déjà chargé de la surveillance de ce service dès la fin de 1799, et

---

[1] *Mémoires du duc* DE GAETE.

qui devait la conserver jusqu'aux derniers jours de l'Empire[1].

Les contributions indirectes, avons-nous dit, n'existaient plus. L'impopularité si justifiée des aides et de la gabelle, bien plus encore que les théories des physiocrates qui dominaient à la Constituante, les avait tuées. Les barrières étaient si multipliées avant 1789 qu'un tonneau de vin du Languedoc payait pour arriver à Paris de trente-cinq à quarante droits différents. Quant à la gabelle, sans parler de l'inégalité de cet impôt, qui variait de province à province, et des vexations journalières auxquelles elle exposait les contribuables, elle était devenue, sous la forme de sel de devoir, une véritable taxe directe, une nouvelle capitation. L'ancien régime avait abusé des contributions indirectes; la répartition en était inique; la ferme générale, à qui elles étaient concédées, avait transformé la surveillance et la perception en une véritable inquisition. Les aides et la gabelle étaient tombés sous le cri populaire.

Cependant les contributions indirectes sont un élément indispensable dans les ressources d'un État. Quand il est de la nature des dépenses publiques, comme l'expérience le prouve, de croître normalement et régulièrement, il est indispensable que le Trésor trouve, à côté de l'impôt direct, dont la fixité est le caractère essentiel, une contribution participant à l'élasticité de la fortune publique et dont les produits, toujours en progression, viennent, sans modification de tarif, faire équilibre à l'accroissement des dépenses budgétaires. Il fallait, non pas

---

[1] Lavalette avait été nommé commissaire du gouvernement près l'administration des postes le 26 frimaire an VIII (17 décembre 1799). Il ne quitta ces fonctions qu'à la première Restauration, et l'on sait comment il faillit payer de sa vie le fait de les avoir reprises aux Cent-Jours.

supprimer les contributions indirectes, mais modifier
profondément leur assiette et leur perception, les établir
sur une base équitable, et conserver ainsi à l'État une
ressource d'autant plus productive que les recouvrements
s'opèrent avec plus de facilité. Tel était le but que se
proposa Napoléon.

La loi du 5-15 ventôse an XII (25 février-6 mars
1804) et le décret du 5 germinal an XII (26 mars 1804)
organisèrent notre direction générale des contributions
indirectes, sous le nom de régie des droits réunis. Elle
était chargée de recouvrer les droits sur les tabacs, ainsi
que les nouvelles taxes établies sur les boissons et les dis-
tilleries. L'impôt sur le sel, créé par la loi du 24 avril-
4 mai 1806, fut également compris dans ses attributions. Plus tard le décret du 29 décembre 1810 conféra
au gouvernement le privilége exclusif de la fabrication
et de la vente du tabac. Un décret du 12 janvier 1811
institua, sous le contrôle du directeur général des droits
réunis, un service spécial pour l'exploitation de ce monopole, qui devait devenir l'une des ressources les plus
précieuses de nos budgets : c'est là l'origine de notre
direction générale des manufactures de l'État. Mais en
même temps que le Trésor était appelé à profiter de ces
nouvelles recettes, des dégrèvements successifs apportés à
l'impôt foncier venaient réduire ses charges dans des proportions considérables [1]. D'autre part, la loi du 24 avril-
4 mai 1806 supprimait la taxe si impopulaire et si coûteuse d'entretien des routes.

Français de Nantes, qui avait appartenu à l'adminis-

---

[1] Le principal de la contribution foncière avait été réduit à **210** millions par la loi du **26** fructidor an **VI** (**12** septembre **1798**). En **1806**,
par suite des dégrèvements nouveaux effectués sous le Consulat et l'Empire, il ne s'élevait plus, pour les quatre-vingt-six départements imposés

tration financière avant 1789, fut nommé directeur général des droits réunis. C'est lui qui présida à l'organisation de cet important service, dont il resta le chef jusqu'en 1814. Malgré tous ses efforts, la nouvelle administration ne tarda pas à participer à l'impopularité des anciennes aides et gabelles. Dans maints endroits la Restauration fut accueillie au cri de : Plus de droits réunis! Pour donner un semblant de satisfaction à l'opinion publique, le gouvernement royal, le 17 mai 1814, supprima la direction générale des droits réunis. Il est vrai que la même ordonnance créait la direction générale des contributions indirectes, qui s'est perpétuée jusqu'à nos jours. Supprimer le mot était facile; quant à supprimer la chose, aucun gouvernement régulier ne l'a jamais tenté.

III

L'un des plus graves soucis du Premier Consul fut d'organiser le service du Trésor. Receveurs généraux et fermiers généraux avaient été supprimés par la Constituante[1]. Les receveurs généraux et les receveurs particuliers avaient été remplacés par cinq cent quarante-quatre receveurs de district. Ces receveurs élus par l'administration du district centralisaient les recouvrements[2]. Ceux-ci s'opéraient, non point comme aujourd'hui par des agents

à 240 millions en 1791 et à 207 millions en 1798, qu'à 172 millions. C'était en somme 68 millions de dégrèvement, dont 35 depuis l'an VIII.

[1] Décrets du 14-24 novembre 1790 et du 20-27 mars 1791.

[2] Décret du 14-24 novembre 1790, art. 4.

9.

de l'État, mais par des soumissionnaires : tous les ans,
la perception des contributions directes dans chaque
commune était mise en adjudication au rabais[1]. Qu'on
juge dans quelles conditions devait se faire le service et
quelles garanties pouvait trouver le Trésor chez des percepteurs sans liens avec l'administration centrale, exposés
à changer d'année en année, et chez des receveurs soumis par le mode même de leur nomination à toutes les
fluctuations des événements politiques! Ajoutez que les
cautionnements étaient reçus en immeubles, et qu'en cas
de déficit c'était une longue et laborieuse liquidation qui
incombait à l'État[2]. Les vices de ce système étaient si
flagrants qu'il ne tarda pas à être modifié. La constitution de l'an III porte : « Le Directoire nomme le receveur des impositions directes de chaque département[3]. »
Cette disposition fut complétée par la loi du 22 brumaire
an VI (12 novembre 1797), qui institua des préposés
aux recettes chargés de centraliser les perceptions communales. Ces préposés, nommés par les receveurs de
département, que la loi qualifie déjà de receveurs généraux, n'avaient pas de caractère public; ils n'étaient
que les agents des receveurs généraux, et s'ils fournissaient un cautionnement, c'était à ceux-ci et pour leur
seule garantie.

Il appartenait à Napoléon de donner à l'administration des finances son organisation définitive. Le 27 ventôse an VIII (18 mars 1800), les receveurs particuliers
furent créés et mis à la nomination du gouvernement.

---

[1] Décret du 23 novembre-1ᵉʳ décembre 1790, titre V. Loi du 3 frimaire an VII (23 novembre 1798), titre VIII.

[2] Décret du 14-24 novembre 1790, article 7. Loi du 3 frimaire
an VII, titre VIII.

[3] Constitution du 5 fructidor an III, article 153.

La loi du 5 ventôse an XII (25 février 1804) régularisa enfin le service de la perception ; les percepteurs, choisis désormais par le Premier Consul, devinrent des fonctionnaires publics. Quant aux receveurs généraux, les conditions de leur service furent complétement remaniées : le nom restait le même, mais l'institution était tout autre.

La perception de l'impôt fut constituée en une sorte de régie intéressée entre les receveurs généraux et l'État. Une loi du 6 frimaire an VIII (27 novembre 1799) créa la caisse d'amortissement, qui était destinée à devenir l'un des rouages les plus importants du système financier. Elle reçut les cautionnements de tous les comptables, qui durent dès lors être fournis exclusivement en numéraire [1]. Responsables du recouvrement de l'impôt, les receveurs généraux furent tenus de souscrire des obligations égales au montant des contributions directes de leur département. Ces obligations, remises au Trésor, avaient pour garantie le cautionnement versé par les receveurs généraux à la caisse d'amortissement ; dans le cas où elles étaient protestées, la caisse payait à leur lieu et place, à présentation. Le Trésor se trouvait donc en mesure de se procurer désormais des ressources immédiates par l'escompte de ces obligations qui reposaient sur un gage réel, le cautionnement.

Mais les obligations des receveurs généraux, souscrites à longue échéance, avaient cet inconvénient que la rentrée des recettes d'un exercice était espacée sur une période d'environ dix-huit mois. Les bons à vue qu'ils remettaient au Trésor, en représentation des pro-

---

[1] Lois du 6 frimaire an VIII, du 27 ventôse an VIII et du 5 ventôse an XII, titre IV.

duits des contributions indirectes versés à leurs caisses,
leur laissaient d'autre part la jouissance de ces fonds
pendant environ cinquante ou soixante jours. Ces diffé-
rences entre l'époque des recouvrements et celle de leur
centralisation au Trésor permettaient aux comptables de
tirer profit des sommes qui restaient ainsi entre leurs
mains pendant un temps plus ou moins long, et constituaient leurs bénéfices avec les remises qui leur étaient
allouées. Pour réaliser ses ressources, l'État était donc
contraint d'avoir recours à des maisons de banque. Les
faiseurs de service, comme on appelait ces intermédiaires
habituels et en quelque sorte patentés, non-seulement
cherchaient à s'attribuer des bénéfices considérables sur
le papier qu'ils escomptaient, mais, en 1805, ils fail-
lirent, par leurs spéculations hasardées, entraîner le
Trésor dans un épouvantable désastre.

La Compagnie des négociants réunis, dirigée par Ouvrard, Desprez et Vanlerberghe, avait centralisé entre
ses mains presque toutes les opérations du Trésor :
escompte des obligations des receveurs généraux, approvisionnements militaires, avance du subside dû par l'Espagne. Elle était devenue en quelque sorte l'unique
banquier et l'unique fournisseur de l'État. Les trois
associés avaient prêté à la cour de Madrid les sommes
qu'elle devait à la France, et en avaient reçu en échange
des piastres du Mexique et du Pérou qu'il fallait aller
chercher à travers les flottes anglaises. C'est avec ces
piastres qu'ils escomptaient les valeurs du Trésor français, quand ils ne se contentaient pas de les recevoir en compte. Car Barbé-Marbois, alors ministre du
Trésor, commit l'imprudence de leur ouvrir toutes les
caisses et de ressusciter pour eux les anciens mandats de
délégation. Comme au titre de banquiers du Trésor ils

joignaient celui de fournisseurs des armées, il crut pouvoir les autoriser à prendre directement des fonds dans les caisses de l'État à titre d'à-compte, et sauf régularisation ultérieure. Il est facile de se faire une idée du désordre créé par cette confusion d'affaires, par cette immixtion permanente d'une compagnie privée dans le service des finances, par cette union intime établie entre les intérêts du Trésor et les spéculations les plus aventurées. Lorsqu'au lendemain de son retour d'Austerlitz (27 janvier 1806), Napoléon voulut se rendre un compte exact de la situation, Barbé-Marbois estimait le déficit à 73 millions ; après un long et minutieux travail, Mollien arriva à constater qu'il atteignait le chiffre énorme de 141,800,000 francs. C'est à lui qu'incomba la tâche d'accomplir cette lourde liquidation et de faire rentrer les fonds qui avaient été impudemment détournés, grâce à la complicité d'un commis du Trésor. Longtemps le souvenir de cette déplorable affaire hanta l'esprit de l'Empereur. Au lendemain d'Eylau, à la veille de Friedland, de son camp d'Osterode, le 28 mars 1807, il trouvait encore le temps d'en entretenir Mollien, d'aiguillonner son activité, qui cependant n'était pas en défaut ; car, en 1808, sur ces 141,800,000 francs, il ne restait plus que 13 millions à recouvrer.

Il fallait se débarrasser à tout prix de ces intermédiaires compromis et compromettants. Le décret du 16 juillet 1806 institua la caisse de service. Les receveurs généraux versèrent désormais à cette caisse le produit des contributions au fur et à mesure de leur recouvrement. Un compte courant leur fut ouvert et un intérêt leur fut alloué pour tous les versements faits à des époques antérieures à celles indiquées dans leurs obligations ou leurs bons à vue. Le Trésor disposait de ces fonds, soit en émettant des traites sur les comptables, soit en les centralisant sur un point quelconque au moyen d'effets de commerce que ceux-ci lui fournissaient. Le Trésor devenait ainsi une vaste maison de banque, la plus importante de France, ayant ses ramifications et ses correspondants sur tous les points du territoire. De ce jour, 16 juillet 1806, la plus grande date peut-être de notre histoire financière, l'État, au lieu d'être condamné, comme par le passé, à ne vivre que d'avances et d'anticipations, se trouvait désormais en mesure d'utiliser toutes ses ressources dès l'heure où elles se produisaient ; il cessait d'être ce qu'il avait été pendant des siècles, le client souvent mal servi, toujours exploité, des faiseurs d'affaires et des gens de finance. En dehors d'eux et au-dessus d'eux, le ministre reprenait la place qui doit appartenir à celui à qui est confiée la gestion de la fortune publique d'une grande nation. C'était bien là, suivant le mot de l'Empereur, « la libération du Trésor », libération qu'avait rêvée plus d'un de nos grands administrateurs, et qu'il ne fut donné qu'à Napoléon d'accomplir.

La caisse de service a disparu, mais le compte courant a subsisté. Somme toute, l'institution des receveurs généraux n'a subi que des modifications de détail[1]. On a pu depuis critiquer les bénéfices assurés à ces agents du Trésor, trouver étrange que l'État leur payât l'intérêt de fonds qui lui appartiennent, se demander s'il n'y aurait pas moyen d'adopter des combinaisons moins coûteuses et rappeler à ce sujet le grand principe de Law : « L'État doit donner le crédit, et non le recevoir. » Mais si l'on

---

[1] Le décret du 21 novembre 1865-12 mars 1866, qui substitua aux receveurs généraux les trésoriers-payeurs généraux, n'a guère fait que changer le titre de ces fonctionnaires.

se reporte à l'époque où le Premier Consul prit en main les rênes du pouvoir, au lendemain de ces banqueroutes successives que l'État avait fait subir à tous ceux qui avaient eu foi en lui, on est forcé de reconnaitre que nul alors n'avait moins de crédit que l'État. S'il avait été contraint de recourir au crédit personnel de ses agents, il devait équitablement leur tenir compte d'une confiance qui touchait presque au dévouement. C'était déjà beaucoup qu'il n'eût plus affaire qu'à des fonctionnaires dépendant de lui, au lieu d'aller quêter au dehors une aide et des secours toujours trop chèrement achetés.

Un décret du 4 janvier 1808 vint compléter toutes ces mesures, en introduisant dans le service du Trésor la comptabilité en partie double. Question toute spéciale, dira-t-on, mais qui n'en était pas moins d'une importance capitale. C'était l'ancienne comptabilité qui, dans sa confusion et son obscurité, avait facilité les détournements d'Ouvrard et de ses complices. Désormais, la régularité et la clarté des écritures permirent un contrôle immédiat et de tous les instants. Il ne fut plus possible de voir se renouveler ce fait inouï d'un déficit de 141,800,000 francs qu'ignoraient les comptables même du Trésor.

Une surveillance des plus actives fut exercée sur les agents financiers. Un arrêté du 19 fructidor an IX (6 septembre 1801) établit des inspecteurs généraux du Trésor. Mis à la disposition du ministre, ils devaient, par des vérifications imprévues, s'assurer de la situation de toutes les caisses et contrôler les opérations de tous les comptables. Telle est l'origine de cette grande institution qui s'appela depuis l'inspection des finances.

Au contrôle administratif ne tarda pas à se joindre le

contrôle judiciaire. La loi du 16 septembre 1807 créa la Cour des comptes. Les anciennes chambres des comptes, supprimées par la Constituante [1], avaient été remplacées par un bureau de comptabilité de quinze commissaires à la nomination du Roi [2]. La Constitution de l'an III établit cinq commissaires de la comptabilité, élus par le conseil des Anciens sur la proposition du conseil des Cinq-Cents [3]. La Constitution de l'an VIII confia leur nomination au Sénat [4]. Un fait suffira pour donner la mesure de toutes ces commissions. Lorsque la nouvelle Cour instituée par l'Empereur se réunit, elle eut à juger non-seulement les comptes arriérés de la période révolutionnaire, mais des comptes antérieurs à 1789, qui attendaient un arrêt depuis vingt ans [5].

La Cour des comptes se composa de conseillers maitres et de conseillers référendaires, les uns chargés de prononcer sur la valeur des justifications produites par les comptables, les autres de préparer l'examen des affaires et d'en faire le rapport. Elle fut assistée d'un procureur général et placée sous l'autorité d'un premier président. L'Empereur appela à ces hautes fonctions Barbé-Marbois. Premier président et conseillers de tout ordre étaient investis de l'inamovibilité, dans les conditions où elle s'acquérait sous le gouvernement impérial, c'est-à-dire après cinq ans d'exercice [6].

Modelée sur les corps judiciaires, dont elle emprunta les formes et les traditions, la Cour des comptes trouvait dans son organisation même les garanties d'indé-

---

[1] Décret du 7-11 septembre 1790, article 12.
[2] Décret du 17-29 septembre 1791, titre II.
[3] Constitution du 5 fructidor an III, article 321 à 325.
[4] Constitution du 22 frimaire an VIII, article 10.
[5] *Mémoires du comte* MOLLIEN.
[6] Décret du 28 septembre 1807, titre I.

pendance nécessaires à la haute mission qui lui était confiée. Investie d'un contrôle suprême sur toute gestion financière, chargée de veiller à la stricte exécution des lois et des règlements et de protéger les intérêts de l'État, aussi bien contre les fraudes que contre les erreurs de ceux qui étaient détenteurs de ses deniers, son autorité s'étendit sur tous les comptables. Chaque année, une commission choisie dans son sein devait faire parvenir à l'Empereur un rapport sur les faits principaux qu'elle avait relevés dans l'examen des diverses branches de la comptabilité publique[1] : c'est là l'origine de ces rapports de la Cour des comptes qui ont tant contribué à établir l'ordre et la régularité dans tous nos services administratifs.

On a discuté souvent la question de savoir s'il ne conviendrait pas de donner à la Cour des comptes juridiction sur les ordonnateurs. Ce serait une véritable immixtion de la Cour dans des matières qui lui sont étrangères et qui doivent rester en dehors de son action. La question, du reste, ne pouvait se poser sous le régime impérial : les ordonnateurs, nous l'avons vu, étaient responsables de leurs actes, non-seulement devant leurs ministres respectifs, mais devant le conseil d'État. L'Empereur, avec ce suprême bon sens qui était une des qualités distinctives de son génie, avait compris que les fonctions publiques se divisent en trois ordres différents soumis chacun à des règles et à des devoirs spéciaux : ordre administratif, ordre judiciaire, ordre financier. Il avait voulu qu'à la tête de chacun de ces ordres fût placé un tribunal supérieur, juge suprême, dont nul ne pût contester la compétence et l'indépendance. Voilà pourquoi il assi-

---

[1] Loi du 16 septembre 1807, titre III.

gnait une place si élevée à la Cour des comptes, en lui
donnant rang immédiatement après le Conseil d'État et
la Cour de cassation.

IV

La séparation des divers services qui constituent aujourd'hui notre ministère des finances et leur répartition
entre deux départements ministériels différents, le ministère du Trésor et le ministère des finances, séparation
qui s'est perpétuée jusqu'en 1815, a été l'objet de vives
et de nombreuses critiques. Faisons d'abord remarquer
que cette dualité était un legs de la Constituante et des
gouvernements qui lui avaient succédé. En confiant,
par les décrets du 27-30 mars 1791 et du 16 août-
13 novembre 1791, l'administration du Trésor public
à six commissaires spéciaux, l'Assemblée constituante
avait voulu que cette administration restât complètement indépendante de tout département ministériel ;
elle avait entendu constituer le Trésor en une sorte
de contrôle général des dépenses publiques [1]. Cette ten-
dance s'accentua de plus en plus. À l'origine, les commissaires de la Trésorerie étaient nommés par le Roi [2].
La Constitution de l'an III décida qu'ils seraient désormais élus par le conseil des Anciens sur la présentation
du conseil des Cinq-Cents [3]. C'était leur conférer une

---

[1] Décret du 27-30 mars 1791, article 1er : « L'administration du
trésor public n'appartiendra à aucun département de ministère. »

[2] Décret du 27-30 mars 1791.

[3] Constitution du 5 fructidor an III, article 315.

complète indépendance. Issus d'une même origine que le Directoire, soustraits à son autorité, les commissaires de la Trésorerie, que la loi investissait de la direction absolue du mouvement des fonds [1], pouvaient facilement transformer leur contrôle financier en une surveillance minutieuse et de tous les instants, et, sans sortir du cercle de leurs attributions, entraver journellement la marche et l'action du gouvernement. La Constitution de l'an VIII rendit au pouvoir exécutif l'une de ses prérogatives les plus essentielles, de celles qui sont en quelque sorte inhérentes à son existence. « L'un des ministres, dit l'article 56, est spécialement chargé de l'administration du Trésor public ; il assure les recettes, ordonne les mouvements de fonds et les payements autorisés par la loi. »

L'administration du Trésor fut réorganisée par l'arrêté du 1er pluviôse an VIII (21 janvier 1800) et constituée en une direction générale confiée à un conseiller d'État. Un des agents financiers les plus distingués et les plus capables d'avant 1789, Dufresne, ancien premier commis de Necker, fut placé à la tête de ce service [2]. Le 5 vendémiaire an X (27 septembre 1801), la direction générale du Trésor public était transformée en ministère, sans qu'aucun changement fût apporté à ses attributions. Barbé-Marbois, qui avait succédé à Dufresne, le 24 février 1801, fut chargé du nouveau portefeuille qu'il abandonna à Mollien, le 27 janvier 1806, après le déplorable éclat de l'affaire Ouvrard.

Au ministre des finances appartenaient la recette, la surveillance des grandes administrations financières et

---

[1] Constitution du 5 fructidor an III, article 317.
[2] Dufresne ne remplit ces fonctions que peu de temps : il mourut en 1801.

la préparation du budget; au ministre du Trésor, la dépense et le soin d'y pourvoir en temps et lieu, c'est-à-dire le mouvement des fonds. L'un était en somme un administrateur, l'autre le chef de cette grande maison de banque qui s'appelle le Trésor public. Cette combinaison a été jugée très-sévèrement par Mollien lui-même. « La condition du ministre du Trésor devait être, dit-il, d'avoir l'action sans la prévoyance, en laissant au ministre des finances la prévoyance sans l'action. Il n'y avait alors de ministère proprement dit ni pour l'un, ni pour l'autre. » A ces observations Napoléon répondait : « La France actuelle est trop grande pour qu'un ministre des finances suffise à tout. J'ai d'ailleurs besoin d'une garantie dans l'administration des finances. Je ne la trouverais pas dans un seul ministre. Les comptes qu'il me présenterait seraient sans contrôle, et, quand même j'y croirais, le public n'y croirait pas. »

Assurer le contrôle des départements ministériels les uns par les autres était une pensée dominante chez l'Empereur. C'est ainsi qu'il avait réparti les divers services de la guerre entre trois véritables ministres : le ministre de la guerre proprement dit, le ministre-directeur de l'administration de la guerre et le directeur général de la conscription et des revues. Aucune décision ne pouvait être prise par le ministre de la guerre, sans qu'une décision corrélative n'en fût la conséquence dans une des deux autres administrations, et toutes trois trouvaient encore un contrôle, comme nous l'explique Mollien, dans la comptabilité du ministre du Trésor. Celui-ci concentrait toutes les ressources, effectuait toutes les dépenses; les comptables de quelque ordre qu'ils fussent étaient placés sous son autorité et responsables vis-à-vis de lui de leur gestion[1]. Napoléon entendait qu'aucun acte de ses ministres constituant une dépense ne passàt sans laisser de trace dans les écritures du ministre du Trésor. C'était pour lui une sorte de contrôleur général, exerçant sur tous les faits d'ordre matériel une surveillance analogue à celle dont était investi son ministre de la police sur tous les faits d'ordre moral.

De toutes les institutions financières de l'Empire, le ministère du Trésor est la seule qui n'ait pas survécu. La suppression des payeurs a effacé récemment[2] la dernière trace d'un dualisme qui a pu soulever des objections théoriques, mais contre lequel une expérience de près de treize ans n'a relevé aucun fait décisif.

Dans cet immense travail de réorganisation financière, Napoléon eut d'éminents collaborateurs, tout d'abord Gaudin et Mollien.

Premier commis aux contributions directes avant 1789, Gaudin avait rempli les fonctions de commissaire de la trésorerie depuis 1791 jusqu'aux derniers jours de la Convention. Son expérience l'avait déjà désigné pour le ministère des finances; il ne consentit à l'accepter qu'au lendemain du 18 brumaire, et le conserva pendant toute la durée du règne. C'est à lui qu'échut le rude labeur des premières heures. Débrouiller le chaos, vivre pendant l'an VIII (et nous ne savons si l'on se fait encore une idée exacte du terrible problème renfermé dans ces

---

[1] Par le décret du **27** février **1811**, les caisses municipales avaient été soumises à la surveillance du ministre du Trésor. La caisse des invalides de la marine avait été, l'année précédente, l'objet d'une mesure analogue. C'est la Restauration qui, pour revenir aux vieilles traditions, rétablit cette anomalie d'une caisse spéciale, juxtaposée au Trésor public, sans relations avec lui et échappant au contrôle de l'administration des finances (ordonnance royale du **17** juillet **1816**).

[2] Décret du **21** novembre **1865-12** mars **1866**.

quatre mots), fixer l'assiette des contributions directes, assurer le recouvrement de l'impôt et le service du Trésor, telle était la tâche imposée au ministre des finances. Elle dépassait les forces d'un homme; et, quelle que fût sa valeur réelle, s'il parvint à l'accomplir, ce fut avec le concours de Dufresne, de Barbé-Marbois et de ce grand homme de bien qui s'est appelé Mollien.

Celui-là a mérité de rester comme un des types les plus parfaits de cette grande administration impériale. Simple, modeste, travailleur infatigable, rompu aux mille détails des affaires, Mollien a été la cheville ouvrière de l'immense labeur de ces quinze années. Comme Gaudin, il appartenait avant 1789 à l'administration des finances, où il avait conquis déjà le grade de premier commis aux contributions indirectes. Dès les premiers jours du Consulat il était nommé administrateur de la caisse d'amortissement, dont il ne tarda pas à devenir directeur[1].

Le Premier Consul avait fait de cet établissement le pivot de son système financier. Recevant, ainsi que nous l'avons déjà expliqué, les cautionnements des comptables, se substituant au besoin à eux pour le payement de leurs obligations, utilisant toutes ses ressources en achats de rentes, et appelée ainsi à maintenir le cours des fonds publics, la caisse d'amortissement était l'auxiliaire constant et indispensable du Trésor. De sa gestion dépendait le sort du crédit de l'État. Si jamais il était destiné, chose qui paraissait alors invraisemblable, à se relever, l'honneur devait en revenir en partie à cette

---

[1] La caisse d'amortissement, créée par la loi du 6 frimaire an VIII (27 novembre 1799), fut d'abord gérée par trois administrateurs. L'arrêté du 23 messidor an IX (12 juillet 1801) plaça à la tête de cet établissement un directeur, qui fut Mollien. Celui-ci eut pour successeur, en 1806, le comte Bérenger.

nouvelle institution, à la loyauté, à la sincérité de ses opérations.

L'administration de Mollien dépassa toutes les espérances. Grâce à la ponctualité qu'il introduisit dans le service qui lui était confié, en moins de trois mois, les obligations des receveurs généraux, qui s'escomptaient à l'origine à 4 pour 100 par mois, trouvèrent preneurs à 1 pour 100. Lorsque parurent les comptes de l'an X (1801-1802), il fut constaté que la caisse d'amortissement possédait déjà 1,270,000 francs de rente. Elle avait racheté en trois ans le trentième de la dette publique. Ses ressources étaient cependant des plus limitées : elles ne comprenaient que les cautionnements des comptables et ceux des officiers ministériels, auxquels vinrent s'ajouter plus tard les consignations judiciaires[1]. C'est avec ce faible capital, environ 10 millions, que Mollien dut commencer : encore fut-il forcé d'en distraire la moitié, qui fut versée le 28 nivôse an VIII (18 janvier 1800) à la Banque de France, comme part contributive de l'État dans la création de ce nouvel établissement. Les bénéfices de la caisse d'amortissement reposaient sur la différence d'intérêt entre les sommes qu'elle payait à ses déposants et le produit qu'elle tirait des rentes achetées par elle : elle servait 5 pour 100 aux propriétaires des cautionnements[2], et ces cautionnements qu'elle plaçait en rente lui rapportaient de 8 à 15 pour 100.

Toutes ces opérations si intimement liées avec celles du Trésor mirent souvent Mollien en rapport avec Napoléon. Celui-ci sut vite l'apprécier. Le 27 janvier 1806, il le nommait ministre du Trésor en rempla-

---

[1] Loi du 28 nivôse-8 pluviôse an XIII (18-28 janvier 1805).

[2] En l'an VIII, l'intérêt servi aux receveurs généraux était de 10 pour 100.

cement de Barbé-Marbois. Tandis que Gaudin organisait la perception de l'impôt et commençait le cadastre, Mollien fixait les règles de notre comptabilité et du service de trésorerie. Il vécut assez longtemps pour voir trois gouvernements d'origine diverse et de tendances différentes respecter son œuvre, se l'approprier et n'y apporter que des modifications de détail. Ce noble vieillard, que nos contemporains ont pu connaître, ce dernier survivant des ouvriers de la première heure ne disparut de la scène du monde qu'en 1850. A celui qui avait toujours conservé pour son maître la plus profonde admiration, il fut donné, pour ses derniers moments, de saluer l'aurore du nouvel Empire. Cinquante ans après le jour où, pour la première fois, il était appelé à la Malmaison par le général Bonaparte, il se retrouvait en face du chef élu et acclamé de la République française, et ce chef s'appelait lui aussi Napoléon Bonaparte.

Deux services auxquels les temps qu'on venait de traverser donnaient une importance considérable étaient rattachés au ministère des finances. C'étaient la liquidation de la dette publique et le contentieux des domaines nationaux. Ils furent constitués en deux grandes directions, et confiés, le premier à Defermon, et le second à Régnier, puis à Boulay de la Meurthe.

Député à la Constituante, puis à la Convention, où il siégea dans les rangs de la Gironde, Defermon avait été sous le Directoire commissaire à la trésorerie. A ses fonctions de directeur général de la liquidation de la dette publique, il joignait celles de président de la section des finances au Conseil d'État. Il fallait toute sa laborieuse activité et son expérience consommée pour arriver à se retrouver dans cette masse informe de créances de toute sorte que les gouvernements révolutionnaires léguaient au gouvernement réparateur. Cette énorme liquidation comprenait toutes les dettes contractées depuis 1789 ou mises depuis lors à la charge de la nation : remboursement des offices supprimés par la Constituante, dettes du clergé et des pays d'états, fournitures et réquisitions pour le service des armées ; à tout ceci venaient encore s'ajouter les dettes des provinces conquises, Belgique, Piémont, pays rhénans. Le désordre était tel que, de 1802 à 1810, on dut rejeter pour 1,100 millions de réclamations non justifiées[1]. Enfin le 1er juillet 1810, cet immense travail était terminé, les comptes épurés et l'État définitivement libéré.

Le contentieux des domaines nationaux n'était pas une moins lourde tâche. Pour s'en rendre compte, il suffit de se reporter aux confiscations en masse prononcées contre les émigrés et à toute cette législation spéciale qui remplit des volumes. Ce n'était pas trop de juristes aussi distingués que Régnier et Boulay de la Meurthe, pour arriver à résoudre ces mille difficultés contentieuses qui étaient aussi une des liquidations imposées par le passé.

Mais quels que fussent la valeur et le mérite spécial de tous ces hommes dont le souvenir est encore vivant dans l'administration française, Napoléon les laissait bien loin derrière lui. Il avait voulu savoir les finances : il les sut. Il s'était constitué le véritable contrôleur du Trésor. Il étudiait ses états de situation financière avec autant d'ardeur que ses états de situation militaire[2]. De son quartier général, il suivait les mouvements du Trésor,

[1] Exposé des motifs du budget de 1810.

[2] Voir par exemple la lettre du 10 avril 1808, adressée à Daru, alors intendant général de la grande armée, où l'Empereur discute les comptes du payeur général de l'armée.

comme de son palais de Saint-Cloud ou des Tuileries, il dirigeait les mouvements de ses armées. Aucun souci, aucune préoccupation na'vait le pouvoir de le distraire de ce qu'il regardait comme le premier de ses devoirs[1].

Dans la première quinzaine de chaque mois, un conseil des finances, auquel étaient convoqués tous les ministres, se réunissait sous la présidence de l'Empereur : c'est là qu'il répartissait pour le mois suivant les fonds alloués à chaque département ministériel. S'il était aux armées, les propositions du ministre du Trésor devaient lui être adressées à son quartier général, et il statuait à la veille d'une victoire.

Il faut suivre son énorme correspondance avec Mollien pour connaître avec quel soin il analysait les comptes les plus compliqués, pour voir les objections qu'il soulevait, les mille détails auxquels s'arrêtait son esprit. A ce qu'on eût pu appeler ses heures de repos, lorsqu'il avait auprès de lui tous ses ministres, tous ses agents d'exécution, les ordres, les questions, les commentaires se pressaient, se multipliaient : on eût dit qu'il voulait rattraper le temps que la victoire lui avait fait perdre. Loin de s'arrêter, sa correspondance redouble. Mollien raconte que dans l'année 1811, où il vit l'Empereur presque tous les jours, il reçut de lui cent vingt lettres ! Le 3 janvier 1810, il réclamait déjà le bilan du Trésor au 31 décembre 1809 : chose non moins remarquable, ce travail lui était remis le 9 janvier. Le ministre était digne de son souverain.

Il avait la passion de l'ordre et voulait l'imposer à tous, aux grands d'abord, pour que les petits prissent

---

[1] Voir notamment ses lettres à Mollien de Vitebsk, 10 août 1812, et de Dresde, 18 juin et 18 juillet 1813.

exemple. Un jour, Marmont, alors gouverneur général des provinces illyriennes, avait disposé de fonds sans crédit, et le payeur lui avait ouvert sa caisse sans autorisation régulière. L'Empereur s'irrite ; il veut sévir. Mollien lui fait observer qu'à de grandes distances, dans des circonstances exceptionnelles, il ne faut pas qu'un général en chef voie l'exécution de mesures urgentes arrêtée faute d'un ordonnancement. L'Empereur finit par se rendre à ces raisons. Mais, par une lettre du 25 mai 1808, il décide que, lorsque « l'ordonnateur ou le général en chef demanderont des fonds au payeur sans ordonnance, ils déclareront par écrit qu'ils se rendent responsables de la somme », et que ce fait, qui devra être porté dans les vingt-quatre heures à la connaissance du ministre du Trésor, s'appellera « violation de caisse ».

Souvent même, la profondeur de ses vues échappe aux esprits les plus exercés, aux spéculations théoriques comme aux applications pratiques. Pour venir en aide au commerce, atteint par les conséquences du blocus continental, l'Empereur, nous dit Mollien, songeait à fonder une « sorte de mont-de-piété » qui devait recevoir en dépôt les marchandises de toute espèce et avancer aux négociants la moitié de leur valeur, sauf à se couvrir, en cas de faillite, par la vente des produits consignés. Cette idée le poursuivit longtemps. Dès 1807, il la formulait en ces termes dans la lettre qu'il écrivait le 27 mars, de son camp d'Osterode, au ministre de l'intérieur : « Mon but n'est pas d'empêcher tel négociant de faire banqueroute, les finances de l'État n'y suffiraient pas, mais d'empêcher telle manufacture de se fermer. Mon but est de suppléer à la vente en prêtant. Je veux bâtir un établissement stable et perpétuel

et le doter de 40 à 50 millions, de manière que le défaut
de débit soit moins cruel pour le manufacturier [1]. »
Mille objections surgissent de la part de ses conseillers :
Mollien les développe avec persistance. Et Napoléon, ne
rencontrant autour de lui que contradicteurs, finit par
renoncer à son projet. C'était simplement les magasins
généraux que le génie de l'Empereur avait inventés quarante ans avant que le commerce français fût en état de
comprendre sa pensée. Mollien lui-même ne l'avait pas
saisie !

V

On a dit que Mollien avait été son « précepteur en
finances ». Le mot est de Talleyrand. Soit! Mais l'élève
n'avait pas tardé à dépasser le maitre. On le vit bien
dans la question de la Banque.

Au lendemain du 18 brumaire, il s'agissait non-seulement de reconstituer le crédit de l'État, mais encore
le crédit commercial et industriel, qui avait sombré dans
la même tempéte. La misère était partout, excepté chez
ces fournisseurs et ces agioteurs qui pillaient impunément les caisses publiques et spéculaient sur le désastre
commun. Jamais on n'avait vu pareille pénurie de capitaux. Le taux de l'intérêt, qui, avant 1789, variait entre
5 et 6 pour 100, était monté, pendant la période révolutionnaire, jusqu'à 4 et 5 par mois. L'intérêt normal

[1] Voir également les lettres du 8 novembre et du 25 décembre 1810.

était de 2 par mois, et sur gages ; en 1800, les banquiers demandaient encore 1 et même 1 et 1/2 par mois[1].

Napoléon résolut de doter la France d'un grand établissement de crédit, analogue à la banque d'Angleterre. Dès le 28 nivôse an VIII (18 janvier 1800), la Banque de France fut créée au capital de 30 millions. L'État y participa pour 5 millions.

Deux sociétés, la Caisse d'escompte et le Comptoir commercial, continuaient, ainsi que la Banque, à émettre des billets au porteur et à vue. Cette situation ne tarda pas à préoccuper Napoléon. « Je n'aime pas, disait-il, ce conflit de trois banques qui fabriquent concurremment une monnaie de papier. Une seule banque est plus facile à surveiller que plusieurs, et pour le gouvernement et pour le public. Quoi qu'en puissent dire les économistes, ce n'est pas en ce cas que la concurrence peut être utile. »

Avec sa sagacité habituelle, il se rendait parfaitement compte des conditions auxquelles doit satisfaire le billet de banque pour rendre les services qu'on est en droit d'en attendre. Il comprenait que le billet ne pouvait se faire accepter comme monnaie courante et arriver à suppléer dans la circulation les espèces que s'il offrait aux porteurs les garanties les plus sérieuses ; que l'émission de valeurs d'origine différente devait avoir infailliblement pour conséquence la dépréciation des unes au profit des autres ; qu'il ne tarderait pas à s'établir entre elles un agio dont bénéficieraient uniquement les spéculateurs, et qu'enfin le public, lassé de suivre les fluctuations des cours et d'être exposé à subir des pertes dans ses transactions quotidiennes, finirait par les repousser

[1] Rapport de Lacuée, an IX.

toutes indifféremment. Il sentait d'instinct que la monnaie fiduciaire doit réunir les mêmes conditions que la monnaie métallique : être de bon aloi et d'un titre unique. Aussi s'arrêta-t-il à cette combinaison : un grand établissement investi du privilége exclusif de l'émission des billets, doté d'un capital considérable, sorte de cautionnement analogue à celui des comptables, garantissant au public et la sincérité des émissions et la prudence des escomptes; cet établissement, surveillé à la fois par ses actionnaires et par l'État, le premier des intéressés : car de l'abus des émissions pouvaient sortir la banqueroute et la ruine publique. La fabrication ne pouvait appartenir à l'État; c'eût été ressusciter les assignats et enlever d'avance tout crédit au billet. Mais c'était son devoir de la surveiller et de la contrôler, comme il surveille et contrôle la fabrication des espèces d'or et d'argent.

La loi du 24 germinal-4 floréal an XI (14-24 avril 1803) donna à la Banque de France le privilége exclusif de l'émission des billets au porteur et à vue et éleva son capital à 45 millions. Enfin, la loi du 22 avril-2 mai 1806 vint régler son organisation définitive. Son capital était porté à 90 millions. Elle était administrée par un gouverneur et deux sous-gouverneurs nommés par l'Empereur, assistés d'un conseil général de quinze régents et de trois censeurs, élus par les deux cents plus forts actionnaires; l'État était encore représenté au sein de ce conseil par trois receveurs généraux.

Il faut lire la discussion de cette loi au Conseil d'État. Le génie de l'Empereur s'y présente sous une face toute nouvelle. Il s'agit de matières auxquelles on eût pu le croire étranger. Jamais peut-être sa pensée ne s'est produite sous une forme plus nette, plus lucide. Il s'est emparé du sujet ; il le connaît, il le possède ; il pose les véritables principes avec une clarté et une précision que lui envierait plus d'un financier parmi les plus habiles. « Je ne conçois clairement, dit-il, dans les opérations de la Banque, que l'escompte, et j'attribue la dernière crise de cet établissement à ce que l'escompte a été mal fait. » Et plus loin : « La Banque n'appartient pas seulement aux actionnaires ; elle appartient aussi à l'État, puisqu'il lui donne le privilége de battre monnaie. » Il revient souvent sur cette idée. C'est que ce qui le préoccupait par-dessus tout, c'était la crainte du papier-monnaie, c'était le souvenir de ces assignats qui avaient emporté avec eux la fortune de la France. Le 25 octobre 1810, il faisait encore écrire aux préfets : « Le papier-monnaie est considéré par l'Empereur comme le plus grand fléau des nations et comme étant, au moins au moral, ce que la peste est au physique. » La circulaire est signée Montalivet, mais on y reconnaît sans peine la griffe du lion. Ce qu'il redoutait, c'est que, dans un but de spéculation, pour augmenter leurs bénéfices, régents et actionnaires prodiguassent ce précieux billet. Ce qu'il voulait, c'est que l'État, représentant impartial et autorisé de tous, pour qui la solidité et le crédit de la Banque étaient une nécessité d'ordre social, fût suffisamment armé pour les arrêter dans cette voie, pour protéger contre ses propres entraînements l'actionnaire, « dont l'intérêt n'est pas toujours celui de l'action ». Résumant sa pensée dans une de ces paroles qui ont mérité de rester à l'état d'axiome, il disait : « Je veux que la Banque soit assez dans la main du gouvernement et n'y soit pas trop. » Assez, pour rassurer les intérêts ; pas trop, pour ne pas éveiller les craintes. Et il concevait cet admirable système d'équilibre, réalisé par la loi du 22 avril 1806

et le décret du 16 janvier 1808, où État et actionnaires
trouvent chacun leur place, se contrôlant, se surveillant
l'un l'autre pour concourir à un même but; système
si habilement combiné, si merveilleusement pondéré,
qu'il est resté jusqu'à nos jours la charte constitutive
de la Banque de France, et qu'elle lui doit la prospérité
et le renom dont elle est fière à si juste titre.

Dans ces conditions, le gouvernement de la Banque
devenait un poste des plus importants. Il fut donné à
Crétet. Chargé avec Defermon et Bérenger de défendre
devant le Corps législatif la loi du 24 germinal an XI, il
avait été appelé à discuter fréquemment ces matières,
soit au sein du Conseil d'État, soit dans des conférences
particulières avec l'Empereur, qui avait pu apprécier,
et ses connaissances pratiques, et la rectitude de ses
idées[1]. Quand Crétet, dont la laborieuse activité reçut
tant d'emplois divers pendant sa trop courte carrière
administrative, quitta la Banque pour prendre le portefeuille de l'intérieur, sa succession échut au comte
Jaubert.

Jusque-là, l'Empereur ne s'était guère écarté du cercle
des idées de Mollien. Il ne tarda pas à en sortir, et il
s'éleva tout de suite à une telle hauteur de vues, que le
prudent ministre, troublé, désorienté en présence de ces
vastes conceptions sans précédents dans l'histoire financière, se reconnut incapable de le suivre. Napoléon voulait faire profiter toutes les villes industrielles de son
vaste empire des avantages que la Banque assurait au
commerce de la capitale. Il ne s'agissait de rien moins
que d'étendre l'action de la Banque sur tout le territoire

---

[1] Avant 1789, Crétet s'était fait une situation importante dans les
affaires commerciales.

et de créer ce vaste réseau de succursales que nous avons vu constituer pendant ces trente dernières années.

Le décret du 18 mai 1808 régla l'organisation de ces succursales, qui devaient prendre le nom de comptoirs d'escompte de la Banque de France. Chaque comptoir émettait, il est vrai, des billets spéciaux; mais ce n'était qu'une affaire de pure forme, une concession plus apparente que réelle aux esprits timorés; car l'article 11, qui renferme toute la pensée de l'Empereur, porte que, « dans les circonstances ordinaires... les billets des comptoirs pourront être échangés à la Banque de France, soit contre de l'argent, soit contre des billets de banque, et les billets de banque pourront être escomptés par tous les comptoirs d'escompte ». C'était, en réalité, établir l'unité de la monnaie fiduciaire, supprimer par conséquent à l'intérieur le change de place à place et décharger le commerce du lourd tribut qu'il payait à de coûteux intermédiaires.

La hardiesse de ces conceptions épouvantait Mollien. Il avait toujours présente à l'esprit la terrible crise de 1805-1806, où le billet avait perdu de 10 à 15 pour 100, quand la circulation s'était élevée presque subitement de 60 millions à 100 millions environ [1]. Il craignait qu'un accroissement de la circulation n'amenât une nouvelle crise, d'autant plus terrible qu'elle sévirait à la fois sur tous les points du territoire. Malgré ses études approfondies, son sens économique si fin et si délié, il ne s'était pas rendu compte que cette crise

---

[1] *Mémoires de* MOLLIEN. — Cet accroissement des émissions avait eu pour cause les escomptes consentis aux faiseurs de service. La crise fut due en grande partie à l'imprudence de Barbé-Marbois. Les faiseurs de service recevaient en payement des obligations des receveurs généraux, qu'ils escomptaient à la Banque. Mais, d'autre part, le ministre du Trésor les avait autorisés à prendre en compte le numéraire disponible dans les

même lui donnait tort. Si le billet avait subi une telle dépréciation, c'est que, par la nature même des opérations de la Banque, il se trouvait concentré dans les étroites limites de Paris et n'en pouvait sortir. S'il avait pu s'échanger sur vingt, trente, cinquante places différentes, malgré sa surabondance, il n'eût pas chassé le numéraire de la capitale; il se fût établi un courant entre les espèces et le papier, et la gravité de la crise se fût trouvée naturellement atténuée.

Dominé par ces appréhensions et par ces souvenirs, Mollien fut loin de prêter la main à l'exécution du décret du 18 mai 1808. Trois comptoirs seulement furent organisés, à Lyon, à Rouen et à Lille. Cependant, l'Empereur insiste, presse, commande; il veut immédiatement de trente à quarante comptoirs; il désigne notamment Valenciennes, Cambrai, Saint-Quentin. D'Anvers, le 5 mai 1810, il écrit à Mollien ces paroles profondes : « La Banque ne remplit pas son titre; elle reste Banque de Paris au lieu d'être Banque de France. » Et, revenant sans cesse à cette idée : « Puisqu'elle a voulu s'appeler Banque de France, il est évident que, par ce titre même, elle a pris l'engagement de ne pas réduire à la seule enceinte de Paris le secours de ses escomptes. » Mollien résiste toujours; il adresse enfin à l'Empereur cette fameuse note du 29 mai 1810, dite note du Havre, admirable exposé de ses idées sur le crédit, malgré le point de vue restreint auquel il se place, et l'Empereur, de guerre lasse, finit par céder. Au lieu de succursales,

caisses publiques. Or, quand la Banque venait à présenter aux receveurs généraux leurs obligations, ceux-ci ne pouvaient plus lui fournir, au lieu d'espèces, que les reçus des faiseurs de service. Elle avait donc ainsi émis des billets dont elle ne retrouvait pas la représentation en valeurs métalliques.

il promet aux représentants des villes industrielles des banques locales.

Ainsi, dès 1808, Napoléon avait conçu, prescrit, réglé l'organisation de la Banque de France, telle qu'elle n'a été constituée définitivement que quarante ans plus tard. La puissance de son génie lui avait tenu lieu d'expérience. S'il avait reculé devant l'application de sa pensée, c'est qu'il avait été abandonné de la plupart des hommes spéciaux, c'est que son agent d'exécution le plus distingué, le plus capable, n'avait pas su le comprendre ; et cet agent s'appelait Mollien !

VI

On voit si l'Empereur se préoccupait des intérêts commerciaux, qu'on l'a si légèrement accusé d'avoir toujours négligés. Nous n'avons pas à examiner ici la situation qui fut faite au commerce par le blocus continental. Le blocus continental n'était point une doctrine économique ; c'était une mesure toute politique, une machine de guerre dirigée contre l'Angleterre, et qui, à ce titre, ne rentre pas dans notre cadre. Pour s'en convaincre, il suffit de lire le texte des décrets de Berlin et de Milan [1]. Nous rappellerons seulement que, si la mer leur était fermée, de vastes marchés s'ouvraient sur le continent à nos manufactures. Combien d'industries sont nées et se sont développées à l'abri du blocus continental! La betterave, la soude, la garance. A combien de maisons Napoléon n'a-t-il pas fait lui-même directe-

[1] Décrets du 21 novembre 1806 et du 17 décembre 1807.

ment des avances? On en compte pour 18 millions en
1810 et 1811. Quels encouragements n'a-t-il pas pro-
digués aux grands industriels, aux Oberkampf, aux Richard Lenoir, aux Ternaux? Et ces prix colossaux par
lesquels il entendait récompenser les découvertes utiles!
Un million à l'inventeur de la meilleure machine propre
à filer le lin [1].

Toute notre législation industrielle date de l'Empereur. Bourses [2], chambres de commerce [3], chambres
consultatives des arts et manufactures [4], conseil général
du commerce [5], écoles des arts et métiers [6], conseils des
prud'hommes [7] sont créés ou réorganisés par lui. C'est
dans l'intérêt du commerce qu'il faisait rendre cette loi
du 3-13 septembre 1807, fixant le taux de l'intérêt de
l'argent, loi qui peut être contraire aux principes économiques, mais que justifiaient les trafics scandaleux dont
on avait pris l'habitude aux jours du Directoire. Dès la
première heure, son attention est éveillée sur toutes ces
questions, et il y revient sans cesse. A l'époque du Consulat, il trouva un éminent collaborateur dans Chaptal,
qui sut être tout à la fois, et un ministre de l'intérieur,
et un véritable ministre du commerce. Plus tard, il voulut
que les intérêts commerciaux fussent particulièrement

---

[1] Décret du 12 mai 1810.

[2] Loi du 28 ventôse an IX (19 mars 1801) et arrêtés du 29 germinal
an IX (19 avril 1801) et du 27 prairial an X (16 juin 1802).

[3] Les chambres de commerce avaient été supprimées par la Constituante (décret du 27 septembre-16 octobre 1791). Elles furent rétablies
par l'arrêté du 3 nivôse an XI (24 décembre 1802).

[4] Loi du 22 germinal-2 floréal an XI (12-22 avril 1803).

[5] Arrêté du 3 nivôse an XI (24 décembre 1802).

[6] L'arrêté du 6 ventôse an XI (25 février 1803) établit la première
école des arts et métiers à Compiègne; le décret du 28 floréal an XIII
(18 mai 1805) en créa une seconde à Saint-Maximin près de Trèves; en
1811, une troisième fut organisée à Beaupréau.

[7] Loi du 18 mars 1806.

représentés auprès de lui, et, le 22 juin 1811, il créait le ministère des manufactures et du commerce, qu'il confiait, le 16 janvier 1812, à l'ancien directeur général des douanes, Collin de Sussy. Les expositions industrielles, dont la première idée remonte à 1798, se multiplient et prennent un développement inattendu. On avait réuni à grand'peine, en 1798, cent dix exposants; en 1802, il s'en trouve cinq cent quarante; en 1806, on en compte quatorze cent vingt-deux.

L'Empereur voulait que l'industrie apprît à se connaître, et il cherchait lui-même à se rendre un compte exact de ses besoins et de ses progrès. C'est à lui que nous devons notre première statistique industrielle, commerciale et agricole. Elle est jointe au grand exposé de la situation de l'Empire du 25 février 1813. Cet immense travail, que Louis XIV avait vainement rêvé[1], cet inventaire des forces matérielles de la France, Napoléon, le premier, parvint à le faire établir[2].

Certes il comprenait le commerce, celui qui traçait avec cette merveilleuse lucidité aux négociants de Paris les règles qui doivent présider à ses opérations : « Le commerce est un état honorable et respectable sous la prudence et l'économie. Il faut être sage, messieurs : le négociant ne doit pas gagner la fortune comme on gagne une bataille; il doit gagner peu et constamment... » Ce qu'il haïssait d'une haine invétérée, c'étaient les spéculateurs, les agioteurs et toute la race des manieurs d'argent. Il n'avait pas oublié ces jours terribles de 1796 et

[1] Voir les instructions données en 1697 aux intendants. Le travail prescrit à cette époque fut l'occasion de plusieurs mémoires remarquables; mais les renseignements précis et les chiffres firent presque complètement défaut.

[2] C'est Napoléon également qui fit opérer le premier recensement régulier de la population en 1800.

de 1797, où, à la tête d'une armée triomphante, il la
voyait manquer de tout au milieu des plaines fertiles de
la Lombardie; ces lettres navrantes qu'il écrivait au
Directoire pour lui signaler les vols et les pillages de ses
agents, ces mesures de répression toute militaire qu'il
était obligé de prendre contre ces fournisseurs qui
faisaient plus de mal au soldat que le feu de l'ennemi [1].
Il voulait que l'ordre régnât dans les affaires industrielles comme dans les affaires de l'État. Il avait réglementé sévèrement les opérations des agents de change,
pour tâcher de mettre un frein à la fureur du jeu [2]. En
1810, il faisait vérifier par les agents du Trésor la situation
des sociétés anonymes et des tontines contre lesquelles
s'élevaient mille plaintes, malheureusement trop justifiées. Car il entendait que l'État, protecteur et défenseur
des intérêts de tous, intervînt partout où un intérêt
légitime était lésé. Il n'était pas de ceux qui eussent
laissé faire et laissé passer la fraude avec cette placide
indifférence qui abrite son impuissance sous le commode manteau de majestueux principes.

Qu'on l'en blâme si l'on veut, il ne croyait pas que
la seule fin de l'homme fût de trafiquer, et il ne considérait pas le commerce comme l'unique régulateur de
l'ordre social : il lui reconnaissait dans le monde une
part honorable et utile; mais il se faisait un autre idéal
des sociétés. Écoutez la définition qu'il en donnait un
jour à Mollien, et dites-nous si, parmi nos économistes,

---

[1] Voir lettres des **21** vendémiaire, **17** nivôse et **15** pluviôse an V
(**12** octobre **1796**, **6** janvier et **3** février **1797**).

[2] Loi du **28** ventôse an IX (**19** mars **1801**) et arrêtés du **29** germinal
an IX (**19** avril **1801**) et du **27** prairial an X (**16** juin **1802**). Le décret du
28 vendémiaire an IV (**20** octobre **1795**) avait déjà limité le nombre des
agents de change.

il en est un seul qui ait su faire parler à la vérité une
langue aussi éloquente : « Le grand ordre qui régit le
monde tout entier doit gouverner chaque partie du
monde. Le gouvernement est au centre des sociétés
comme le soleil : les diverses institutions doivent parcourir autour de lui leur orbite, sans s'en écarter jamais.
Il faut donc que le gouvernement règle les combinaisons
de chacune d'elles, de manière qu'elles concourent
toutes au maintien de l'harmonie générale. Dans le
système du monde, rien n'est abandonné au hasard :
dans le système des sociétés, rien ne doit dépendre du
caprice des individus. » Revenant à cette plaie sociale
qui s'appelle l'agiotage, il la caractérisait en ces traits de
feu : « Je ne veux gêner l'industrie de personne; mais,
comme chef du gouvernement actuel de la France, je ne
dois pas tolérer une industrie pour qui rien n'est sacré,
dont le moyen habituel est la fraude et le mensonge,
dont le but est un profit plus immoral encore que celui
qu'on cherche dans les jeux de hasard, et qui, pour le
plus médiocre profit de ce genre, vendrait le secret et
l'honneur du gouvernement lui-même, si elle pouvait en
disposer. »

VII

On a accusé Napoléon d'avoir ignoré la puissance du
crédit public; on lui a reproché d'avoir exagéré l'impôt
plutôt que de recourir aux emprunts, et d'avoir toujours
compté sur les tributs des peuples vaincus pour aligner
ses budgets. Qu'y a-t-il d'exact dans ces allégations? Et

d'abord cette exagération de l'impôt. Lorsque l'Empire renfermait cent trente départements et comptait 42 millions d'habitants, le budget le plus élevé, celui de 1813, ne dépassa pas 1 milliard 150 millions ; le chiffre de 1 milliard avait été atteint pour la première fois en 1811 [1]. Quant aux contributions de guerre, elles se réduisirent à 431 millions, 120 imposés à l'Autriche et 311 à la Prusse, qui n'en paya effectivement que 171, le surplus lui ayant été remis en 1814. C'est donc seulement une somme de 291 millions dont il fut fait recette [2], mais qui ne figurèrent pas au budget de l'État et servirent à doter le domaine extraordinaire, dont nous expliquerons plus tard l'objet et la constitution [3].

Napoléon était venu pour restaurer le crédit public : il l'avait tiré du néant. Grâce à ses institutions financières, à la Banque de France, à l'ordre parfait qu'il avait fait régner dans l'administration, il avait pu voir la rente de 11 francs atteindre 93 francs : la fortune publique avait plus que sextuplé [4]. Mais il sentait très-bien qu'un appel prématuré au crédit aurait pu compromettre tous les résultats acquis. Il avait fait fixer le maximum de la dette à 80 millions de rente [5]. « Le

---

[1] En 1811, l'Empire comptait déjà cent trente départements.

[2] *Mémoires du comte* MOLLIEN.

[3] Voir ch. ix, § 3.

[4] Le chiffre de la dette inscrite au 18 brumaire était en chiffres ronds de 40 millions. Au cours de 12 francs, c'était en capital 96 millions ; au cours de 80, qui fut presque toujours dépassé de 1807 à 1813, c'était 640 millions.

[5] Loi du 15 juillet 1811, titre VI. Cette loi constituait également un fonds d'amortissement pour ramener la dette au chiffre indiqué de 80 millions (titre VII). La dette publique, au 18 brumaire an VIII, s'élevait à 40,216,000 francs de rente ; au 30 mars 1814, elle atteignait 89,307,637 fr. Dans ce chiffre est comprise pour 26 millions la dette de la Hollande, qui formait un compte particulier et avait dû être l'objet d'un règlement spécial. Cette dette, qui laissait un arriéré considérable et dont les intérêts

temps, disait-il, n'est pas venu pour la France de fonder ses finances sur des emprunts. »

Il travaillait pour les générations futures. Son œuvre fut une grande œuvre de liquidation. Il avait liquidé la dette de la France; il liquida celle du Piémont. Quand en 1814 le Pape et le grand-duc de Toscane rentrèrent dans leurs États, ils trouvèrent que la dette qu'ils y avaient laissée n'existait plus; elle avait été remboursée : l'Empereur était passé par là. A tous ses successeurs il léguait des ressources pour l'avenir. Si la France put en 1815 solder ces indemnités de guerre de 1,800 millions, si elle put contracter ces emprunts qui alors paraissaient colossaux, elle le dut à l'administration sévère et économe de l'Empereur, à la prospérité qu'il avait fait naître sous ses pas. Comparez la France de 1815 à la France de l'an VIII et même à la France de 1789, et demandez-vous si alors elle eût été en état de supporter un fardeau de 1,800 millions[1].

n'avaient pas été soldés intégralement par le gouvernement hollandais en 1808 et en 1809, fut réduite au tiers (décret du 9 juillet 1810), et une somme de 26 millions inscrite à cet effet au budget. La dette française proprement dite était de 63,307,637 francs de rente : c'était donc, sur le chiffre de l'an VIII, une augmentation de 23,091,637 francs. Cette augmentation se répartit ainsi : 6,086,000 francs pour les dettes des pays réunis (Belgique, provinces rhénanes et Piémont, les dettes de la Toscane et des États romains ayant été remboursées au moyen d'affections domaniales); 10,254,000 pour les arriérés antérieurs à l'an X (1801-1802), c'est-à-dire pour la liquidation de dettes laissées par le gouvernement révolutionnaire et le Directoire; enfin 6,751,637 pour les arriérés depuis l'an X.

[1] La contribution de guerre à payer aux puissances alliées fut fixée par le traité du 20 novembre 1815 à 700 millions. La convention du 25 avril 1818 régla à 240,800,000 francs le montant des réclamations formées contre la France par les puissances dont les droits avaient été reconnus par le même traité; à ces sommes doivent se joindre 60 millions alloués à l'Angleterre et 20 millions à l'Espagne, par conventions spéciales, plus 180 millions de créances présentées par les gouvernements étrangers et soldées antérieurement à 1817. Les frais d'entretien des

On a répété à satiété que de tout temps les Bonaparte avaient coûté cher à la France ; mais on a oublié de dire qu'ils lui ont fourni largement le moyen de payer ses dettes.

armées alliées, qui occupèrent une portion du territoire jusqu'en novembre 1818, s'élevèrent à 633,040,530 francs. C'est donc une somme totale, tant en contributions qu'indemnités de guerre et frais d'occupation, de 1,833,840,530 francs.

CHAPITRE VI

LES CODES ET L'ORGANISATION JUDICIAIRE

I. L'œuvre législative de la Révolution. — II. Le Code Napoléon. — III. Le Code de commerce. — Le Code de procédure civile. — IV. Le Code d'instruction criminelle et le Code pénal. — Les tribunaux pendant la Révolution. — L'organisation judiciaire de l'an VIII et de 1810. — L'inamovibilité de la magistrature. — La Cour de cassation et le grand juge. — V. Le jury. — Les cours spéciales. — VI. Les offices ministériels et l'ordre des avocats. — Le ministère de la justice.

I

Nous voici arrivés à la partie la plus incontestée de l'œuvre de l'Empereur, à celle que la reconnaissance des peuples a décorée de son nom, à cet immortel monument législatif qu'on peut appeler à juste titre la Grande Charte du dix-neuvième siècle, cette loi suprême qui régit à l'heure présente non-seulement la France, mais la Belgique, l'Italie, les provinces rhénanes, la Pologne, que toutes les nations de l'Europe ont successivement acceptée ou imitée, qui a pénétré jusque sur le sol vierge de l'Amérique [1], que les savants de l'Allemagne ont

---

[1] Le Code Napoléon est resté en vigueur, ou n'a subi que de légères modifications, dans les provinces rhénanes prussiennes et bavaroises, en

étudiée et commentée avec le zèle et l'ardeur que déployaient les savants de la Renaissance en présence des Institutes et du Digeste [1], au Code Napoléon.

Ici l'envie a été contrainte au silence, mais non au respect. Impuissante à détruire, elle n'a trouvé d'autre moyen pour satisfaire ses basses passions que de démarquer son œuvre. Lâche et stérile vengeance, où se sont rencontrées, et la réaction de 1815, et celle de 1870, s'imaginant qu'il suffisait de gratter son nom pour lui arracher sa gloire. Quelques esprits plus avisés ont essayé de soutenir que le Code n'était pas son œuvre, que le Premier Consul et son Conseil d'État n'avaient eu d'autre peine que de recueillir et de réunir en un seul faisceau les lois dont les Assemblées révolutionnaires avaient su doter la France au milieu des tempêtes.

Comme toujours, la Révolution avait été prodigue de promesses. Dès le 16 août 1790, l'Assemblée constituante décide « que les lois civiles seront revues et réformées par les législatures, et qu'il sera fait un code général de lois simples, claires et appropriées à la Constitution [2] ». Cette disposition est reproduite dans la Constitution de 1791 [3], et elle se retrouve encore sous une forme non moins impérative dans ce fameux acte constitutionnel du 24 juin 1793, qui ne fut jamais mis

Belgique, à Genève, dans le royaume de Pologne, en Italie, dans le grand-duché de Bade. Il a servi de base à la législation civile des îles Ioniennes, des cantons suisses de langue française, de la Louisiane, de Haïti, de la Bolivie.

[1] Voir notamment le grand ouvrage de Zachariæ, professeur à l'Université d'Heidelberg : *Manuel du droit civil français*, qui fait autorité auprès de nos juristes.

[2] Décret du 16-24 août 1790, titre II, article 19.

[3] Constitution du 3-14 septembre 1791, titre I : « Il sera fait un code de lois civiles communes à tout le royaume. »

en activité[1]. Des décrets furent rendus pour prescrire le mode de discussion du Code, des commissions nommées pour l'élaborer, et trois projets furent successivement présentés par Cambacérès : deux à la Convention, le 9 août 1793 et le 23 fructidor an II (9 septembre 1794) ; un au conseil des Cinq-Cents, le 24 prairial an IV (12 juin 1796). Somme toute, l'œuvre législative des Assemblées pendant cette période de dix ans se réduisit à un décret du 20-25 septembre 1792 sur l'état civil, à un décret de la même date sur le divorce et à quatre décrets sur les successions du 8-15 avril 1791, du 7-11 mars 1793, du 12 brumaire an II (2 novembre 1793) et du 17-21 nivôse an II (6-10 janvier 1794).

Les deux décrets du 20-25 septembre 1792 ne sont que le développement de ce principe inscrit dans la Constitution de 1791 : « La loi ne considère le mariage que comme contrat civil[2]. » Seulement, tandis que par le premier de ces décrets l'Assemblée législative créait en réalité l'état civil, qu'en enlevant à l'autorité ecclésiastique la tenue des registres pour la confier aux officiers municipaux, elle apportait de nouvelles garanties à la liberté des cultes, dans le second, exagérant le principe posé par la Constituante, elle en arrivait à faire du mariage un contrat moins sérieux, moins assuré que le plus petit acte de vente. Non-seulement ce dernier décret admettait sept motifs de divorce[3], mais il décidait

---

[1] Constitution du 24 juin 1793, article 85 : « Le Code des lois civiles et criminelles est uniforme pour toute la République. »

[2] Constitution du 3-14 septembre 1791, titre II, article 7.

[3] Voici quels étaient les sept motifs de divorce : 1º démence de l'un des époux ; 2º condamnation à une peine afflictive ou infamante ; 3º crimes, sévices ou injures graves ; 4º déréglement de mœurs notoire ; 5º abandon de l'un des époux par l'autre, pendant deux ans au moins ; 6º absence sans nouvelles pendant cinq ans ; 7º émigration.

que le divorce pourrait avoir lieu par consentement mutuel. Il y a plus : il reconnaissait à un des deux époux le
droit de faire rompre le mariage sur « la simple alléga-
tion d'incompatibilité d'humeur ou de caractère ». Dans
ce cas, comme en cas de consentement mutuel, les tribunaux n'avaient pas à intervenir. Après une tentative
de conciliation, dans une assemblée de famille, l'officier
de l'état civil était tenu de prononcer la dissolution du
mariage. La loi complétait son œuvre en permettant aux
époux divorcés de contracter ensemble une nouvelle
union, et cela après un délai d'un an !

Le décret du 15-28 mars 1790, en abolissant les
droits féodaux, avait également supprimé les droits
d'ainesse et de masculinité [1]. Malgré de longues discussions, l'Assemblée constituante n'avait pu arriver à
déterminer le nouveau régime des successions : elle avait
légué cette tâche à d'autres et s'était bornée, par le décret du 8-15 avril 1791, à régler uniquement les successions *ab intestat* en décidant que les partages s'y feraient
à l'avenir par parts égales. La Convention ne recula pas
devant les difficultés qui avaient arrêté la Constituante.
Au régime du privilége, elle fit succéder le despotisme
absolu de la loi. Le 7 mars 1793, elle décrète que « la
faculté de disposer de ses biens, soit à cause de mort,
soit entre-vifs, soit par donation contractuelle en ligne
directe, est abolie, et en conséquence que tous les descendants auront un droit égal sur le partage des biens de
leurs ascendants ». Le 12 brumaire an II (2 novembre
1793), elle place les enfants naturels sur le même pied
que les enfants légitimes, les installe au foyer domestique
et leur reconnaît des droits identiques à la succession

---

[1] Titre I, article 11.

de leurs auteurs. Enfin elle rend ce fameux décret du 17-21 nivôse an II (6-10 janvier 1794), qui n'est guère que la mise en application du principe posé dans le décret du 7 mars 1793. Une quotité disponible était cependant établie : elle était limitée au dixième de la fortune du testateur, dans le cas où il avait des enfants, et atteignait le sixième lorsqu'il ne laissait que des collatéraux ; mais il ne pouvait en disposer en faveur d'aucun de ses héritiers naturels : une parfaite égalité devait régner entre eux [1].

Ainsi la famille atteinte dans sa constitution même par le divorce abandonné au caprice d'un seul des époux, par l'assimilation des enfants naturels aux enfants légitimes, par l'égalité absolue des partages qui supprimait l'autorité paternelle ; le mariage réduit à n'être plus, suivant le mot de Chamfort, que l'échange de deux fantaisies : voilà l'œuvre de la sagesse révolutionnaire ! Qu'on tourne et qu'on retourne toutes ces lois : à part celle du 20-25 septembre 1792 sur l'état civil, quelle trace ont-elles laissée dans notre Code ?

II

A la fois insuffisante et oppressive, cette législation était condamnée par tous les esprits, et quand le gouvernement consulaire, au jour même de son installa-

---

[1] Le décret du 17 nivôse, qu'avait précédé un décret du 5 brumaire an II (26 octobre 1793), conçu dans le même esprit, établissait sans aucune hésitation le principe de la rétroactivité. Il faisait remonter l'application de ses dispositions à toutes les successions ouvertes depuis le 14 juillet 1789 inclusivement, et il soumettait aux mêmes règles les ter-

tion, promettait à la nation un code civil [1], il répondait au plus urgent de ses besoins et au plus ardent de ses vœux. Dès le lendemain on se mettait à l'œuvre, et un nouveau projet, auquel Jacqueminot, membre du conseil des Cinq-Cents, a donné son nom, était rédigé. Mais avant tout, il importait de faire disparaitre la loi du 17 nivôse an II. Le 4 germinal an VIII (25 mars 1800), elle était abrogée. La quotité disponible, fixée au maximum au quart, ne devait jamais être moindre qu'une part d'enfant; quand le testateur n'avait pas de descendant, elle variait de la moitié aux trois quarts; dans ces limites aucune restriction n'était apportée à son droit.

Le 24 thermidor an VIII (12 août 1800), le Premier Consul désignait Tronchet, Bigot de Préameneu et Portalis pour arrêter le projet définitif du Code. Tronchet présidait alors le tribunal de cassation; Bigot de Préameneu y remplissait les fonctions de commissaire du gouvernement; Portalis était commissaire du gouvernement près le conseil des prises. C'étaient tous trois des jurisconsultes éminents : Tronchet, l'honneur du barreau de Paris, dont la science et l'érudition avaient déjà brillé à la Constituante, le courageux défenseur de Louis XVI; Portalis, l'orgueil de la Provence, légiste doublé d'un chrétien et d'un philosophe, et presque à ses débuts adversaire heureux de Mirabeau; sans atteindre à leur réputation, Bigot de Préameneu avait été un avocat distingué au parlement de Paris. Maleville, membre du

ritoires dont la réunion à la République avait été prononcée depuis cette date. Le principe de la rétroactivité avait déjà été appliqué pour le décret du 12 brumaire an II, qui statuait que les nouveaux droits concédés aux enfants naturels s'exerceraient sur toutes les successions ouvertes depuis le 14 juillet 1789.

[1] Loi du 19 brumaire an VIII (10 novembre 1799), article 14.

tribunal de cassation, leur fut adjoint comme secrétaire. Les études préparatoires de Cambacérès et de Jacqueminot leur servirent de base. « A force de travail, dit Maleville [1], nous parvînmes à faire un code civil en quatre mois. » Le 1er pluviôse an IX (21 janvier 1801), il était imprimé.

Communiqué au tribunal de cassation et aux tribunaux d'appel, ce projet revint avec leurs observations au Conseil d'État. Là, il fut étudié, remanié, discuté par les esprits les plus distingués, aux tendances les plus diverses : à côté de Tronchet, de Portalis, de Bigot de Préameneu, nous voyons paraître Boulay de la Meurthe, alors président de la section de législation ; Treilhard, l'un des légistes les plus écoutés de la Constituante et de la Convention ; Berlier, le rapporteur de la loi du 17 nivôse an II ; Abrial, ancien commissaire du gouvernement près le tribunal de cassation, alors ministre de la justice ; Cambacérès, dont la finesse et le tact égalaient la science juridique ; enfin et comme toujours, les surpassant tous de la hauteur de son génie, Napoléon. La discussion générale commença le 28 messidor an IX (17 juillet 1801) : elle occupa cent deux séances, dont cinquante-sept furent présidées par le Premier Consul. Et c'étaient les mieux remplies. « Le Conseil d'État, dit Locré, commençait à midi : quand le Premier Consul présidait, nous n'en sortions guère avant sept, huit, quelquefois neuf heures du soir. »

Qu'on ne se figure pas, en effet, une de ces présidences honorifiques où le souverain, tranquillement assis dans son fauteuil, fait communiquer sa pensée à ses con-

---

[1] Maleville, *Analyse raisonnée de la discussion du Code civil au Conseil d'État.*

seillers par l'organe d'un de ses ministres, se contentant d'ajouter par sa présence plus de majesté aux délibérations. Présider, pour Napoléon, c'était non-seulement diriger les débats, mais y prendre part, soulever des objections, forcer l'orateur dans ses derniers retranchements, le contraindre à développer toute sa pensée et, par cette lutte incessante, faire jaillir de nouvelles lumières. Puis il s'emparait des arguments de chacun, les résumait avec cette verve éloquente, originale, souvent même familière, qui lui était propre, et savait trouver entre des doctrines si opposées, entre le droit coutumier et le droit romain, entre les théories spiritualistes de Portalis et le système matérialiste d'un Berlier ou d'un Cambacérès, un point de contact, un terrain de conciliation, pondérateur et modérateur au milieu d'hommes d'origines si diverses comme entre la France du passé et celle de l'avenir.

Lorsqu'il fut question du mode de reproduction des séances du Conseil d'État consacrées au Code, Rœderer proposa de se borner à une simple analyse. Le Premier Consul voulut un procès-verbal fidèle et détaillé, une reproduction exacte sinon vivante de toutes les discussions. Le Conseil d'État, c'était sa tribune, à lui! Il ne craignait pas de s'y montrer aux regards des contemporains, comme à ceux de la postérité. Ainsi que l'a fait remarquer quelque part Mollien, « il n'avait plus à disputer la supériorité du pouvoir; il disputait à tous la supériorité du savoir ».

Rœderer nous peint bien le sentiment d'admiration dont furent saisis ces hommes, qui avaient approché Mirabeau et Barnave, qui avaient entendu les plus grands orateurs de nos Assemblées révolutionnaires, quand celui dans lequel on ne voyait encore que le plus illustre de nos hommes de guerre se révéla tout à coup comme un génie universel. « C'est dans cette discussion du Code civil, dit Rœderer, que Bonaparte, étonné de la force, de la logique et de l'activité de pensée, de la profonde science de Tronchet, jurisconsulte octogénaire, l'étonne bien plus lui-même par la sagacité de son analyse, par le sentiment de justice qui lui fait chercher la règle applicable à chaque cas particulier, par ce respect pour l'utilité publique et pour la morale, qui le fait poursuivre toutes les conséquences d'un principe de législation, par cette sagesse d'esprit qui, après l'examen des choses, lui laisse encore le besoin de connaître l'opinion des hommes de quelque autorité, les exemples de quelque poids, la législation actuelle sur le point en question, la législation ancienne, celle du code prussien, celle des Romains, les motifs et les effets de toutes... Toujours revenant, ajoute-t-il, à ces deux questions : Cela est-il juste? Cela est-il utile ? »

Il faut lire ces séances du Conseil d'État, que nous a religieusement conservées Locré, pour savoir ce qu'était Napoléon législateur. Deux pensées le dominent : reconstituer la famille, assurer le respect de la propriété.

Entendez-le parler de l'indissolubilité du mariage! Il ne comprenait pas que la mort civile pût annuler ce lien sacré; il voulait rayer de nos lois cette disposition qu'il fut donné au second Empire d'effacer [1]. « La société, disait-il, est assez vengée par la condamnation, lorsque le coupable est privé de ses biens, lorsqu'il se trouve séparé de ses amis, de ses habitudes. Faut-il étendre la peine jusqu'à la femme et l'arracher avec violence à une union qui identifie son existence avec celle de son

---

[1] Loi du 31 mai 1854.

époux? Elle vous dirait : Mieux valait lui ôter la vie, du moins me serait-il permis de chérir sa mémoire; mais vous ordonnez qu'il vive, et vous ne voulez pas que je le console. Eh! combien d'hommes ne sont coupables qu'à cause de leur faiblesse pour leurs femmes! Qu'il soit donc permis à celles qui ont causé leurs malheurs de les adoucir en les partageant! Si une femme satisfait à ce devoir, vous estimerez sa vertu, et cependant vous ne mettez aucune différence entre elle et l'être infâme qui se prostitue... »

Cependant il a admis le divorce : oui, mais avec quelles restrictions! De quelles difficultés n'a-t-il pas cherché à l'entourer? Ce divorce pour incompatibilité d'humeur, prononcé sur la seule réquisition d'un des époux, il l'écarte sans discussion. S'il accepte le divorce par consentement mutuel, c'est pour éviter des débats scandaleux qui rejailliraient sur toute une famille. Encore entendait-il que la femme ne pût divorcer qu'une fois dans sa vie; qu'on ne permît aux époux divorcés de se remarier que cinq ans après la dissolution du premier mariage; qu'après dix ans de ménage le divorce rencontrât de tels obstacles qu'il devînt pour ainsi dire impossible[1].

Quelle idée il se faisait de la famille! Comme il en parle à propos de l'adoption! Il voulait qu'elle fût prononcée par le Corps législatif. « L'adoption, disait-il, n'est ni un contrat civil ni un acte judiciaire. Qu'est-ce donc? Une imitation par laquelle la société veut singer

---

[1] Les motifs de divorce furent réduits de neuf à quatre : adultère; excès, sévices, injures graves; condamnation à une peine infamante; consentement mutuel. Le divorce dut désormais être toujours prononcé par les tribunaux. Les époux divorcés ne purent plus se remarier ensemble, comme les y autorisait la loi du 20 septembre 1792.

la nature ; c'est une espèce de nouveau sacrement, car je ne peux trouver dans la langue de mot qui en donne une juste définition. Le fils des os et du sang passe par la volonté de la société dans les os et le sang d'un autre. C'est le plus grand acte qu'on puisse imaginer. Il donne des sentiments de fils à celui qui ne les avait pas, et réciproquement ceux de père. D'où doit donc partir cet acte ? D'en haut, comme la foudre. Tu n'es pas le fils d'un tel, dira le Corps législatif, cependant tu en auras les sentiments... Le législateur, comme un pontife, interviendra pour donner le caractère sacré. Si l'enfant de la nature vient dire à l'adopté : Tu n'es pas mon frère, il répondra : Comme toi et plus directement que toi, je tiens de la loi ma qualité... Quand un corps politique aura prononcé l'adoption, on ne peut pas penser à en permettre la révocation. Il en serait autrement si elle émanait d'un tribunal : ce ne serait plus qu'une sentence. » À ceux qui, combattant ses idées, lui parlaient de contrat, il répondait : « Il n'y a point de contrat avec un mineur... Un contrat ne contient que des obligations géométriques ; il ne contient pas des sentiments. Mettez héritier dans votre loi, et laissez-nous tranquilles ! Héritier ne porte avec soi que des idées géométriques ; l'adoption, au contraire, des idées d'institutions, de morale et de sentiment... L'analyse conduit aux résultats les plus vicieux. Ce n'est pas pour cinq sous par jour, pour une chétive distinction, qu'on se fait tuer. C'est en parlant à l'âme qu'on électrise l'homme. Ce n'est pas le notaire qui produira cet effet pour douze francs qu'on lui payera. On ne traite pas la question : on fait de la géométrie ; on l'envisage en faiseurs de lois et non en hommes d'État. »

C'est lui qui fait introduire dans le Code l'obligation

pour les parents de fournir des aliments à leurs enfants.
« Voulez-vous, disait-il, qu'un père puisse chasser de sa
maison une fille de quinze ans ; abandonner à la misère
celui qui doit lui succéder? Un père riche et aisé doit
toujours à ses enfants la gamelle paternelle. »

Sur la propriété, il prononce ces remarquables paroles : « Avec les nombreuses armées qui sont à ma
disposition, je ne pourrais néanmoins m'emparer d'un
champ ; car violer le droit de propriété dans un seul,
c'est le violer dans tous. » Et dans cette grande œuvre
législative qui se poursuit durant tout son règne, il lui
donne chaque jour de nouvelles garanties : tantôt c'est
la loi du 16-26 septembre 1807 sur les desséchements et
les travaux publics, tantôt celle du 8 mars 1810 sur
l'expropriation, qui fait régler les indemnités par la voie
judiciaire ; puis celle du 21 avril 1810, qui constitue la
propriété des mines. A propos des formalités à exiger
dans les expropriations, il écrit de Schœnbrunn, le
29 septembre 1809 : « Je sais bien qu'on me dira que
cela entravera tout ; mais je sais que cela n'entravera
rien et que cela empêchera d'énormes abus [1]. »

Cependant les codes maintinrent la confiscation.
C'était le droit commun de l'ancienne France : on ne
contestait pas alors au pouvoir qui frappe le coupable
dans son existence le droit de le frapper dans sa fortune. Et il ne faut pas l'oublier, plus qu'aucun régime, la
Révolution avait abusé de la confiscation, tout en essayant
d'abord de la déguiser sous la forme hypocrite d' « indemnité due à la nation [2] ».

---

[1] Voir cette note du 29 septembre 1809 et la lettre du 7 septembre
1809 à Cambacérès ; c'est un véritable traité sur l'expropriation.

[2] Les premiers actes législatifs relatifs aux émigrés n'emploient que
cette expression. Le décret du 9-12 février 1792 est ainsi conçu : « L'As-

On a beaucoup reproché au Code depuis quelques années les dispositions qui limitent la quotité disponible. On y a vu une atteinte à l'autorité paternelle et au respect de la propriété. Nous ne discuterons pas ici le principe de la liberté de tester; nous ne rechercherons pas les avantages et les inconvénients qu'elle peut présenter; nous ne nous demanderons pas si les prescriptions du Code, si profondément entrées dans nos mœurs, ne répondaient pas aux instincts mêmes de la nation. Mais pour les juger équitablement, nous croyons qu'il convient de se rappeler à quelle époque et dans quelles conditions a été rédigé le Code Napoléon. Le droit absolu de disposer de ses biens n'avait été soutenu à l'Assemblée constituante que par Cazalès, et l'on n'avait vu alors dans cette doctrine que le dernier effort de la féodalité expirante. Mirabeau lui-même ne considérait le droit de propriété que comme « une création sociale ». Dans le discours qu'il avait légué à Talleyrand et que celui-ci vint lire à la tribune le 2 avril 1791, il formulait les étranges principes qui furent sanctionnés par la loi du 17 nivôse an II. Cette loi avait régi la France pendant six ans; au sein du Conseil d'État se trouvaient nombre de ceux qui l'avaient votée, et son rapporteur, Berlier,

semblée nationale, considérant qu'il est instant d'assurer à la nation l'indemnité qui lui est due pour les frais extraordinaires occasionnés par la conduite des émigrés, et de prendre les mesures nécessaires pour leur ôter les moyens de nuire... décrète que les biens des émigrés sont mis sous la main de la nation et sous la surveillance des corps administratifs. » Le décret du 30 mars-8 avril 1792 porte, article 1er : Les biens des Français émigrés et les revenus de ces biens sont affectés à l'indemnité due à la nation. » Ce n'est qu'avec le décret du 27 juillet 1792 qu'apparaît le mot de confiscation : « L'Assemblée nationale décrète la confiscation et la vente, au profit de la nation, de tous les biens mobiliers et immobiliers des émigrés. » La confiscation frappait également tous les individus condamnés à mort par le tribunal révolutionnaire. (Décret du 10-12 mars 1793.)

siégeait en face du Premier Consul. C'était certainement
alors faire acte d'audace, blesser de nombreux préjugés,
que d'établir une quotité disponible variant des trois
quarts au quart, de restreindre le bénéfice de la réserve
aux seuls ascendants et descendants, et de rendre au
testateur la libre disposition de son patrimoine, quand il
se trouvait en présence de collatéraux.

On sait comment le Code, qui n'avait rencontré dans
les tribunaux qu'un concert d'éloges [1], fut accueilli par
les corps délibérants. Il n'est pas besoin de rappeler
cette opposition violente et ces critiques acerbes du Tribunat. Sur trois titres, deux furent repoussés [2]. Il fallut
toute l'énergie du Premier Consul pour triompher de ce
mauvais vouloir obstiné. Il avait promis un Code civil à
la France : il entendait tenir sa parole. Le Corps législatif fut mis à « la diète des lois » ; la discussion fut in-
terrompue pendant neuf mois. Pour achever cette grande
œuvre, réclamée par la France entière, Napoléon dut
attendre que l'heure du renouvellement légal des deux
assemblées permît au Sénat de modifier leur composition [3].

Le projet de Code avait été retiré par un message du
13 nivôse an X (3 janvier 1802). La discussion ne fut
reprise au Conseil d'État que le 22 fructidor an X (9 septembre 1802). Enfin chacun des divers titres ayant été
successivement adopté par le Corps législatif, le 30 ventôse an XII (21 mars 1804), ils furent réunis en un seul
corps de loi. Le 3 septembre 1807, une loi présentée

---

[1] Il n'y eut de critiques générales sur le plan du Code que de la part
du tribunal d'appel de Montpellier.

[2] Deux titres furent repoussés au Tribunat et un au Corps législatif, le
seul qui lui ait été soumis.

[3] Voir ch. II, § 5.

par Bigot de Préameneu, alors le seul survivant de la célèbre commission du 24 thermidor an VIII, le décora du nom de *Code Napoléon*, ce nom que la postérité, quoi qu'on fasse, lui conservera éternellement.

III

Le Code civil n'était pas encore achevé que déjà le Premier Consul songeait au Code de commerce. Le 13 germinal an IX (3 avril 1801), une commission composée de magistrats et de négociants était chargée de préparer un projet[1]. Soumis à la Cour de cassation, aux Cours d'appel, aux Chambres de commerce, examiné par la section de l'intérieur, que présidait alors Regnaud de Saint-Jean-d'Angely, le nouveau Code arriva à l'assemblée générale du Conseil d'État le 4 novembre 1806; la discussion dura jusqu'au 29 août 1807. Il fut promulgué le 10 septembre 1807 et devint exécutoire à partir du 1er janvier 1808.

Le régime des faillites préoccupait particulièrement l'Empereur : il y avait là pour lui une question de morale publique. Quand en juillet 1807, au lendemain de Tilsitt, il revint prendre part aux travaux du Conseil d'État, c'était pour présider à la discussion de ce chapitre, le plus important du Code de commerce[2]. Plein

[1] Cette commission se composait de sept membres : Vignon, président du tribunal de commerce de Paris; Gorneau, juge au tribunal d'appel; Boursier, ancien juge de commerce; Le Gras, jurisconsulte; Vital Roux, Coulomb, ancien magistrat; Mourgues, administrateur des hospices.

[2] L'Empereur présida les séances des 28, 29 juillet, 1er et 8 août, qui commencèrent à sept heures du matin pour se prolonger jusqu'au soir.

des souvenirs des agioteurs du Directoire, ému encore
par de récents scandales, il eût voulu que la faillite fût
toujours considérée comme un délit. « Dans toute faillite, disait-il, il y a un corps de délit, puisque le failli
fait tort à ses créanciers. Il est possible qu'il n'y ait pas
de mauvaises intentions... mais le failli se justifiera...
Un capitaine qui perd son vaisseau, fût-ce par un naufrage, ajoutait-il, se rend d'abord en prison. Si l'on
reconnaît que la perte du navire est l'effet d'un accident, on met le capitaine en liberté. » Avec ce sens
profond de l'équité qui ne le quittait jamais, il entendait que la femme partageât le sort de son mari. « Dans
une communauté de biens et de maux telle qu'est le
mariage, il est inconcevable, disait-il, que le désastre du
mari ne retombe pas d'abord sur sa famille, et que sa
femme ne sacrifie pas tout ce qu'elle possède pour prévenir ou du moins adoucir les torts d'une personne avec
laquelle elle est si étroitement unie. »

Le Code de procédure civile avait précédé le Code
de commerce. Dans la loi du 16-24 août 1790, l'Assemblée constituante avait inscrit au nombre de ses
promesses un Code de procédure[1]. En fait, elle s'était
contentée, par le décret du 29 janvier-20 mars 1791,
de supprimer les anciens offices ministériels établis
auprès des tribunaux pour les remplacer par les avoués,
et le 6 mars 1791, sentant son impuissance à reconstruire tout ce qu'elle avait renversé, elle décrétait
que « jusqu'à ce qu'elle eût statué sur les simplifications de la procédure, les avoués suivraient exactement
celle qui était établie par l'ordonnance de 1667 et règle-

---

[1] Loi du 16-24 août 1790, titre II, article 20 : « Le Code de la procédure civile sera incessamment réformé, de manière qu'elle soit rendue
plus simple, plus expéditive et moins coûteuse. »

ments postérieurs [1] ». La Convention, elle, n'avait pas eu de ces tempéraments : elle avait simplement, d'après les données de la constitution du 24 juin 1793 [2], supprimé toute procédure et détruit jusqu'à la nouvelle institution des avoués [3], oubliant, comme devait le rappeler Napoléon, que « les formes sont la garantie nécessaire de l'intérêt particulier ». « Des formes ou l'arbitraire, disait-il ; il n'y a pas de milieu. » La Convention préférait l'arbitraire. Dès le 27 ventôse an VIII (18 mars 1800) les avoués sont rétablis [4], et l'arrêté du 18 fructidor (5 septembre) de la même année remettait en vigueur l'ordonnance de 1667. Cette fameuse ordonnance, due aux plus grands magistrats du siècle de Louis XIV, aux Pussort et aux Séguier, devait encore servir de base à notre Code de procédure. Le 3 germinal an X (24 mars 1802), une commission était nommée pour préparer le travail [5]. Le 30 germinal an XIII (20 avril 1805), son projet, après avoir été soumis à la Cour de cassation et aux Cours d'appel, était discuté au Conseil d'État ; le 29 avril 1806, il était adopté par le Corps législatif, et le nouveau Code entrait en vigueur le 1er janvier 1807.

---

[1] Décret du 6-27 mars 1791, article 34.
[2] Constitution du 24 juin 1793, articles 85 à 95.
[3] Décret du 3 brumaire an II (24 octobre 1793).
[4] Loi du 27 ventôse an VIII, articles 93 à 95.
[5] Cette commission était composée de Treilhard, Try, Berthereau, Séguier, Pigeau et Fondeur. Séguier fut premier président de la Cour de Paris ; Berthereau et Try présidèrent successivement le tribunal de la Seine.

IV

Le Code pénal et le Code d'instruction criminelle
demandèrent plus de temps. La commission chargée de
les préparer fut constituée le 7 germinal an IX (28 mars
1801)[1], et les deux Codes ne furent mis en vigueur qu'à
dater du 1ᵉʳ janvier 1811[2]. C'est qu'à ces Codes se rattachait l'énorme travail de l'organisation judiciaire, déjà
ébauchée pendant le Consulat et les premières années de
l'Empire, mais qui ne reçut sa forme définitive que par
la loi du 20 avril 1810 et le décret du 6 juillet de la
même année.

Le vieux système judiciaire était battu en brèche depuis longtemps, lorsque la Constituante lui porta le dernier coup. Meaupou, en 1771, Brienne, en 1788, avaient
déjà cherché à détruire l'oligarchie parlementaire. Malheureusement la royauté n'avait plus alors assez d'énergie
pour accomplir les plus utiles réformes : par deux fois
elle avait reculé. L'Assemblée constituante reprit son
œuvre : le 11 septembre 1790, les parlements étaient
définitivement supprimés[3]; mais comme toujours, elle se

---

[1] Cette commission était composée de Vieillard, Target, Oudard,
Treilhard et Blondel. Vieillard fut président de chambre à la Cour de
cassation; Target et Oudard, conseillers à la même Cour, et Blondel, président à la Cour d'appel de Paris.

[2] La Constituante avait déjà rédigé un véritable Code d'instruction
criminelle (décret du 16-29 septembre 1791) et un Code pénal (décret
du 25 septembre-6 octobre 1791); sous le titre de Code des délits et des
peines, la Convention avait promulgué, le 3 brumaire an IV (25 octobre
1795), un Code d'instruction criminelle auquel s'ajoutaient un certain
nombre de dispositions pénales.

[3] Décret du 7-11 septembre 1790, article 14.

montra plus habile à renverser qu'à édifier. Un tribunal par district; les juges élus pour six ans par les électeurs du district, c'est-à-dire par le suffrage à deux degrés, et choisis parmi les anciens magistrats ou hommes de loi ayant exercé pendant cinq ans; le ministère public nommé par le Roi, mais inamovible; point de Cours supérieures; l'appel porté d'un tribunal à un autre : voilà pour la justice civile [1]. Pour la justice criminelle, deux jurys : jury d'accusation, jury de jugement; un tribunal criminel par département, composé de trois juges, pris à tour de rôle parmi les juges de district, et d'un président nommé par les électeurs du département : près de ce tribunal un accusateur public, également nommé par les mêmes électeurs, chargé uniquement de la poursuite, et un commissaire du Roi, veillant à l'exécution de la loi. Dans chaque tribunal de district, l'instruction sommaire qui précédait la réunion du jury d'accusation était confiée à un juge qui prenait le nom de directeur du jury [2].

De toutes les institutions judiciaires de cette époque, deux seulement ont mérité de survivre : le Tribunal, depuis la Cour de cassation, organisé par le décret du 27 novembre-1er décembre 1790, et les juges de paix créés par le décret du 16-24 août 1790. Comme tous les magistrats de cette époque, les juges du Tribunal de cassation procédaient de l'élection. Ils étaient nommés pour quatre ans. Les départements se divisaient en deux séries, concourant successivement à l'élection; les électeurs de chaque département avaient ainsi à désigner tous les huit ans un membre du tribunal suprême. Avoir

[1] Décret du 16-24 août 1790, titres II à IX.
[2] Décret du 16-29 septembre 1791, titres I à VII.

rempli pendant dix ans les fonctions de juge ou exercé pendant le même temps la profession d'homme de loi étaient les seules conditions requises des candidats. Quant aux juges de paix, ils étaient nommés par les citoyens actifs, ainsi que leurs assesseurs, qualifiés de prud'-hommes assesseurs ; ils devaient remplir les conditions exigées des membres des administrations de département et de district, c'est-à-dire justifier du payement d'une contribution de la valeur de dix journées de travail. Les juges de paix et deux de leurs assesseurs se constituaient en tribunal pour statuer sur les causes qui sont encore aujourd'hui du ressort de cette juridiction [1]. A ce même tribunal était dévolue la police correctionnelle [2] : dans ce cas, les fonctions du ministère public étaient exercées par le procureur de la commune, et les appels portés devant le tribunal du district [3]. Pour les jugements de simple police, ils étaient remis aux corps municipaux, sauf appel au tribunal du district [4].

La Constitution de l'an III modifia sur plusieurs points l'œuvre de la Constituante. Les tribunaux de district dont le nombre était exagéré [5], furent supprimés et remplacés par un seul tribunal civil dans chaque département. Les tribunaux correctionnels furent désormais composés de deux juges de paix sous la présidence d'un membre du tribunal civil : il y en eut de trois à

---

[1] Décret du 16-24 août 1790, titre III.

[2] Dans les villes où il y avait plusieurs juges de paix, les assesseurs ne siégeaient en matière correctionnelle qu'à défaut de juges titulaires.

[3] Décret du 19-22 juillet 1791, titre II, articles 43 à 70.

[4] Décret du 16-24 août 1790, titre XI.

[5] Le décret du 26 février-4 mars 1790, qui divisait la France en 83 départements, avait partagé ces départements en 546 districts. Les décrets du 23-28 août 1790 et du 25 août-29 septembre 1790 établirent 547 tribunaux de district : 541 pour les départements et 6 pour le département de Paris (département de la Seine).

six par département[1]. Enfin le décret du 3 brumaire an IV (25 octobre 1795) retira aux municipalités le jugement des contraventions de simple police, pour les confier au juge de paix, assisté de deux de ses assesseurs[2]. Le ministère public restait à la nomination du Directoire exécutif ; mais, et c'était là la réforme la plus importante apportée par la Constitution de l'an III, il devenait désormais révocable et amovible[3]. On se décidait enfin à appliquer les véritables principes que l'Assemblée constituante avait proclamés dans le décret du 16-24 août 1790, mais que sa défiance pour le pouvoir exécutif lui avait fait aussitôt méconnaitre, en concédant l'inamovibilité à des fonctionnaires qu'elle qualifiait elle-même d'« agents du pouvoir exécutif auprès des tribunaux[4] ».

Que pouvait être la justice entre les mains de ces magistrats élus, condamnés fatalement à devenir les instruments des passions politiques et à ne voir dans le justiciable qu'un adversaire qu'il fallait réduire ou qu'un électeur tenant dans sa main le sort de son juge[5] ? Car ce juge élu était rééligible, c'est-à-dire responsable de ses jugements devant le justiciable lui-même[6]. Quant à

---

[1] Constitution du 5 fructidor an III, articles 216, 233, 234.

[2] Décret du 3 brumaire an IV, livre II, titre I.

[3] Constitution du 5 fructidor an III, article 216. En vertu d'un décret du 18-30 août 1792, les commissaires du gouvernement près les tribunaux de district avaient été nommés par le conseil général du district, et les commissaires du gouvernement près les tribunaux criminels, par le conseil général de département.

[4] Décret du 16-24 août 1790, titre VIII, article 1er.

[5] Voir dans TAINE, la Révolution, ce fait du tribunal de Montargis forcé par les clameurs de l'assistance d'annuler un jugement qu'il venait de rendre contre des maraudeurs.

[6] Décret du 16-24 août 1790, titre II, article 4. Constitution du 5 fructidor an III, article 216. — La Convention avait encore exagéré ce système. Par le décret du 26 juin 1793, qu'abrogea l'article 208 de la Constitution de l'an III, elle avait prescrit que « les juges civils et criminels seraient tenus d'opiner à haute voix et en public ».

l'appel, ce n'était qu'un jugement à nouveau, devant un tribunal dégagé, il est vrai, de la pression des influences locales, mais auprès duquel les parties ne trouvaient ni plus de garanties d'indépendance, ni plus de savoir et d'expérience.

La Constitution du 22 frimaire an VIII et la loi du 27 ventôse de la même année (18 mars 1800) vinrent tracer les grandes lignes de notre organisation judiciaire. Un tribunal par arrondissement, réunissant à la fois la juridiction civile et la juridiction correctionnelle; vingt-neuf tribunaux d'appel; un tribunal criminel par département, composé de deux juges présidés par un membre du tribunal d'appel. On reconnait déjà nos tribunaux de première instance, nos Cours d'appel, nos Cours d'assises : il ne leur manquait guère que le nom [1]. Les tribunaux de commerce conservèrent l'organisation que leur avait donnée la Constituante [2]; mais l'appel de leurs sentences, porté désormais devant les tribunaux d'appel, assura aux parties une garantie qui leur avait fait défaut jusqu'alors. En même temps les attributions des juges de paix furent définitivement fixées : ils cessèrent d'intervenir dans la police correctionnelle. Leurs ressorts furent délimités à nouveau, et nos cantons actuels constitués [3].

La justice criminelle restait cependant encore distincte de la justice civile. Les appels de police correctionnelle

---

[1] C'est le sénatus-consulte du 28 floréal an XII (18 mai 1804) qui changea la dénomination de tribunal de cassation et de tribunal d'appel en Cour de cassation et Cour d'appel. Le même sénatus-consulte substitua les titres de procureurs généraux impériaux et de procureurs impériaux à ceux de commissaires du gouvernement. Les Cours d'appel prirent le titre de Cours impériales, et les magistrats de ces Cours celui de conseillers, en vertu de la loi du **20 avril 1810**. Le titre de conseiller a été donné aux membres de la Cour de cassation par le décret du **19 mars 1810**.

[2] Loi du **17-24** août **1790** titre X.

[3] Loi du 8 pluviôse an IX (**28 janvier 1801**).

étaient portés devant les tribunaux criminels. Un substitut du commissaire du gouvernement près le tribunal criminel, désigné sous le nom de magistrat de sûreté, était attaché à chaque tribunal de première instance : sa compétence s'étendait sur toutes les affaires criminelles et correctionnelles, le procureur impérial bornant son action aux matières civiles[1]. Cette séparation des deux justices ne tarda pas à disparaître. Le Code d'instruction criminelle supprima les Cours de justice criminelle. Il organisa le service des assises, tel qu'il existe encore aujourd'hui, en le confiant aux membres des Cours impériales et des tribunaux de première instance. Le magistrat de sûreté disparut[2] : ses fonctions se confondirent avec celles du procureur impérial, comme les attributions de l'accusateur public avaient été dévolues au procureur général[3]. Les Cours d'appel furent dès lors investies de la plénitude de juridiction qu'elles ont conservée depuis.

La Constitution de l'an VIII donna au Premier Consul non-seulement la nomination des membres des parquets, mais celle des juges. C'en était fait de ce déplorable système de l'élection des juges par les justiciables, qui n'est autre chose que la négation de toute justice : une triste expérience de dix ans l'avait irrévocablement condamné. De toutes les prérogatives du gouvernement, la nomination des magistrats est celle qu'il importe le plus aux citoyens de lui voir conserver. Par l'essence même de sa nature, l'État s'élève au-dessus des intérêts privés ; il ne saurait les considérer qu'au point de vue des

---

[1] Loi du 7 pluviôse an IX (27 janvier 1801).

[2] Les juges d'instruction furent en même temps créés, et remplacèrent le magistrat désigné sous le nom de directeur du jury.

[3] Constitution du 22 frimaire an VIII, article 63.

avantages généraux de la société, et c'est là la garantie
de son impartialité. Comme l'a très-bien dit un de nos
publicistes les plus distingués, « l'État seul sait ce qu'il
doit à chacun, parce qu'il est seul à connaître ce qu'il
doit à tous [1] ».

Ce principe ne souffrit que trois exceptions : les juges
des tribunaux de commerce, les juges de paix et les
juges de cassation. Les juges des tribunaux de commerce, qui étaient élus, en vertu du décret du 16-24 août
1790, par tous les négociants de leur circonscription,
furent, à dater de la promulgation du Code de commerce, nommés par des notables dont la liste était arrêtée par l'administration [2]. Les juges de paix, d'après les
dispositions du sénatus-consulte du 16 thermidor an X,
étaient proposés au choix du Premier Consul par les
assemblées de canton [3]. Les juges du tribunal de cassation étaient, aux termes de la Constitution de l'an VIII,
nommés par le Sénat et pris sur la liste nationale; plus
tard, le sénatus-consulte du 16 thermidor an X donna
au Premier Consul le droit de présentation [4].

Tous les autres juges furent nommés directement par
le Premier Consul, avec cette seule restriction qu'ils
devaient être choisis sur les listes de notabilité organisées par la Constitution de l'an VIII. Mais le pouvoir qui
les nommait n'avait pas qualité pour les révoquer; ils ne
pouvaient perdre leurs fonctions que s'ils cessaient de

---

[1] DUPONT-WHITE, le Progrès politique en France.

[2] Les juges des tribunaux de commerce étaient nommés pour deux
ans.

[3] En vertu de la Constitution de l'an VIII, les juges de paix étaient
élus pour trois ans par tous les citoyens du canton. Ils furent désormais nommés pour dix ans : l'assemblée du canton proposait deux candidats pour chaque poste.

[4] Le Premier Consul présentait au Sénat trois candidats pour chaque
vacance.

figurer sur ces listes ou s'ils étaient condamnés pour forfaiture [1]. Les listes de notabilité ayant été supprimées par le sénatus-consulte du 16 thermidor an X, un sénatus-consulte du 12 octobre 1807 vint régler définitivement la situation des juges. L'inamovibilité ne devait leur être conférée désormais qu'après cinq années d'exercice. C'était une sorte de stage qui leur était imposé, afin que le gouvernement pût, comme le dit le préambule de ce sénatus-consulte, être « parfaitement éclairé sur leurs talents, leur savoir et leur moralité », et qu'avant de leur donner cette institution irrévocable il eût la certitude que rien, dans leur conduite, n'était de nature à altérer auprès des justiciables « la confiance et le respect dus au ministère auguste dont ils étaient investis ». Mais l'Empereur entendait que ses choix fussent guidés par les appréciations mêmes des magistrats. Le décret du 20 avril 1810 prescrit en effet aux Cours, dans leur audience de rentrée, d'arrêter, pour être adressée au ministre de la justice, une liste des juges et des avocats les plus distingués du ressort [2].

Au-dessus de tout l'édifice judiciaire planait le Tribunal, plus tard la Cour de cassation, cette grande institution, née d'une des plus heureuses inspirations de l'Assemblée constituante, régulateur de la justice, juge suprême, comme l'a si bien dit l'un de nos plus savants jurisconsultes, « non des procès, mais des jugements et des arrêts [3] ». Elle compta dans son sein nombre d'hommes éminents et distingués; il suffit de citer Henrion de Pensey, Maleville, Carnot, Vieillard, Target. Elle fut présidée successivement par l'illustre Tronchet

---

[1] Constitution du 22 frimaire an VIII, articles 41 et 68.
[2] Décret du 20 avril 1810, ch. I.
[3] BONCENNE, *Théorie de la procédure civile.*

et par Muraire, l'un des plus savants et des plus sages
parmi les légistes de l'Assemblée législative et du Conseil des Anciens. Elle eut pour procureur général,
pendant toute la durée de l'Empire, Merlin de Douai,
l'ancien conventionnel, l'ancien rapporteur de la loi
des suspects, mais le plus érudit, le plus profond peut-
être de nos jurisconsultes. Les codes étaient fixés;
il fallait fixer la jurisprudence, œuvre immense qui incombait à la Cour de cassation. Là, Merlin de Douai
déploya toute la puissance de ses facultés juridiques et
sut faire oublier le jacobin d'autrefois, pour ne laisser à
la postérité que le souvenir du grand magistrat dont la
parole fait encore loi aujourd'hui, et que les plus autorisés et les plus savants n'hésitent pas à appeler le nouveau Papinien, « le prince des jurisconsultes [1] ».

La Cour de cassation devint dans l'ordre judiciaire ce
que le Conseil d'État était dans l'ordre administratif. Sa
mission ne se borna pas seulement à assurer l'uniformité
de la jurisprudence; elle fut aussi le grand conseil de
discipline de la famille judiciaire. Il fallait relever le
prestige de la justice; à ces juges d'un jour, nommés et
révoqués au vent du caprice populaire, il fallait substituer de véritables magistrats et constituer un corps avec
ses règles, ses traditions, sa discipline. Cette tâche, la
Cour de cassation la partagea avec le grand juge, ministre
de la justice [2]. Représentant direct du souverain, de qui
toute justice émane, le grand juge n'était pas seulement
un administrateur, c'était un magistrat comme l'ancien
chancelier de France. Investi d'une haute surveillance
sur le personnel judiciaire, il avait le droit de présider

1 Toullier.
2 Sénatus-consulte du 16 thermidor an X, titre IX.

les Cours, afin de pouvoir s'assurer par lui-même de la valeur, de la capacité et du mérite des magistrats. Il présidait notamment la Cour de cassation lorsqu'elle était appelée à exercer son droit de censure et de discipline sur les membres des Cours. La hiérarchie fut rétablie. Cette même surveillance qui était dévolue à la Cour de cassation sur les Cours d'appel, à tous les degrés de l'échelle judiciaire, les tribunaux supérieurs durent l'exercer sur les tribunaux inférieurs. Le procureur général près la Cour de cassation devint, de son côté, le grand chef des parquets; les procureurs généraux étaient placés sous son autorité, comme les procureurs impériaux relevaient de ces derniers [1]. Au système de la Constituante, qui, dans sa passion égalitaire, avait été jusqu'à effacer la distinction toute naturelle et toute logique des juges d'appel et de première instance, succédait enfin le majestueux ensemble qui constitue aujourd'hui notre ordre judiciaire.

La Cour de cassation devait tous les ans adresser aux Consuls un rapport sur les améliorations à introduire dans l'administration de la justice et les réformes à apporter à la législation [2]. Napoléon avait voulu qu'à l'origine tous les projets de codes fussent soumis à l'examen des Cours d'appel; il entendait que désormais la Cour suprême signalât au gouvernement les défectuosités que la pratique des affaires aurait pu lui révéler et qu'elle lui indiquât les modifications dont les lois nouvelles lui paraissaient susceptibles. Il sentait que ses codes ne pouvaient que gagner à cette étude incessante, à cette

---

[1] Sénatus-consulte du 16 thermidor an X, titre IX.

[2] Loi du 27 ventôse an VIII (18 mars 1800), article 86, et arrêté du 5 ventôse an X (24 février 1802).

sorte de révision annuelle, où les cas multiples soumis à
la jurisprudence de la Cour de cassation apportaient chacun leur contingent d'observations. Cet usage s'est
perdu; il faut le regretter. Car si la fixité est une des
premières conditions de toute législation, il importe que
l'initiative des réformes, au lieu d'être abandonnée au
hasard des circonstances, appartienne aux hommes de
savoir, éclairés par l'expérience.

V

C'est dans un de ces rapports, le troisième jour complémentaire de l'an XI (20 septembre 1803), que Muraire
fut appelé à traiter la question du jury. Il le fit avec une
véritable indépendance de pensée, se dégageant de toutes
les préoccupations théoriques, n'hésitant pas à formuler
des objections, à exprimer des doutes qu'une pratique
de dix ans avait fait naître dans bien des esprits. Cette
question du jury est et sera toujours des plus délicates
pour le législateur. Ce sont les difficultés qu'elle présente
qui ont retardé jusqu'en 1811 la mise en vigueur du
Code d'instruction criminelle.

Malgré les efforts de Barnave et de Duport, l'Assemblée constituante, se rangeant à l'opinion de Tronchet,
avait décidé, le 30 avril 1790, qu'il y aurait des jurés
en matière criminelle, « mais qu'il n'en serait point établi en matière civile ». Cette déclaration, il faut bien le
dire, n'avait guère qu'une valeur théorique. Qu'était-ce,
en effet, que ces juges élus, sinon des jurés avec plus de
savoir peut-être, mais certainement avec moins d'indé-

pendance? Deux jurys furent établis en matière criminelle, un jury d'accusation et un jury de jugement [1].

Cette imitation fidèle des institutions anglaises convenait-elle à nos mœurs, à notre tempérament? La question se posa par deux fois au Conseil d'État, en l'an XII et en 1808. La timidité, l'insouciance naturelle des jurés, leur indifférence pour les grands intérêts sociaux, le danger de rendre la répression illusoire en la confiant à des mains inhabiles et irresponsables, enfin tous ces écueils, signalés avec tant d'à-propos par Muraire, frappaient vivement l'Empereur. Mais il craignait, d'autre part, les souvenirs de l'ancien régime; il ne voulait pas que jugement fût synonyme de condamnation; il pensait qu'il importait à la majesté de la justice que, dans des matières aussi graves, où la vie et l'honneur des citoyens sont en jeu, ses arrêts lui fussent en quelque sorte dictés par des arbitres auxquels on ne pourrait reprocher ni l'esprit de corps, ni l'insensibilité professionnelle. S'il appelait la conscience « un sixième sens », il savait qu'elle demeure souvent endormie, et que, comme tous les sens, elle a besoin d'être aiguisée par la pratique. Le grand problème, pour lui, résidait dans le choix des jurés : faire partie du jury, c'était, à ses yeux, non exercer un droit, mais remplir une fonction, fonction des plus délicates, qui réclame à la fois des lumières et du caractère, de la sagacité et de l'énergie. L'abandonner au premier venu est une de ces théories dont la simplicité peut séduire les esprits sans expérience; en fait, c'est tout simplement supprimer les lois pénales et retourner contre les honnêtes gens cette intimidation

---

[1] Décret du **16-29** septembre **1791**, 2e partie.

qu'elles ont entendu établir contre le crime et les mauvaises passions.

La loi du 6 germinal an VIII (27 mars 1800) avait décidé que le jury d'accusation serait pris sur les listes de notabilité communale, et le jury de jugement sur les listes départementales. En attendant la confection de ces listes, le tableau des jurés était établi par les juges de paix. Ce tableau, soumis à deux réductions successives, l'une opérée par le sous-préfet, l'autre par le préfet au moyen d'un tirage au sort, formait la liste définitive, sur laquelle étaient pris à la fois, et le jury d'accusation, et le jury de jugement. Le Code d'instruction criminelle chargea les préfets de dresser désormais la liste du jury, dont les membres durent être pris dans certaines catégories spéciales [1]. Le choix des jurés n'avait, du reste, jamais cessé d'être remis aux autorités administratives. En vertu du décret du 16-29 septembre 1791, la liste du jury d'accusation, qui comprenait trente noms, était dressée par le procureur-syndic et approuvée par le directoire du district, et la liste du jury de jugement, qui renfermait deux cents noms, était établie par le procureur général syndic et approuvée par le directoire du département. Par le décret du 3 brumaire an IV (25 octobre 1795), la confection de ces listes demeura confiée aux administrations de département. La législation de 1791, comme celle de l'an IV, n'admettait, d'autre part, à faire partie du jury que les

---

[1] Ces catégories sont énumérées dans le Code d'instruction criminelle, article 382; elles comprennent les membres des colléges électoraux, les trois cents plus imposés du département, les fonctionnaires publics, les docteurs et licenciés des facultés de droit, de médecine, des sciences et des lettres, les membres et correspondants de l'Institut et des sociétés savantes, les notaires, les patentables des deux premières classes et les

citoyens réunissant les conditions requises pour être électeurs [1].

Le Code d'instruction criminelle supprima le jury d'accusation; il ne conserva que le jury de jugement. Concession toute de forme, dira-t-on. Car après le sénatus-consulte du 16 thermidor an X, qui avait armé le Sénat du droit de suspendre le jury, la loi du 20 avril 1810 vint déléguer ce pouvoir à l'Empereur; les Cours d'assises étaient, dans ce cas, remplacées par des Cours spéciales extraordinaires formées de huit conseillers de la Cour impériale [2]. Le Code d'instruction criminelle avait, de plus, conservé ces Cours spéciales, demi-civiles, demi-militaires, instituées par la loi du 18 pluviôse an IX (7 février 1801), qui jugeaient sans l'assistance du jury. Composées de trois juges, dont un présidait, de deux citoyens et de trois officiers, elles avaient reçu pour mission de détruire ces bandes de brigands qui infestaient alors la France; leur compétence s'étendait à tous les rassemblements séditieux, rébellions, assassinats, vols et pillages à main armée, et à tous les crimes commis par les vagabonds et les repris de justice. En consacrant l'existence de cette juridiction exceptionnelle, le nouveau Code n'y apporta que de légères modifications; l'élément civil, représenté par cinq magistrats

employés des administrations ayant un traitement de 4,000 francs au moins. Les citoyens n'appartenant pas à ces catégories pouvaient néanmoins être portés sur la liste du jury en vertu d'une décision du ministre de l'intérieur (article 386).

[1] Rappelons qu'aux conditions de cens exigées pour l'électorat par la Constitution du 5 fructidor an III vinrent s'ajouter les exclusions prononcées contre les ex-nobles et les parents d'émigrés par les lois des 3 brumaire an IV, 19 fructidor an V et 9 frimaire an VI. (Voir ch. 1er.)

[2] Loi du 20 avril 1810, chapitre IV, § 2. Les Cours spéciales extraordinaires pouvaient être établies pour un an, par décret rendu en Conseil d'État.

contre trois militaires, continua toujours à prédominer
dans le sein des cours spéciales [1].

Un jury peut encore prononcer en toute liberté d'esprit lorsqu'il n'a à juger qu'un crime individuel. Mais
quand les intérêts généraux de la société sont atteints,
quand en face d'êtres vivants, redoutables par leurs affi-
liations, dont il peut toujours craindre les haines et les
vengeances, il ne voit de lésé que cette entité philosophique qui s'appelle l'État, il devient tout à la fois indif-
férent et timoré. Il faut alors un véritable courage puisé
dans le sentiment du devoir professionnel, une convic-
tion bien arrêtée, une conscience bien sûre d'elle-même
pour rendre de ces arrêts qui peuvent, à un jour donné,
devenir la condamnation du juge et l'exposer à la rage
des passions les plus implacables. L'Empereur le comprenait. Lui, que certains esprits s'obstinent encore à
ne considérer que comme un soldat, il ne voulut point
cependant de la juridiction des conseils de guerre, que
la Convention et le Directoire avaient introduite dans
nos lois [2]; il adopta cette combinaison mixte, où l'élément civil et l'élément militaire, s'appuyant, se forti-
fiant l'un l'autre, se confondaient en un seul tout, où la

---

[1] Code d'instruction criminelle, articles 553 à 560.

[2] Les décrets du 30 prairial an III (18 juin 1795) et du 1er vendémiaire an IV (23 septembre 1795) avaient remis aux tribunaux militaires le jugement des chouans et de toute bande armée. La loi du
29 nivôse an VI (18 janvier 1798) décida que toute attaque à main
armée dirigée soit contre les agents de la force publique, soit contre les
particuliers, serait désormais de la compétence des conseils de guerre :
l'effet de cette loi était limité à un an. Le 29 brumaire an VII (19 novembre 1798), ses dispositions furent prorogées pour une année. La loi
du 14 fructidor an VII (31 août 1799) donna à ces mesures exceptionnelles un caractère normal sinon permanent, en autorisant le Directoire
à établir dans les départements déclarés par un acte du Corps législatif
en état de troubles civils, un conseil de guerre spécial, indépendant de
celui de la division militaire.

magistrature et l'armée, ces défenseurs-nés de la société, unissaient, dans la protection de ses intérêts et de ses droits, leurs traditions, leurs principes, leurs vertus.

La Charte du 4 juin 1814 supprima tous les tribunaux extraordinaires [1]. Dix-huit mois après sa promulgation, le 20 décembre 1815, les Cours prévôtales étaient établies dans tous les départements; celles-là n'ont pas, que nous sachions, purgé la France de bandits! La Charte du 14 août 1830 vint de nouveau décréter à tout jamais l'abolition des commissions ou tribunaux extraordinaires [2]. Vaines paroles, programmes théoriques auxquels les faits ne tardèrent pas à donner le plus éclatant démenti! Deux années ne s'étaient pas écoulées que le gouvernement, assailli par les partis hostiles, menacé journellement dans son existence, attaqué les armes à la main dans les rues de Paris, en était réduit à proclamer l'état de siége, espérant ainsi arracher les coupables à l'indulgence du jury [3]. La mesure fut jugée illégale par la Cour de cassation. Il était réservé à la République de 1848 de la faire sanctionner par nos lois. La première République avait soumis les citoyens à la juridiction des conseils de guerre; la République de 1848 fit de l'état de siége et des conseils de guerre une institution pour ainsi dire normale et régulière, quand elle ne se contenta pas de condamner en masse et sans jugement [4].

La justice spéciale s'impose d'elle-même. C'est le propre des esprits réellement vigoureux, des véritables hommes d'État de savoir regarder en face cette nécessité, de la faire entrer dans leurs prévisions et de ne

---

[1] Charte du 4-10 juin 1814, articles 62 et 63.
[2] Charte du 14 août 1830, articles 53 et 54.
[3] Ordonnance royale du 6 juin 1832.
[4] Loi du 27 juin-5 juillet 1848.

point s'endormir dans une béate et ignorante quiétude,
sauf, au jour du danger, à s'en aller effarés faire appel
à telle mesure de répression que le hasard peut mettre
sous la main. Certes, les conseils de guerre ont rendu
d'éminents services à la société. Nos officiers n'y ont
pas seulement apporté le courage froid, calme et réfléchi
d'hommes habitués à faire le sacrifice de leur existence;
au lendemain du combat, ils ont su se montrer impar-
tiaux et équitables; ils se sont faits magistrats, et magistrats aussi scrupuleux que des légistes de profession.
Mais, nous le demandons à tout homme de bonne foi,
des conseils de guerre ou des cours spéciales, quelle est
l'institution la plus libérale? laquelle assure le plus de
garanties aux accusés?

VI

Tous les divers détails de l'organisation judiciaire
furent successivement étudiés et réglés. Les écoles de
droit furent reconstituées [1]. La loi du 27 ventôse an VIII,
avons-nous dit, avait déjà rétabli les avoués. Le notariat
trouva sa charte dans la loi du 25 ventôse-5 germinal
an XI (16-26 mars 1803). Les titulaires de ces emplois,
ainsi que de tous ceux que nous confondons aujourd'hui
sous le nom d'offices ministériels, étaient considérés
dans le principe comme de véritables fonctionnaires [2].

---

[1] Lois du 11 floréal an X (1er mai 1802) et du 22 ventôse-2 germinal
an XII (13-23 mars 1804).

[2] Loi du 25 ventôse-5 germinal an XI, article 1er : « Les notaires sont
les fonctionnaires publics établis pour recevoir tous les actes et contrats

C'est la Restauration qui, en conférant aux officiers ministériels le droit de présenter leurs successeurs[1], a modifié profondément la nature de l'institution et transformé en une propriété ce qui, pour l'Empereur, était et devait rester un service public.

L'ordre des avocats reparut[2]. Chose singulière! c'est à Napoléon que le barreau dut cette organisation spéciale, qui, par une étrange anomalie, l'a constitué en un corps privilégié, quand les corporations avaient disparu du sol de la France, et que toutes les autres professions libérales ou industrielles ne réclamaient d'autre protection et d'autre garantie que l'égalité sous la loi.

Comme tous les hommes d'action, Napoléon avait peu de penchant pour les avocats. Il se rappelait le rôle qu'ils avaient joué dans la lutte des parlements contre la Royauté et aux premiers jours de la Révolution. Il ne voyait en eux qu'une coterie turbulente, en imposant au public par sa faconde et cherchant à en imposer à la justice elle-même. Il s'indignait de la familiarité qui s'établissait déjà entre le juge et l'avocat. A ses yeux, ces habitudes de camaraderie portaient atteinte « au respect dû à la magistrature et à son indépendance morale ». « Peut-on dire qu'il y ait en France un gouvernement, s'écriait-il, quand on voit rendre la justice au milieu d'une tourbe de procureurs et d'avocats qui dirigent l'opinion publique,

---

auxquels les parties doivent ou veulent faire donner le caractère d'authenticité attaché aux actes de l'autorité publique... » Déjà le décret du **29** septembre-6 octobre **1791** portait, section **2**, article 1er : « Il sera établi dans tout le royaume des fonctionnaires publics chargés de recevoir tous les actes qui sont actuellement du ressort des notaires royaux et autres..... »

[1] Loi du **28** avril-4 mai **1816**, article **91**.

[2] Loi du **22** ventôse-2 germinal an XII (13-23 mars 1804), titre **5**. Décret du **14** décembre **1810**.

et par elle inspirent la terreur aux juges et aux témoins? »
Il voulait discipliner les avocats, en faire, non pas les
auxiliaires, mais les suppliants de la justice. Telle était
la pensée qui dicta le décret du 14 décembre 1810. Il
suffit, pour s'en convaincre, d'en lire le texte. Le conseil
de discipline, qui avait pour mission d'exercer une surveillance sévère sur tous les membres du barreau, n'était
point élu par ceux qui se trouvaient soumis à sa juridiction : ils avaient seulement le droit de présenter des candidats au choix du procureur général, et c'était celui-ci
qui désignait le bâtonnier. Une disposition, qui depuis
a disparu comme incompatible, a-t-on prétendu, avec
la liberté de la défense, était destinée à protéger les
citoyens contre des excès malheureusement trop fréquents : toute injure, tout outrage contre une des parties mettait l'avocat sous le coup d'une poursuite en
calomnie. L'Empereur entendait que l'honneur des
citoyens ne fût pas à la discrétion d'un adversaire irres-
ponsable, et qu'un délit ne fût pas assuré de l'impunité,
par cela même qu'il avait été commis dans le sanctuaire
de la justice [1].

Peut-être néanmoins eût-il été préférable de s'en tenir
au système de l'Assemblée constituante. Elle avait aboli

---

[1] Décret du 14 décembre 1810, article 37 : « Les avocats exerceront
librement leur ministère pour la défense de la justice et de la vérité;
nous voulons en même temps qu'ils s'abstiennent de toute supposition
dans les faits, de toute surprise dans les citations et autres mauvaises
voies, même de tous discours inutiles et superflus. Leur défendons de se
livrer à des injures et personnalités offensantes envers les parties ou
leurs défenseurs, d'avancer aucun fait grave contre l'honneur et la réputation des parties, à moins que la nécessité de la cause ne l'exige et
qu'ils n'en aient charge expresse et par écrit de leurs clients ou des
avoués de leurs clients; le tout à peine d'être poursuivis ainsi qu'il est
dit dans l'article 371 du Code pénal. » L'ordonnance royale du 20 novembre 1822, qui abroge le décret du 14 décembre 1810, reste muette
sur les faits visés dans cet article 37.

l'ordre des avocats et avait été jusqu'à leur interdire de porter un costume particulier[1], ne voulant plus voir en eux que des « défenseurs officieux[2] ». Le décret du 14 décembre 1810 ne survécut guère à son auteur. Sous prétexte de libéralisme, on ne tarda pas à dépouiller le gouvernement des moyens de répression dont il était armé, et les citoyens des garanties tutélaires qu'ils tenaient de la sagesse de Napoléon. De ce décret il ne resta bientôt plus que les immunités concédées au barreau, immunités que les gouvernements successifs prirent à tâche, non-seulement de respecter, mais d'étendre[3].

L'esprit des avocats ne fut pas changé. Au lieu d'avoir en face de soi des individualités remuantes, il fallut désormais compter avec une corporation, avec ses droits et ses priviléges, avec son conseil, où siégèrent, non les plus capables et les plus distingués, mais ceux qui répondaient le mieux à cet esprit d'opposition inné chez des hommes qui passent leur existence à discuter la loi, à se prendre corps à corps avec ses représentants. La faiblesse des gouvernements aidant, les oppositions eurent désormais des cadres tout formés parmi ces parleurs élégants et faciles, aux connaissances superficielles et, partant, aux aptitudes universelles, les seuls en France pour qui une révolution ne soit pas le plus redoutable des fléaux, mais qui, au contraire, la saluent toujours avec joie : car elle ouvre des perpectives infinies à ces ambitions trop longtemps enfermées dans l'étroite enceinte du Palais.

---

[1] Décret du 2-11 septembre 1790, art. 10 : « Les hommes de loi, ci-devant appelés avocats, ne devant former ni ordre, ni corporation, n'auront aucun costume particulier dans leurs fonctions. »

[2] Décrets du 29 janvier-20 mars 1791, article 3.

[3] Voir les ordonnances royales du 20 novembre 1822 et du 27 août 1830.

Quatre ministres furent successivement appelés à surveiller cet immense travail de réorganisation judiciaire.
D'abord Cambacérès, qui ne fit, il est vrai, que passer
au ministère de la justice [1], mais qui exerça pendant
toute la durée de l'Empire une action considérable sur
les affaires de ce département. Il eut pour successeur
Abrial [2], légiste distingué, qui avait rempli de 1791 à
1799 les fonctions de commissaire du gouvernement
près le tribunal de cassation. Puis vint Regnier : membre
de la Constituante et du Conseil des anciens, il avait
déployé dans ces deux assemblées de profondes connaissances juridiques. Comme Cambacérès, il peut revendiquer une large part dans la constitution de la nouvelle
magistrature, dont il demeura le chef pendant onze ans
sous le titre de grand juge [3]. Lorsqu'en 1813 il quitta le
ministère pour prendre la présidence du Corps législatif, l'Empereur, qui voulait placer à la tête de l'ordre
judiciaire un des grands noms de la magistrature française, donna son portefeuille à Molé [4]. En quelques années,
Napoléon avait fait de Molé, simple auditeur en 1806,
un préfet, un conseiller d'État, un directeur général des
ponts et chaussées ; l'avenir a montré s'il s'était trompé
sur la valeur de l'homme auquel il confiait à trente-trois
ans les hautes fonctions de grand juge.

En 1811, cette grande œuvre était terminée. Les
Codes étaient appliqués non-seulement dans toute l'é-
tendue de ce vaste empire, mais dans la plupart des pays
qu'il s'était rattachés par un lien de suzeraineté quel-

---

[1] Du 20 brumaire au 4 nivôse an VIII (11 novembre au 25 décembre
1799).

[2] Du 4 nivôse an VIII au 27 fructidor an X (11 novembre 1799 au
14 septembre 1802).

[3] Du 27 fructidor an X (14 septembre 1802) au 20 novembre 1813.

[4] Du 20 novembre 1813 au 30 mars 1814.

conque. L'Empire s'est écroulé ; l'Europe coalisée a pu avoir raison de ces vieilles légions décimées par cent victoires ; l'Empereur a pu tomber de son trône ; mais sa pensée lui a survécu. Partout où il a planté ses aigles triomphantes, elle règne encore en souveraine. Comme autrefois les Codes romains, aujourd'hui les Codes napoléoniens régissent, à quelques modifications près, la moitié de l'Europe. A l'heure qu'il est, à Milan comme à Paris, à Naples comme à Bruxelles, à Cologne comme à Varsovie, c'est au nom de Napoléon que la justice rend ses arrêts.

CHAPITRE VII

L'UNIVERSITÉ

I

« Il sera créé et organisé une instruction publique, commune à tous les citoyens, gratuite à l'égard des parties d'enseignement indispensables à tous les hommes, et dont les établissements seront distribués graduellement dans un rapport combiné avec la division du royaume[1]. » Tel était le programme que l'Assemblée constituante inscrivait dans la constitution de 1791 et qu'elle léguait à ses successeurs.

Il répondait à l'un des besoins les plus urgents du pays. Le vieil édifice de l'enseignement avait été déjà singulièrement ébranlé par l'expulsion des Jésuites en 1764. Les lois révolutionnaires devaient achever de détruire

---

[1] Constitution du 3-14 septembre 1791, titre I.

nos colléges et nos universités[1]. En décrétant le 28 octobre 1790 la vente des biens nationaux, l'Assemblée constituante avait bien excepté pour le moment de cette mesure les domaines des établissements destinés à l'enseignement public[2]; elle avait bien, par son décret du 26 septembre-12 octobre 1791, décidé le maintien, à titre provisoire, des établissements actuels d'instruction, se contentant pour seule innovation de prescrire dans les facultés de droit l'enseignement de la Constitution. Mais l'obligation imposée à tous les maitres de prêter le serment édicté par la constitution civile du clergé n'avait pas tardé à dépeupler universités, colléges et écoles[3]. La faculté donnée aux directoires de département de pourvoir aux chaires vacantes et de prendre les nouveaux titulaires même en dehors des universités était en réalité illusoire[4]. Quelles garanties de capacité et d'aptitude pouvaient présenter ces professeurs improvisés? L'enseignement était depuis des siècles entre les mains du clergé : du moment où on repoussait l'Église, on se trouvait en face du néant. L'œuvre de désorganisation fut complétée par l'Assemblée législative, qui supprima, le 18 août 1792, toutes les congrégations, corporations et confré-

---

[1] En 1789, les établissements d'instruction se répartissaient de la façon suivante, d'après M. Vallet de Viriville (*Histoire de l'instruction publique*) :

Universités	21
Facultés de théologie	18
Facultés de droit	20
Facultés de médecine	18
Facultés des arts	18
Colléges à Paris	10
Colléges en province	552

[2] Décret du 28 octobre-5 novembre 1790, articles 1 et 2.

[3] Décrets du 22 mars 1791 et du 15-17 avril 1791. Voir chapitre VIII, § 1.

[4] Décret du 15-17 avril 1791.

ries séculières, « ecclésiastiques ou laïques », sans en
excepter celles qui étaient vouées à l'enseignement ; elle
prit soin, il est vrai, de décider que les membres de ces
congrégations continueraient à professer, mais « à titre
individuel ». Enfin, par le décret du 8-10 mars 1793, la
Convention ordonna la vente de tous les biens formant
la dotation des colléges, vente qui avait été suspendue
jusqu'alors, et mit les traitements des professeurs « à la
charge de la nation » à dater du 1er janvier 1793. Dans
la situation où se trouvaient les finances, avec le régime
des assignats, c'était porter le dernier coup à ces établissements, et quand le décret du 15 septembre 1793
vint supprimer formellement les facultés et les colléges
de plein exercice, il ne faisait que constater un fait
accompli.

On ne pouvait se contenter de détruire : il fallait remplacer ce qu'on renversait avec tant de précipitation. La
Constituante avait entendu un savant rapport de Talleyrand sur l'organisation de l'instruction publique[1] ; la
Législative en avait demandé un à Condorcet[2]. Mais
comme la Constituante, la Législative avait reculé devant
l'immensité de cette tâche, et les deux assemblées n'a-
vaient fait que semer des ruines sur leur passage.

Les premières lois positives datent de la Convention.
Les admirateurs passionnés du gouvernement révolutionnaire ont fait grand bruit de son zèle pour l'instruction
populaire. On croirait, à les entendre, que la terrible Assemblée, si dure aux générations présentes, avait réservé
toutes ses tendresses pour les générations futures, qu'elle
avait doté la France d'un merveilleux système d'enseignement que le coup fatal de brumaire a subitement

[1] 25 septembre 1791.
[2] 20 avril 1792.

arrêté dans son essor. Elle a entassé lois sur lois, accumulé décrets sur décrets. De tout ceci qu'est-il resté ? De ces lois, de ces décrets, combien ont traversé les âges ? Quelles sont les institutions qu'elle a créées et que la postérité a recueillies ? L'École polytechnique, dira-t-on, le Conservatoire des arts et métiers, les écoles de médecine, l'École normale, l'Institut.

De ces créations deux seulement étaient vraiment neuves et originales, l'École polytechnique et le Conservatoire des arts et métiers [1]. Encore ce dernier établissement ne fut-il pendant toute la Révolution qu'un vaste dépôt où restaient entassés sans ordre et sans profit pour personne les plans, les machines et les instruments : les premiers essais d'enseignement industriel remontent en réalité à 1800 [2]. Les écoles de médecine, instituées sous le nom d'écoles de santé par le décret du 14 frimaire an III (4 décembre 1794), ne faisaient que se substituer aux anciennes facultés des universités, et leur organisation définitive date du Consulat [3]. Convient-il de parler de l'École normale ? Elle est créée le 9 brumaire an III (30 octobre 1794). Sept mois à peine s'écoulent qu'élèves

---

[1] L'École polytechnique fut créée par le décret du 7 vendémiaire an III (28 septembre 1794) sous le titre de l'École centrale des travaux publics. Le décret du 15 fructidor an III (1er septembre 1795) lui donna le nom qu'elle a conservé depuis. Elle fut organisée successivement par le décret du 30 vendémiaire an IV (22 octobre 1795), par la loi du 25 frimaire an VIII (16 décembre 1799) et par le décret du 27 messidor an XII (16 juillet 1804).

[2] Le Conservatoire des arts et métiers fut établi par le décret du 19 vendémiaire an III (10 octobre 1794). Le préambule de la loi du 22 prairial an VI (10 juin 1798) constate l'état d'abandon dans lequel il était laissé.

[3] Loi du 19-29 ventôse an XI (10-20 mars 1803). Cette loi, qui réglemente l'exercice de la médecine, rétablit les grades. Les écoles de pharmacie furent organisées par la loi du 21 germinal-1er floréal an XI (11-21 avril 1803).

et professeurs sont déjà dispersés. Les cours se fermaient le 29 floréal an III (18 mai 1795) : l'École normale n'existait plus. Il fallut l'Empereur pour lui rendre la vie [1]. Elle n'avait guère duré plus longtemps que l'École de Mars [2]. Après avoir proscrit, décimé les académies de l'ancien régime, traîné à l'échafaud leurs membres les plus illustres, la Convention s'avisa de les reconstituer en les unissant par un lien commun [3]. Nous reconnaîtrons sans peine que l'organisation de l'Institut était supérieure à celle de ces diverses académies, isolées l'une de l'autre, que nous avaient léguées Richelieu et Louis XIV. Mais si c'était, comme on l'a dit et répété maintes fois, une grande pensée que d'appeler au sein d'un même corps les représentants les plus autorisés de toutes les branches du savoir humain, nous ne voyons pas que, dans le domaine des faits, la science ait tiré un profit appréciable de cette nouvelle organisation. L'Académie des sciences morales et politiques fut créée : c'était là en réalité la seule innovation.

Il est facile d'élaborer des systèmes, de les écrire sur le papier « qui souffre tout », comme disait si finement la grande Catherine à Diderot, et de les décorer du titre

Décret du 17 mars 1808, titre XIV.

[2] L'École de Mars, créée le 13 prairial an II (1er juin 1794), fut supprimée le 2 brumaire an III (23 octobre 1794). Elle se composait, dit le décret du 13 prairial, de « jeunes citoyens de seize à dix-sept ans et demi » qui devaient y « recevoir, par une éducation révolutionnaire, toutes les connaissances et les mœurs d'un soldat républicain ». Les élèves étaient choisis par les agents nationaux de chaque district, « parmi les enfants des sans-culottes ». Les conditions de civisme sont, du reste, exigées des élèves de l'École polytechnique et des écoles de santé par les décrets du 7 vendémiaire an III et du 14 frimaire an III.

[3] Voir le décret du 8-14 août 1793, supprimant les académies, la Constitution du 5 fructidor an III (22 août 1795), article 298, créant l'Institut, et le décret d'organisation du 3 brumaire an IV (25 octobre 1795), titre IV.

pompeux de décret. Mais tant qu'ils n'ont pas été sanctionnés par l'expérience, tant qu'ils n'ont pas été soumis à la rude et laborieuse épreuve de la pratique, ce ne sont que programmes, programmes plus ou moins sensés, plus ou moins sonores, dont on pourra s'emparer un jour pour célébrer le génie de leur auteur, mais qui n'ont pas plus de valeur politique que l'*Utopie* de Thomas Morus, ou ces constitutions que Rousseau se complaisait à rédiger à l'usage des peuples dans l'embarras. Qu'il plaise un jour à la Convention de décréter que l'enseignement sera libre, public, gratuit et obligatoire [1], un autre que les instituteurs et les institutrices seront nommés par le peuple, que les traitements ne pourront être inférieurs à douze cents livres pour les instituteurs et à mille pour les institutrices, qu'on enseignera aux enfants « la Déclaration des droits de l'homme et du citoyen, la Constitution de la République française… et la morale républicaine », qu'on les exercera à la natation, qu'ils visiteront les hôpitaux et qu' « ils aideront dans leurs travaux domestiques et champêtres les vieillards et les parents des défenseurs de la patrie [2] », et elle nous aura laissé un document curieux au même titre que les fameuses théories de Saint-Just sur l'éducation.

De lois pratiques, appliquées et applicables, la Convention n'en a fait qu'une, celle qui porte la date du 3 brumaire an IV (25 octobre 1795). Le décret du 3 brumaire, qui peut être considéré comme un véritable Code de l'instruction publique, reconnaissait trois degrés d'enseignement : les écoles primaires, les écoles cen-

---

[1] Décret du **29** frimaire-**5** nivôse an II (**19-25** décembre **1793**).

[2] Décret du **27** brumaire an III (**17** novembre **1794**), chapitre IV. L'enseignement de « la morale républicaine » est encore prescrit par la loi du **3** brumaire an IV (**25** octobre **1795**).

trales et les écoles spéciales. Il devait être établi une
école primaire au moins par canton, chaque école divisée
en deux sections, une pour les garçons, l'autre pour les
filles. Les instituteurs, examinés par un jury d'instruction,
étaient nommés sur la présentation des administrations
municipales par les administrations de département;
leur révocation était prononcée par les mêmes autorités.
Ils avaient droit au logement; leur traitement était réduit
à une rétribution scolaire payée par les élèves, et dont
l'administration de département fixait le taux : un quart
des élèves pouvait être exempté de toute rétribution par
l'administration municipale à titre d'indigents. Chaque
département devait avoir une école centrale. Les écoles
centrales comptaient dix chaires, affectées tant aux
sciences qu'aux lettres, parmi lesquelles on voyait figurer
une chaire de dessin et une de législation [1]. Les professeurs étaient nommés par un jury d'instruction, sauf
approbation de l'administration de département; ils ne
pouvaient être révoqués qu'avec l'agrément du Directoire
exécutif. Ils joignaient au traitement fixe qui leur était
alloué le produit d'une rétribution scolaire, dont l'administration de département pouvait exempter pour cause

---

[1] Le décret du 3 brumaire an IV, en ce qui concerne les écoles centrales, ne faisait guère que reproduire les dispositions du décret du
7 ventôse an III (25 février 1795). Cependant le nombre des chaires
était diminué. Le décret du 7 ventôse an III établissait dans chaque
école centrale quatorze chaires : 1° mathématiques; 2° physique et
chimie expérimentales; 3° histoire naturelle; 4° agriculture et commerce; 5° méthode des sciences ou logique et analyse des sensations et
des idées; 6° économie politique et législation; 7° histoire philosophique
des peuples; 8° hygiène; 9° arts et métiers; 10° grammaire générale ;
11° belles-lettres; 12° langues anciennes; 13° langues vivantes;
14° dessin. Le décret du 3 brumaire an IV réduisit ces cours à dix :
1° mathématiques; 2° physique et chimie expérimentales ; 3° histoire
naturelle; 4° législation; 5° histoire; 6° grammaire générale ; 7° belles-
lettres; 8° langues anciennes; 9° langues vivantes; 10° dessin.

d'indigence un quart des élèves. Quant aux écoles spéciales, qui répondaient à notre enseignement supérieur, elles devaient être affectées à dix branches d'études différentes ; la plupart ne furent pas organisées [1].

Nous n'examinerons pas quelle était la valeur de ce mode d'enseignement, qui se réduisait à des cours, sans examens, sans grades, sans diplômes, par conséquent sans sanction ; nous ne relèverons pas les défectuosités de ce système. Nous le jugerons simplement par ses fruits. Quels résultats avait-on obtenus ? Quelle était la situation des écoles au lendemain du 18 brumaire ?

En l'an IX (1800-1801), il y avait cinq ans que le décret du 3 brumaire an IV était en activité. Les écoles primaires n'étaient, pour ainsi dire, organisées nulle part. Les maitres faisaient défaut aussi bien que les élèves. Dans chacune des vingt-quatre écoles de Paris, on ne compte guère, en moyenne, que quarante élèves [2], soit moins de mille enfants pour une population de 547,000 âmes [3]. Dans le département de la Manche, où devaient être établies quatre cent quatre-vingt-cinq

---

[1] La loi du 3 brumaire an IV distinguait dix catégories d'écoles spéciales : astronomie, géométrie et mécanique, histoire naturelle, médecine, art vétérinaire, économie rurale, antiquités, sciences politiques, peinture, sculpture et architecture, musique. — Le Muséum d'histoire naturelle, qui n'était qu'une transformation du Jardin du Roi, fut organisé par le décret du 10-14 juin 1793. Nous avons vu que les écoles de médecine furent rétablies le 14 frimaire an III. Les écoles vétérinaires, ainsi que l'École des beaux-arts, remontent à l'ancien régime. Quant au Conservatoire de musique, qui succédait à l'École de chant ouverte en 1784, il fut créé par les décrets du 18 brumaire an II (8 novembre 1793) et du 16 thermidor an III (3 août 1795) ; il ne reçut son organisation définitive qu'en 1808, par l'adjonction des études dramatiques aux études musicales.

[2] Rapport de Lacuée, conseiller d'État en mission.

[3] Recensement de 1800.

écoles primaires, il n'en existe que cent soixante-dix-sept [1]. Sans les anciens curés et les anciennes religieuses qui apprennent à lire aux enfants, la génération prochaine serait menacée de ne savoir ni lire ni écrire; et Fourcroy, qui est loin cependant d'avoir abjuré les doctrines philosophiques du dix-huitième siècle, en présence de l'insuffisance des maîtres et du peu de confiance qu'ils inspirent aux parents, en est réduit à proposer de confier aux curés l'instruction des enfants des campagnes [2].

Dans les écoles centrales, même désarroi. Il n'y a guère que les cours de dessin et de mathématiques qui soient suivis; ceux d'histoire, de grammaire générale, de législation n'ont point d'auditeurs [3]. Français de Nantes fait remarquer que les quatre écoles centrales des départements de la Provence, « qui coûtent environ 120,000 francs, n'ont pas entre elles deux cents élèves, tandis qu'autrefois un collége qui avait 30,000 francs de rente avait au moins trois cents élèves ».

Les conseils généraux, dans leurs sessions de 1800, 1801, 1802, signalent de tous côtés cette situation déplorable au gouvernement. Ils n'hésitent pas à réclamer « le rétablissement des anciens colléges sous des formes appropriées aux nouvelles institutions politiques » et à demander qu' « on impose à tous les maîtres particuliers l'obligation de conduire leurs écoliers dans les classes publiques ». Ils ajoutent qu'il n'existe pas de système général d'instruction; « on a beaucoup projeté, disent-

---

[1] Rapport de Fourcroy, floréal an IX (avril-mai 1801).

[2] Rapport de Fourcroy, 5 nivôse an IX (26 décembre 1800).

[3] Rapport de Français de Nantes, 6 floréal an IX (26 avril 1801), de Barbé-Marbois, 19 nivôse an IX (9 janvier 1801), de Fourcroy, floréal an IX, de Lacuée, an IX.

ils, mais on n'a pas exécuté ». Il n'y a point d'écoles secondaires, très-peu d'écoles primaires, partant point d'éléments pour les écoles centrales. L'enseignement, font-ils remarquer, n'a ni liaison ni gradation ; il convient mieux à des hommes faits qu'à des jeunes gens qui cherchent à s'instruire [1]. Et, de fait, les écoles centrales, ou se rapprochaient trop de l'enseignement supérieur, ou tendaient à s'abaisser presque au niveau de l'enseignement primaire [2].

Quant à l'enseignement libre, il s'était bien installé un certain nombre d'établissements, mais dans quelles conditions ! Par un arrêté du 17 pluviôse an VI (5 février 1798), le Directoire les avait placés sous la surveillance des municipalités. Elles avaient notamment pour mission de constater si les maîtres négligeaient « de mettre entre les mains de leurs élèves, comme base de la première instruction, les Droits de l'homme, la Constitution et les livres élémentaires adoptés par la Convention », et si dans ces maisons « on s'honorait du nom de citoyen ». Comme sanction, les municipalités étaient armées du droit d'ordonner la suspension ou la fermeture des écoles.

Si l'on excepte l'École polytechnique et les écoles de médecine, qui ouvraient à leurs élèves une carrière, partout, à tous les degrés, les professeurs n'ont devant eux qu'un auditoire clair-semé ; c'est un triste contraste avec la foule qui se pressait dans les anciennes universités. Et quand Lucien Bonaparte, alors ministre de l'intérieur, n'hésitait pas à écrire dans un document officiel : « Depuis la suppression des corps enseignants, l'instruc-

---

[1] Voir les vœux des conseils généraux en matière d'instruction publique de 1800 à 1802, dont M. Ambroise Rendu nous a conservé l'analyse dans sa brochure : *Système de l'Université de France.*

[2] Rapport de Barbé-Marbois, 19 nivôse an IX.

tion est à peu près nulle en France », il ne faisait que
constater l'exacte vérité [1].

II

Créer sur toute l'étendue du territoire les établissements d'instruction qui faisaient défaut, ramener la jeunesse dans leur enceinte, réveiller les études, telle était
la tâche qui incombait au nouveau gouvernement. Il lui
suffit de quelques années pour l'accomplir. Une fois de
plus, c'était à Napoléon qu'il allait être donné de tenir
ces promesses que, dans l'enivrement des premières
heures, avec une confiance aussi généreuse qu'imprudente, l'Assemblée constituante n'hésitait pas à prodi-
guer à la nation française, convaincue, comme tous les
législateurs novices, qu'il est aussi facile d'édifier que de
renverser.

Une direction générale de l'instruction publique fut
instituée sous l'autorité du ministre de l'intérieur. Le
17 ventôse an X (8 mars 1802), Rœderer fut appelé à
ce poste [2]. Il ne tarda pas à le céder à Fourcroy, savant

---

[1] Rapport du ministre de l'intérieur annexé à l'arrêté du 1ᵉʳ germinal
an VIII (22 mars 1800). Cet arrêté avait pour objet de réorganiser le
Prytanée français et de le diviser en quatre colléges établis à Paris, Fontainebleau, Versailles et Saint-Germain. Le Prytanée français n'était autre
que l'ancien collége Louis-le-Grand : seul de tous nos anciens établissements d'instruction, il avait survécu pendant la Révolution. Dans son
rapport, Lucien Bonaparte le qualifie de « dernier asile ouvert à l'instruction publique, au milieu des ruines ».

[2] Lacuée fut d'abord chargé, à titre de conseiller d'État, du service des
sciences et des arts, créé le 5 nivôse an VIII (26 décembre 1799).

du plus haut mérite, qui avait été à la Convention le rapporteur des lois sur l'École polytechnique et les écoles de médecine [1].

Le 11 floréal an X (1er mai 1802), la loi sur l'instruction publique était promulguée. Nous y retrouvons déjà tous les principes de notre organisation actuelle. Les écoles primaires, placées sous l'autorité des sous-préfets, sont établies par communes ou par agglomérations de communes. L'instituteur est nommé par le maire et le conseil municipal. Sa situation reste telle que l'avait faite la loi du 3 brumaire an IV : il a droit au logement et au produit de la rétribution scolaire; l'exemption de cette rétribution est limitée au cinquième des élèves. Les écoles secondaires, soit communales, soit particulières, répondent à nos colléges d'aujourd'hui; elles ne peuvent être ouvertes qu'avec l'autorisation du gouvernement et demeurent sous la surveillance des préfets. Puis viennent les lycées; il devait en être organisé un au moins par ressort de tribunal d'appel. Ils sont soumis au contrôle d'un bureau d'administration, composé de fonctionnaires de l'ordre administratif et de l'ordre judiciaire. L'inspection générale des études est créée; elle reçoit pour mission de surveiller l'enseignement et l'administration des lycées. C'est sur ses propositions et sur celles du bureau d'administration que le Premier Consul nomme les professeurs de ces établissements [2]. Quant à l'enseignement supérieur, il est confié à des écoles spéciales, qui com-

---

[1] Fourcroy conserva ces fonctions du 14 septembre 1802 au 16 décembre 1809, époque de sa mort. Chargé de préparer les projets relatifs à l'Université, il dut recommencer ce travail jusqu'à vingt-trois fois pour arriver à répondre aux idées de l'Empereur.

[2] Les premières nominations furent faites sur les propositions d'une commission composée de trois inspecteurs généraux des études et de trois membres de l'Institut.

prennent neuf ordres d'études différents. L'Institut, les inspecteurs généraux des études et les professeurs en exercice devaient présenter au Premier Consul des candidats pour les chaires vacantes [1].

Mais ce n'est rien que de fonder des établissements d'instruction; il faut les peupler. On a vu ce qu'étaient devenues les écoles centrales; il ne leur manquait que des élèves. Six mille quatre cents bourses furent mises dans les lycées à la disposition du gouvernement; quatre mille durent être réparties, après examen et concours, entre les élèves des écoles secondaires; deux mille quatre cents furent réservées à des fils de militaires et de fonctionnaires et à des enfants nés dans les nouveaux départements réunis à la France [2]. Rechercher dans les établissements secondaires les élèves les plus distingués pour leur donner un enseignement qui devait leur ouvrir la carrière des fonctions publiques, rassurer les serviteurs de l'État sur le sort et l'avenir de leurs enfants, les dégager de ces pénibles préoccupations de famille qui brisent souvent les ressorts des natures les plus énergiques, confondre dès le plus jeune âge les enfants de la nouvelle France et ceux de l'ancienne, les animer d'un même esprit et faire en quelques années de ces étrangers d'hier de vieux Français, telle était la grande pensée qui inspi-

---

[1] Les neuf ordres d'études énumérés dans la loi du 11 floréal an X étaient : 1° le droit; 2° la médecine; 3° l'histoire naturelle, la physique et la chimie; 4° les arts mécaniques et chimiques; 5° les mathématiques transcendantes; 6° la géographie, l'histoire et l'économie publique; 7° les arts du dessin; 8° l'astronomie; 9° la musique et la composition. Les écoles de médecine et de droit furent seules organisées (lois du 19-29 ventôse an XI [10-20 mars 1803] et du 22 ventôse-2 germinal an XII [13-23 mars 1804]). Les écoles de dessin et le Conservatoire existaient déjà. Cette même loi du 11 floréal an X créa l'École spéciale militaire.

[2] Loi du 11 floréal an X, titre VII.

rait Napoléon quand il résolut la création des bourses.

Les résultats ne se firent pas attendre. Quatre ans plus tard, en 1806, sur 45 lycées décrétés, 29 étaient déjà en pleine activité; 370 écoles secondaires communales et 377 écoles secondaires particulières étaient ouvertes; elles comptaient 50,200 élèves; 4,500 écoles élémentaires recevaient 25,000 enfants [1]. En 1809, le nombre des élèves des lycées atteignait 9,500, dont 2,700 externes. En 1813, il montait à 18,000 : 10,000 externes et 8,000 pensionnaires [2]. A la même date, 510 collèges réunissaient 50,000 élèves, et 1,877 institutions ou pensions en avaient 47,000; enfin, 31,000 écoles primaires distribuaient l'instruction élémentaire à 920,000 enfants. Les chaires d'enseignement supérieur attiraient 9,000 auditeurs [3].

La loi du 11 floréal an X n'avait guère été qu'une ébauche. Elle ne satisfaisait pas pleinement Napoléon. « Je veux, disait-il plus tard, un corps enseignant, parce qu'un corps ne meurt jamais et qu'il y a transmission d'organisation et d'esprit. Je veux un corps dont la doctrine soit à l'abri des petites fièvres de la mode, qui marche toujours quand le gouvernement sommeille, dont l'administration et les statuts deviennent tellement nationaux qu'on ne puisse jamais se déterminer légèrement à y porter la main. » « Il n'y aura pas d'état politique fixe, ajoutait-il, s'il n'y a pas un corps enseignant avec des principes fixes. Tant qu'on n'apprendra pas dès l'enfance s'il faut être républicain ou monarchique,

---

[1] Rapport de Fourcroy annexé à l'exposé de la situation de l'Empire présenté au Corps législatif le 5 mars 1806.

[2] Le décret du 15 novembre 1811 avait porté le nombre des lycées à cent.

[3] Exposé de la situation de l'Empire présenté au Corps législatif le 25 février 1813.

catholique ou irréligieux, l'État ne formera point une nation; il reposera sur des bases incertaines et vagues; il sera constamment exposé aux désordres et aux changements. »

Le souvenir des anciennes universités avec leur existence propre, leur discipline, leur hiérarchie, avec leurs professeurs consacrant leur vie entière à l'étude et à l'enseignement, lui revenait sans cesse. On ne pouvait songer à rappeler les anciennes corporations enseignantes; aigries par les souffrances, par les persécutions qu'elles avaient subies pendant toute cette longue période révolutionnaire, elles n'eussent été que des ennemies du nouvel ordre social. L'Empereur voulait constituer quelque chose d'analogue, mais dans un autre esprit, avec d'autres tendances. Il entendait que le gouvernement trouvât chez les hommes à qui était confiée l'éducation de la jeunesse, non des adversaires, mais des auxiliaires; que les nouvelles générations fussent élevées, non dans l'amour du passé, mais dans le respect des institutions et des principes de la France moderne. Il eût pu dire de l'instruction publique ce qu'il disait de la Banque de France : « Elle doit être dans la main du gouvernement assez, mais pas trop. » Assez, pour qu'il soit à même de surveiller ses doctrines; pas trop, pour qu'elle échappe aux mille fluctuations de la politique de tous les jours.

La loi du 10-20 mai 1806 fonda l'Université, qui ne fut définitivement organisée que par le décret du 17 mars 1808. Tout le corps enseignant était réuni dans une vaste institution qui prenait le nom d'Université impériale et à laquelle demeurait exclusivement confiée l'instruction publique dans toute l'étendue de l'Empire. Les établissements scolaires, de quelque nature, de quelque ordre qu'ils fussent, étaient placés sous son autorité et confondus dans son sein. Une hiérarchie était créée entre eux [1]. Le rétablissement des grades, que devaient dispenser les cinq facultés de théologie, de droit, de médecine, de sciences mathématiques et physiques et des lettres, venait resserrer ces liens. Les cours de l'Université devenaient obligatoires ; pensionnats privés, écoles ecclésiastiques même étaient tenus de les faire suivre à leurs élèves [2]. L'Empereur entendait que la jeunesse reçût une éducation commune, dirigée suivant les mêmes principes, qu'elle entrât dans le monde animée des mêmes idées, imbue des mêmes doctrines : il savait que les difficultés de la vie apporteraient avec elles assez de germes de désunion. La constitution de l'Université n'était, en somme, que l'application aux générations futures de cette pensée qui a dominé toute sa politique : compléter par l'unité morale l'unité matérielle de la France.

L'action de l'Université s'étendait à tous les degrés, depuis l'enseignement supérieur jusqu'à l'enseignement primaire, quoique ce dernier restât toujours sous la surveillance particulière de l'autorité administrative [3]. Les frères des Écoles chrétiennes eux-mêmes trouvaient leur place dans les cadres universitaires. Pour répandre l'instruction primaire, Napoléon, tout en prescrivant la création d'écoles normales spéciales [4], n'avait pas hésité à faire appel à cette laborieuse et utile congrégation [5]. A ceux

---

[1] Les établissements d'instruction étaient divisés en six catégories : 1º facultés ; 2º lycées ; 3º colléges ou écoles secondaires communales ; 4º institutions ou écoles secondaires particulières; 5º pensions; 6º petites écoles ou écoles primaires.

[2] Décret du 15 novembre 1811, ch. I, titres III et IV.

[3] Décret du 15 novembre 1811, art. 191 et 192.

[4] Décret du 17 mars 1808, article 108.

[5] Décret du 17 mars 1808, article 109 : « Les frères des Écoles chré-

qui s'effrayaient de voir les frères apprendre à lire et à
écrire aux enfants du peuple, il disait : « C'est en les
comprenant dans l'Université qu'on les rattachera à
l'ordre civil, et qu'on préviendra le danger de leur indépendance : ils ne seront plus dangereux dès qu'ils n'auront plus un chef étranger ou inconnu. »

L'Université était constituée en un corps vivant de
sa vie propre, sous le contrôle et sous l'influence du
gouvernement, mais non sous sa direction. Il lui était
affecté une dotation de quatre cent mille francs de rente
à laquelle venaient s'ajouter certains droits spéciaux et
notamment un prélèvement sur toutes les rétributions
scolaires payées dans les établissements placés sous sa
dépendance. Elle était reconnue personne morale, capable d'acquérir, susceptible de recevoir des donations
et des legs; les immeubles des anciennes maisons d'instruction qui n'avaient pas été aliénés ou mis à la disposition d'un service public lui étaient concédés en toute
propriété [1]. L'Empereur voulait que l'avenir des générations futures ne fût plus désormais à la merci de la pénurie du Trésor. Le budget de l'Université demeurait
ainsi complétement distinct de celui de l'État : rien
que la création de ces ressources spéciales eût suffi
pour lui assurer une indépendance à laquelle ne saurait
prétendre un service administratif, forcé de soumettre
chaque année ses dépenses à l'examen des pouvoirs
publics.

Le gouvernement de ce grand corps était confié à un

tiennes seront brevetés et encouragés par le grand maître, qui visera
leurs statuts intérieurs, les admettra au serment, leur prescrira un habit
particulier et fera surveiller leurs écoles. »

[1] Décrets du 17 mars 1808 et du 15 décembre 1808. La loi du 30 ventôse an IX (21 mars 1801) avait déjà constitué à l'instruction publique
une dotation particulière de 120 millions en biens nationaux.

grand maître, assisté d'un chancelier, d'un trésorier et d'un conseil. Le territoire de l'Empire fut divisé en académies administrées chacune par un recteur et un conseil académique. Le conseil de l'Université, composé de dix conseillers à vie ou titulaires nommés par l'Empereur[1], et de vingt conseillers désignés annuellement par le grand maître, remplissait en matière d'instruction publique un rôle analogue à celui du Conseil d'État dans l'ordre administratif. En conseil de l'Université s'élaboraient les règlements et les statuts, s'arrêtaient les budgets, enfin se traitaient toutes les questions relatives à l'enseignement et à la discipline : le conseil était même investi d'une juridiction contentieuse et pénale sur tous les membres de l'Université[2]. Ceux-ci formaient une véritable corporation et contractaient des obligations spéciales, qui allaient jusqu'au célibat imposé dans certaines fonctions[3]. Encadrés dans une hiérarchie, soumis à une discipline particulière[4], ils ne pouvaient abandonner leur carrière sans l'agrément du grand maître : on s'engageait dans l'Université, comme on s'engageait autrefois dans les ordres, comme on s'engage aujourd'hui dans l'armée. Tous ces nombreux fonctionnaires, dont le recrutement était assuré par l'École normale et par

[1] Les conseillers titulaires, suivant la règle adoptée sous l'Empire, ne devaient recevoir leur brevet de conseillers à vie qu'après cinq ans d'exercice (décret du 17 septembre 1808, titre IV).

[2] Décrets du 17 mars 1808, titre IX, et du 15 novembre 1811, ch. II.

[3] Décret du 17 mars 1808, article 101 : « A l'avenir.... les proviseurs et censeurs des lycées, les principaux et régents des collèges, ainsi que les maîtres d'étude de ces écoles, seront astreints au célibat et à la vie commune. »

[4] Le décret du 17 mars 1808 (titre IV), en dehors de la hiérarchie des grades, établit des distinctions honorifiques tout universitaires de quatre ordres différents : 1º titulaires de l'Université; 2º officiers de l'Université; 3º officiers des académies; 4º membres de l'Université.

l'agrégation [1], étaient institués par le grand maître, mais ils ne pouvaient être rayés des contrôles que par le conseil. L'Empereur ne s'était réservé que la nomination du grand maître, du chancelier, du trésorier et des conseillers titulaires. Il entendait que la main de l'État ne se fît pas sentir journellement sur l'Université, et qu'elle agît avec une véritable indépendance dans le domaine spécial qui lui était assigné. Les délibérations du conseil et les décisions du grand maître ne pouvaient être annulées que par décret rendu en Conseil d'État; le contrôle de l'administration se réduisait aux inspections que les préfets étaient autorisés à faire dans les établissements d'instruction et dont ils devaient rendre compte au ministre de l'intérieur, mais sans avoir qualité pour intervenir dans leur régime et dans leur direction [2].

Tout ceci, dira-t-on, n'était guère qu'une réminiscence du passé : c'était l'ancienne Université de Paris, agrandie, fortifiée, s'étendant sur toute la France et rompant les liens qui l'unissaient jadis étroitement à l'Église pour contracter une alliance nouvelle avec l'État. Napoléon était loin de faire fi du passé. C'était un des côtés particuliers de son génie que de savoir y puiser des inspirations, de savoir dans ces débris amoncelés recueillir les pierres de son nouvel édifice, les tailler, les façonner, leur donner une structure moderne et les faire entrer sans disparate dans le nouveau cadre que sa pensée toute-puissante avait conçu. « Je cherche le positif du bien et non pas l'idéal du mieux, disait-il. Le monde est bien vieux ; il faut profiter de son expérience : elle apprend

---

[1] Décret du 17 mars 1808, titre XIV.
[2] Décret du 15 novembre 1811, ch. i, titre V.

que les vieilles pratiques valent souvent mieux que les nouvelles théories. »

Son profond bon sens ne l'abandonnait pas dans ces matières si délicates de l'instruction publique. Quand on lui proposait notamment d'organiser l'enseignement des filles, il répondait : « Je ne pense pas qu'il faille s'occuper d'un régime d'instruction pour les jeunes filles : elles ne peuvent être mieux élevées que par leurs mères : l'éducation publique ne leur convient point, puisqu'elles ne sont point appelées à vivre en public. Le mariage est toute leur destination. » Il ne fit d'exception que pour les filles et les orphelines des membres de la Légion d'honneur, pour les enfants de ces modestes serviteurs du pays, qui ne laissent souvent à leur famille, après une vie de travaux et d'efforts, que la gêne et la misère. Deux maisons furent créées à Écouen et à Saint-Denis [1]. C'est à propos de l'établissement d'Écouen que de son quartier général de Finkenstein, le 15 mai 1807, il dictait cette fameuse note au ministre de l'intérieur, qui est à elle seule un véritable traité de l'éducation des femmes.

De toutes les institutions de Napoléon, l'Université est celle qui a eu à soutenir les plus terribles attaques, qui a subi les plus profondes modifications. A peine l'Empereur était-il tombé, que l'Université, telle qu'il l'avait comprise, n'existait plus. Placée dans les attributions immédiates d'un ministre, dépouillée petit à petit de son

---

[1] L'organisation de ces deux maisons fut réglée définitivement par le décret du 29 mars 1809 ; elles étaient destinées aux filles, sœurs, nièces et cousines germaines des membres de la Légion d'honneur et placées sous la protection de la reine Hortense. Un décret du 15 janvier 1810 créa en outre six maisons d'éducation pour les orphelines des officiers et chevaliers de la Légion d'honneur. La maison d'Écouen fut ouverte en 1806 ; celle de Saint-Denis en 1811.

budget spécial, elle ne tarda pas à devenir un simple
service public [1]. Ce n'était plus ce grand corps indépendant, avec sa personnalité, son individualité propre, sorte
de magistrature d'un autre ordre, qui comme la justice
devait, dans la pensée de son fondateur, traverser les âges
sans se laisser détourner un instant de sa tâche laborieuse.
Désormais tous les partis se disputeront l'enseignement
qu'il avait entendu placer en dehors et au-dessus des
partis.

Quel était donc l'esprit qui animait l'Université impériale, et méritait-elle toutes ces colères qu'elle a soulevées
dès la première heure? Elle était profondément nationale,
et comme telle profondément respectueuse des croyances
religieuses. Dans le serment qu'il prêtait entre les mains
de l'Empereur, le grand maître jurait de mettre tous ses
soins à « former des citoyens attachés à leur religion, à
leur prince, à leur patrie, à leurs parents [2] ». En appelant dans son sein les corporations ecclésiastiques, en
exigeant que les futurs ministres des autels suivissent ses
cours, Napoléon voulait unir et confondre la société civile
et la société religieuse, et au lieu de creuser entre elles
un abîme, les rattacher par de nouveaux liens.

Pour savoir comment il concevait l'Université, comment il appelait toutes les intelligences à coopérer à cette
grande œuvre, il suffit de voir à qui il en confiait la direc-

---

[1] Le grand maître de l'Université, le chancelier et le trésorier furent
supprimés par les ordonnances royales du **17-21** février **1815** et du
15-18 août **1815**. Leurs fonctions furent dévolues, sous l'autorité du ministre de l'intérieur, à une commission de l'instruction publique. Le
titre de grand maître fut rétabli par l'ordonnance royale du **1er-13** juin
1822; mais une autre ordonnance du **26** août-**11** septembre **1824** établit
que ces fonctions seraient désormais exercées par le ministre des affaires
ecclésiastiques et de l'instruction publique.

[2] Décret du **17** septembre **1808**, titre I.

tion. Le grand maître fut de Fontanes. C'était un litté-
rateur élégant à la plume facile, l'orateur du Corps
législatif qu'il présidait depuis 1805, à qui ses poëmes
et surtout ses panégyriques avaient valu une véritable
réputation d'écrivain. Ses antécédents royalistes, sa proscription pendant la Terreur, étaient de nature à rassurer
sur les tendances qui devaient régner dans le nouveau
corps universitaire. Le chancelier était un ecclésiastique, Villaret, évêque de Casal ; le trésorier, l'astronome
Delambre, alors secrétaire perpétuel de l'Académie des
sciences. Au nombre des conseillers titulaires siégeaient
le futur cardinal de Bausset, déjà célèbre par son *Histoire de Fénelon;* l'abbé Émery, l'éminent directeur de
Saint-Sulpice ; Laurent de Jussieu, digne représentant
de cette grande famille de savants, et à côté du protes-
tant Cuvier, l'auteur de la *Législation primitive,* de Bo-
nald. Les professeurs les plus illustres occupaient les
chaires de l'enseignement supérieur : à la Faculté des
lettres de Paris, nous voyons Delille, Boissonade, Royer-
Collard, Guizot ; à la Faculté des sciences, Biot, Poisson,
Gay-Lussac, Haüy, Thénard, Brongniard, Geoffroy
Saint-Hilaire ; à l'École de médecine, Desgenettes, Pinel,
Corvisart, Vauquelin, de Jussieu, Richerand, Dupuytren.

III

Au-dessus de l'organisation universitaire, Napoléon
plaçait l'Institut. Il rêvait d'en faire une sorte de grand
corps de l'État, une espèce de sénat de la science, signalant au gouvernement toutes les découvertes, toutes les

inventions utiles, surveillant l'enseignement et ses méthodes, excitant l'émulation chez les jeunes talents et
distribuant ces récompenses qu'il créait à profusion
pour les arts, pour les lettres, pour les sciences.

Aux termes de l'arrêté du 13 ventôse an X (4 mars
1802), l'Institut devait tous les cinq ans apporter aux
Consuls en séance du Conseil d'État un véritable tableau
des progrès de l'esprit humain. « A la même époque
l'Institut national, ajoutait cet arrêté, présentera au
gouvernement ses vues concernant les découvertes dont il
croira l'application utile aux services publics, les secours
et les encouragements dont les sciences, les arts et les
lettres auront besoin, et les perfectionnements des méthodes employées dans les diverses branches de l'enseignement public. » La science prenait rang dans l'État :
elle devenait un des auxiliaires du gouvernement[1]. En
fait, ces rapports ne furent présentés à l'Empereur qu'une
seule fois en 1808. Rédigés au nom de chaque classe de
l'Institut par un de ses membres les plus autorisés, par
Delambre, Cuvier, Dacier, Marie-Joseph Chenier, Le-
breton, ils forment un exposé complet de tout le mouvement intellectuel en France depuis la Révolution.

Il en fut de même de ces prix décennaux qui s'élevèrent successivement de vingt-deux à trente-cinq,
embrassant tout l'ensemble des connaissances humaines[2].
Ils devaient se succéder tous les dix ans : les événements
ne permirent de les distribuer qu'une fois en 1810. Pour

---

[1] Le décret du 3 brumaire an IV (25 octobre 1795), titre IV, renfermait déjà une disposition analogue. Mais en prescrivant à l'Institut de
« rendre compte, *tous les ans*, au Corps législatif, des progrès des sciences
et des travaux de chacune de ses classes », il en rendait l'application
difficile, sinon illusoire.

[2] Décrets du 24 fructidor an XII (11 septembre 1804) et du 28 novembre 1809.

cette grande solennité, pour ces sortes d'assises scientifiques, l'Empereur avait fixé l'anniversaire du 18 brumaire. Il entendait célébrer avec éclat ce jour à jamais mémorable où sa main toute-puissante avait arraché la France à la misère, à l'anarchie, à l'ignorance qui l'envahissaient de toute part. Cette date glorieuse, il n'a jamais cessé, du reste, de la revendiquer avec orgueil : elle est de lui, cette note du *Moniteur :* « A tous ceux qui demandent de quel temps date la maison de Bonaparte, la réponse est bien facile : elle date du 18 brumaire[1]. » En même temps qu'il remettait à l'Institut le jugement de ce vaste concours, il lui imposait l'obligation de faire une critique approfondie des œuvres qui lui étaient soumises et notamment de celles qui remportaient les prix[2], reprenant ici sur une plus vaste échelle ces idées qu'il développait avec tant de sagacité à son ministre de l'intérieur dans une de ses nombreuses notes écrites à la hâte entre deux victoires.

Si l'on veut se rendre un compte exact du rôle qu'il entendait assigner à l'Institut, il faut lire cette fameuse note datée du quartier général de Finkenstein le 19 avril 1807. Il ne s'agissait alors que des encouragements à donner aux lettres. L'Empereur plaçait en première ligne l'examen par la seconde classe de l'Institut (langue et littérature françaises) des productions les plus remarquables; non qu'il entendit, comme on l'a prétendu, établir une sorte de censure littéraire, mais au contraire pour développer par la discussion le goût des choses de l'esprit. « Que le ministre, disait-il, fasse faire par la seconde classe de l'Institut la critique d'un des meilleurs

---

[1] Moniteur du **25** messidor an XIII (14 juillet 1805).
[2] Décret du **28** novembre **1809**, article 8.

15.

ouvrages qui ont paru depuis vingt ans. Le public prendra intérêt à ce travail; peut-être même prendra-t-il parti pour ou contre la critique : n'importe, son attention se fixera sur ces intéressants débats; il parlera de grammaire, il parlera de poésie; le goût s'éclairera, se perfectionnera, et le but sera rempli. De là naîtront des poëtes et des grammairiens... Peut-être l'auteur critiqué aura-t-il d'abord un peu d'humeur, mais bientôt il sentira que le choix qu'on a fait de son ouvrage en est l'éloge, tandis que le public spectateur dans cette arène s'intéressera, s'éclairera, se formera. Ce travail entre dans les plus importants devoirs de l'Institut... Rien n'apprend mieux à bien parler la langue que la lecture de la *Critique du Cid* et des *Commentaires de Voltaire sur Corneille.* »

L'Institut fut réorganisé sur un nouveau plan, celui qui subsiste encore aujourd'hui. Le décret du 3 brumaire an IV (25 octobre 1795) l'avait divisé en trois classes : sciences physiques et mathématiques, sciences morales et politiques, littérature et beaux-arts, confondant, sous cette dernière dénomination, ce qui avait été l'Académie française, l'Académie des inscriptions et belles-lettres et les Académies de sculpture et de peinture et d'architecture. Aux termes de l'arrêté du 3 pluviôse an XI (23 janvier 1803), l'Institut se composa désormais de quatre classes : sciences physiques et mathématiques; langue et littérature françaises; histoire et littérature ancienne; beaux-arts. C'était en réalité les anciennes académies.

La classe des sciences morales et politiques disparut. Ces dissertations métaphysiques sur l'homme, sa nature, ses droits, sur l'origine et les conditions des sociétés, auxquelles s'était complu le dix-huitième siècle, qui avaient engendré tant de systèmes admirables sur le papier, mais que la France avait payées au prix de son sang et de sa fortune, ne pouvaient être du goût de Napoléon. Il avait le sens trop pratique pour comprendre la politique réduite à l'état de simple théorème et dégagée des difficultés de l'application. Il redoutait l'idéologie, parce qu'on sortait à peine de la tempête qu'elle avait déchaînée, et qu'on avait encore sous les yeux le spectacle des ruines qu'elle avait accumulées. Son académie des sciences morales et politiques, c'était son Conseil d'État. Là principes et doctrines étaient passés au creuset de la discussion la plus savante et la plus approfondie; mais personne ne perdait de vue que le lendemain une épreuve bien plus redoutable les attendait, qu'un juge suprême et infaillible serait appelé à prononcer entre les théories contradictoires, qu'il ne suffisait pas de penser et de parler selon les règles, mais qu'il fallait que l'expérience vînt donner raison au raisonnement.

L'arrêté du 3 pluviôse an XI renferme, du reste, toute la pensée de l'Empereur au sujet des sciences morales et politiques. On lit dans l'article 4 relatif à la troisième classe de l'Institut (histoire et littérature ancienne) : « Les langues savantes, les antiquités et les monuments, l'histoire et toutes les sciences morales et politiques dans leur rapport avec l'histoire seront l'objet de ses recherches et de ses travaux. » Napoléon considérait les sciences morales et politiques comme des sciences d'observation; il entendait qu'elles cessassent d'être de vaines abstractions pour reposer désormais sur l'étude patiente et laborieuse des faits. Il leur traçait la voie où elles se sont engagées depuis lors, et où seulement elles pouvaient acquérir le nom de sciences : car il n'y a de science que quand l'expérience a justifié la théorie.

Qu'on ne dise pas que c'est là une interprétation

fantaisiste d'un texte législatif, auquel il nous plaît de donner une importance qu'était loin d'y attacher son auteur. C'est dans le même ordre d'idées qu'il songeait à constituer au Collége de France une véritable faculté des sciences historiques, et il ne parlait de rien moins que de lui consacrer vingt à trente chaires[1]. Il y a plus, dans un document précieux, avec cette éloquence entraînante qui lui était familière, il s'est chargé lui-même de nous faire connaître comment il comprenait les sciences morales et politiques, et comment, à peine de rester à l'état de stériles et dangereuses dissertations, elles devaient demander à l'étude du passé, à l'histoire, ce grand recueil de l'expérience du genre humain, la seule base sérieuse et solide sur laquelle elles puissent édifier. Voici les paroles qu'il prononçait devant le Conseil d'État, le 20 décembre 1812, au lendemain de la campagne de Russie, alors qu'on eût pu croire son esprit absorbé par les plus douloureux et les plus pressants soucis, paroles que devraient avoir constamment sous les yeux non-seulement les publicistes, mais tous les hommes politiques vraiment dignes de ce nom : « C'est à l'idéologie, à cette ténébreuse métaphysique qui, en recherchant avec subtilité les causes premières, veut sur ces bases fonder la législation des peuples, au lieu d'approprier les lois à la connaissance du cœur humain et aux leçons de l'histoire, qu'il faut attribuer tous les malheurs qu'a éprouvés notre belle France. Ces erreurs devaient, et ont effectivement amené le régime des hommes de sang. En effet, qui a proclamé le principe d'insurrection comme un devoir? Qui a adulé le peuple en le proclamant à une souverai-

---

[1] Note au ministre de l'intérieur, du quartier général de Finkenstein, le 19 avril 1807.

neté qu'il était incapable d'exercer? Qui a détruit la
sainteté et le respect des lois en les faisant dépendre non
des principes sacrés de la justice, de la nature des choses
et de la justice civile, mais seulement de la volonté d'une
assemblée composée d'hommes étrangers à la connaissance des lois civiles, criminelles, administratives, politiques et militaires? Lorsqu'on est appelé à régénérer
un État, ce sont des principes constamment opposés
qu'il faut suivre. L'histoire peint le cœur humain : c'est
dans l'histoire qu'il faut chercher les avantages et les
inconvénients des différentes législations. »

IV

Napoléon était membre de l'Institut. Ce titre, qui lui
avait été conféré après l'immortelle campagne d'Italie [1],
il ne l'oublia jamais. Il avait un véritable penchant pour
tous les esprits distingués, pour tous les hommes de
savoir. Ceux qui pouvaient s'intituler ses collègues à
l'Institut, ceux qu'il avait emmenés avec lui dans son
expédition d'Égypte, étaient restés en quelque sorte ses
familiers : il aimait à se délasser avec eux des soins du
gouvernement. On a cherché à le représenter comme un
génie exclusivement mathématique. Nous avons vu s'il
comprenait l'histoire, s'il se rendait compte de son rôle
dans les sciences sociales. Il avait réveillé l'Égypte de
son sommeil séculaire : de la conquête il avait fait un
instrument de civilisation ; et c'est à lui que nous devons

---

[1] Il avait été nommé dans la section de mécanique (classe des sciences
physiques et mathématiques) le 5 nivôse an VI (25 décembre 1797).

ces immenses travaux qui ont révélé à l'Europe le monde des Pharaons enseveli jusque-là sous le sable du désert [1]. Qu'on lise ses nombreuses conversations éparses sur les œuvres d'imagination, sur la poésie, ses critiques si profondes de Corneille, de Racine, de Voltaire, de Virgile; on pourrait en extraire un véritable cours de littérature. L'esprit toujours ouvert à ce qui est beau, à ce qui est vrai, à ce qui est grand, il se plaisait dans la société de David comme dans celle de Laplace, dans celle de Talma comme dans celle de Monge, dans celle d'Arnault comme dans celle de Berthollet. Fontaine et Percier étaient ses architectes; Gros, Gérard, peignaient ses batailles; il confiait les archives à Daunou [2], les musées à Denon [3]; il

[1] La commission des sciences et arts attachée à l'expédition d'Égypte se composait de cent treize personnes, savants, ingénieurs, artistes. C'est dans son sein que fut constitué l'Institut d'Égypte. Divisé en quatre sections : mathématiques, physique, économie politique et beaux-arts, l'Institut d'Egypte comptait quarante-huit membres : parmi les plus éminents il faut citer Monge, Fourier, Malus, Costaz, Andréossy, Berthollet, Dolomieu, Conté, Geoffroy Saint-Hilaire, Desgenettes, Larrey, Caffarelli du Falga, Desaix, Kléber, Denon, Parseval-Grandmaison. La première séance se tint au Caire le 6 fructidor an VI (23 août 1798) sous la présidence de Monge. Bonaparte était vice-président et Fourier secrétaire. De nombreux mémoires furent publiés par les soins de l'Institut dans la *Décade égyptienne*. Les membres de la commission scientifique rentrèrent en France à la fin de 1801, après l'évacuation de l'Égypte. En 1803, une commission présidée par Berthollet fut chargée de réunir tous les travaux et toutes les études faites pendant la durée de l'occupation, tant au point de vue de l'art que de la science. C'est avec les notes, les dessins, les documents rapportés par les survivants de l'expédition, que fut composé le grand ouvrage intitulé *Description de l'Égypte*. Le soin d'en surveiller la publication fut confié successivement à Conté, à Lancret et à Jomard; Fourier fut chargé du discours préliminaire. Le 1ᵉʳ janvier 1808, les premières feuilles étaient remises à l'Empereur, et la publication se continua de 1809 à 1825.

[2] Les archives, établies par le décret du 7-12 septembre 1790, furent réorganisées par l'arrêté du 8 prairial an VIII (28 mai 1800). Les fonctions d'archiviste avaient été confiées par la Constituante à Camus, qui les conserva jusqu'à sa mort en 1804. Il fut alors remplacé par Daunou, qui occupa ce poste jusqu'en 1815.

[3] Ouvert en vertu du décret du 27 juillet 1793, le musée fut réorga-

rappelait le vieux Delille à sa chaire du Collége de France;
il allait au-devant de Ducis, qui croyait se grandir en
s'enfermant dans son orgueilleuse retraite.

Jamais souverain ne prodigua tant d'honneurs, tant
de titres, tant de dignités aux favoris de l'intelligence.
Laplace et Chaptal quittaient le ministère pour entrer
au Sénat; ils y siégeaient à côté de Berthollet, de Monge,
de Lagrange, de Bougainville, de Volney, de Vien[1].
Lacépède était grand chancelier de la Légion d'honneur;
Fourcroy était conseiller d'État; Fourier, préfet; Cuvier,
maître des requétes; Arnault, secrétaire général de l'Université. Bernardin de Saint-Pierre recevait une pension
pour ses vieux jours, ainsi que la veuve de Bailly. Combien de poëtes, aujourd'hui tombés dans l'obscurité, tels
qu'un Baour-Lormian, participaient aux munificences
impériales! L'Empereur voulait que les hommes qui consacrent leur existence aux lettres comme à la science
sussent qu'il avait les yeux sur eux, et que les plus hautes
dignités de l'État n'étaient pas de trop pour récompenser
les œuvres qui honorent un pays. Il cherchait à propager
l'amour de l'étude, à éveiller partout le talent, en le
montrant honoré, récompensé, considéré. Qu'on par-
coure cette longue liste des prix décennaux et des travaux
signalés par l'Institut en 1810, et l'on verra si ses efforts
ont été stériles au nombre d'œuvres dont la France
s'enorgueillit encore[2]!

nisé par l'arrêté du 28 brumaire an XI (19 novembre 1802). Nommé directeur général des musées en 1802, Denon remplit ces fonctions jusqu'en
1815.

[1] En 1800, le Sénat comptait dans son sein dix-sept membres de l'Institut, et vingt-trois en 1813. A cette dernière date, cinquante-six membres
de l'Institut étaient revêtus de titres impériaux.

[2] Parmi les noms que signale l'Institut, on voit dans les sciences : Laplace, Lagrange, Berthollet, Chaptal, Cuvier, Haüy, Lacépède, Fourcroy,

Malgré tout, la littérature de l'Empire est restée d'un ordre secondaire. Si quelques talents se révélèrent, ils appartenaient, comme Chateaubriand et madame de Staël, à l'opposition. Napoléon n'eut pas sa pléiade littéraire, comme il avait sa pléiade scientifique, sa pléiade artistique, sa pléiade administrative, sa pléiade militaire. Comment s'en étonner? a-t-on dit : le génie des lettres ne vit que de liberté; le despotisme l'étouffe. Il eût été facile de donner de ce fait une explication sans se lancer dans ces grandes phrases sonores, qui ne prouvent rien, sinon l'indigence des idées chez leurs auteurs. Quand les hommes agissent, ils n'ont guère le temps d'écrire et de parler : ceux à qui il en prendrait envie risqueraient fort de ne rencontrer ni lecteurs ni auditeurs. Il pouvait en être autrement du temps de Louis XIV, où, le cercle restreint des fonctions publiques ne s'ouvrant que difficilement, certaines intelligences d'élite ne trouvaient d'autre emploi de leurs facultés que les lettres, où une cour oisive et polie était toujours prête à accueillir, à discuter, à commenter l'œuvre nouvelle. Demandez aux hommes de la cour de Napoléon, à ces soldats toujours sur la route de Vienne, de Berlin ou de Madrid, à ces administrateurs ne sortant de leurs bureaux que pour

Lacroix, Pinel; dans l'industrie, Oberkampf, Richard Lenoir, Ternaux. Les œuvres d'art qui appellent son attention sont : le *Déluge*, de Girodet; la *Justice poursuivant le crime*, de Prudhon, le *Sacre* et l'*Enlèvement des Sabines*, de David; *Jaffa, Aboukir, Eylau*, de Gros; *Austerlitz*, de Carle Vernet; le *Napoléon*, de Chaudet; l'*Arc de triomphe du Carrousel*, de Percier et Fontaine. En musique viennent Spontini, Méhul, Cherubini; en littérature Delille, Raynouard, Sismondi pour son *Histoire des républiques italiennes*, de Bausset pour sa *Vie de Fénelon*, enfin Rulhière, qui remportait un grand prix pour son *Histoire de l'anarchie de Pologne*. Rulhière était mort en 1791; son livre, un de nos chefs-d'œuvre historiques, était enfoui aux archives des affaires étrangères; c'est l'Empereur qui le fit publier en 1807.

discuter neuf heures durant en sa présence, s'ils avaient le temps de lire autre chose que les bulletins de la grande armée ou l'ordre du jour du Conseil d'État.

Les lettres ne sont plus guère de notre temps l'objet d'un culte désintéressé. Qui prend la plume aujourd'hui? Le jeune homme ambitieux qui veut se faire un renom et conquérir plus vite les hautes fonctions politiques, ou l'homme mûr dont les révolutions ont brisé la carrière, à qui sa conscience ne permet pas de servir de nouveaux maîtres et qui cherche dans l'étude une activité factice. Y a-t-il donc lieu de s'étonner si les plumes les plus brillantes se rencontrent presque toujours dans les rangs de l'opposition? Prenons les premiers parmi nos hommes d'État contemporains, Thiers, Guizot : ils écrivaient quand leur heure n'était pas encore venue, et ils ont attendu pour retourner à leurs études que le pouvoir les eût quittés. Combien d'esprits des plus distingués ont abandonné la voie qui leur semblait tracée et n'ont plus, à un jour donné, cherché dans leurs travaux qu'un élément de popularité, un moyen d'arriver d'emblée au premier rang sur la scène politique! Les noms abondent : Lamartine, Michelet, Quinet, Lamennais.

L'Empereur n'a pas trouvé de son vivant de poëte pour raconter ses hauts faits. Mais il a créé une grande école littéraire; il l'a animée de son souffle, enflammée de son esprit : elle est née de sa pensée et de son souvenir. N'est-ce pas lui qui inspirait Béranger, quand il chantait le *Cinq-Mai* et les *Souvenirs du peuple?* Et Victor Hugo, quand il célébrait la *Colonne,* l'*Arc de triomphe,* le *Retour de l'Empereur,* quand il nous montrait « toujours lui! lui partout[1]! » quand il s'écriait :

---

[1] *Les Orientales.*

> Je garde le trésor des gloires de l'Empire ;
> Je n'ai jamais souffert qu'on osât y toucher [1].

Et Thiers, quand, croyant écrire des annales, il écrivait la plus merveilleuse des épopées? Et Henri Heine, ce « Prussien libéré », le premier peut-être de nos poëtes modernes, celui chez qui la fibre napoléonienne a battu comme chez nul autre? Il faut lire ces pages enfiévrées, où il nous redit l'impression qu'il éprouva lorsqu'il lui fut donné, à lui enfant, de « le voir lui-même, de ses propres yeux, lui en personne, hosannah! l'Empereur [2]! » Henri Heine, qui, dès 1832, alors que le captif de Sainte-Hélène n'existait plus que dans l'histoire, que « le fils de l'homme » venait de s'éteindre après une agonie de dix-huit ans, que les vieux débris de la grande armée essuyaient une dernière larme, poussait ce cri que n'ont pas dû comprendre ses contemporains : Non, Napoléon n'est pas mort! prévoyant à seize ans de distance avec l'instinct prophétique du poëte le grand réveil du 10 décembre 1848 [3]. Et cependant ces hommes n'avaient pas eu « la gloire de l'approcher [4] » ; mais ils étaient enivrés de son génie, éblouis des rayons de la lumière qu'il a projetée sur le monde entier, et ils pouvaient s'écrier avec le poëte :

> ... Nous t'avons pour Dieu, sans t'avoir eu pour maître [5].

Comme Alexandre, comme César, comme Charle-magne, Napoléon n'a pas eu d'Homère pour chanter sa

---

[1] *Les Rayons et les Ombres.*
[2] *Reisebilder. Le tambour Legrand.*
[3] Voir lettre à la *Gazette universelle d'Augsbourg* du 20 août 1832.
[4] THIERS, *Discours de réception à l'Académie française.*
[5] Victor HUGO, *Chants du crépuscule.*

gloire ; mais, comme Charlemagne, il a inspiré tout un cycle poétique, qui pendant des siècles redira aux générations les plus éloignées la légende du « plus grand des hommes [1] ».

[1] THIERS, *Histoire du Consulat et de l'Empire.*

CHAPITRE VIII

LE CONCORDAT ET LES CULTES

I

La mission de Napoléon ne devait pas se borner à rouvrir aux proscrits les portes de la patrie, à reconstituer administration, justice, finances, et à jeter au milieu de cette société en poussière ces « masses de granit », qui profondément enfouies dans le sol français, inébranlables, ont résisté aux tempêtes qui sont venues nous assaillir depuis trois quarts de siècle. Une gloire non moins grande lui était réservée : il lui appartenait de rendre la paix aux consciences, de permettre enfin à chacun de prier Dieu selon sa foi religieuse.

Cette liberté, la plus sacrée de toutes, c'est la première que les révolutionnaires avaient confisquée. Et cependant, à n'écouter que leurs programmes et leurs déclarations de principes, on dirait que la liberté de conscience, ils l'ont inventée, que c'est leur chose à eux, tant ils s'empressent d'en faire parade sur tous les tons, de l'étaler avec fracas en tête de toutes leurs constitutions. Dès le 26 août 1789, on lit dans la Déclaration des droits de l'homme et du citoyen : « Nul ne doit être inquiété pour ses opinions même religieuses, pourvu que leur manifestation ne trouble pas l'ordre public établi par la loi [1]. » La Constitution de 1791, après avoir reproduit le texte même de la Déclaration des droits, ajoute : « La Constitution garantit comme droits naturels et civils..... la liberté à tout homme d'exercer le culte religieux auquel il est attaché [2]. » Voici maintenant la Convention : Constitution de 1793 : « La Constitution garantit à tous les Français..... le libre exercice des cultes [3] » ; Constitution de l'an III : « Nul ne peut être empêché d'exercer, en se conformant aux lois, le culte qu'il a choisi [4]. » Qui pourrait croire, si l'histoire n'était là pour l'attester, que ces magnifiques et solennelles déclarations ne furent que la préface de la plus odieuse des persécutions? Les prêtres traînés à l'échafaud ou jetés sur les plages désertes de la Guyane, le culte de la Raison officiellement intronisé à Notre-Dame [5], les bustes de Marat profanant les autels, c'est ainsi que la Convention entendit la liberté des cultes! Un abîme de sang ne tarda pas à se creuser entre la Révolution et l'Église.

Dans cette voie fatale, qui devait aboutir à la guerre civile, la Constituante avait précédé la Convention. Le 12 juillet 1790, presque trois mois jour pour jour après avoir déclaré « qu'elle n'a et ne peut avoir aucun pou-

---

[1] Déclaration des droits de l'homme et du citoyen, article **10**.
[2] Constitution du 3-14 septembre, titre I.
[3] Constitution du **24** juin 1793, article **122**.
[4] Constitution du 5 fructidor an III, article 354.
[5] Décret du **20** brumaire an II (10 novembre 1793).

voir à exercer sur les consciences et les opinions religieuses, que la majesté de la religion et le respect profond
qui lui est dû ne permettent point qu'elle devienne un
sujet de délibération [1] » , elle votait la constitution civile
du clergé, cette dernière revanche des jansénistes contre
la vieille Église de France.

Par ce décret du 12 juillet-24 août 1790, l'Assemblée
constituante entrait de plain-pied dans le domaine théo-
logique. Elle s'arrogeait le droit de donner, d'étendre,
ou de restreindre à son gré la juridiction spirituelle : elle
bouleversait toutes les circonscriptions ecclésiastiques
remplaçait les dix-huit archevéchés par dix métropoles,
réduisait de cent trente-cinq à quatre-vingt-trois le
nombre des siéges épiscopaux [2], en supprimant ici, en
créant là et fixant la délimitation des nouveaux diocèses,
sans tenir aucun compte de l'autorité religieuse. Elle
décidait qu'il ne serait plus désormais pourvu aux évé-
chés et aux cures que par voie d'élection. Les candidats
devaient, il est vrai, avoir exercé pendant un certain
laps de temps le ministère sacré [3] ; mais en remettant la
nomination des évèques aux électeurs du département et
celle des curés aux électeurs du district [4], elle n'exigeait
d'eux aucune garantie, ne faisait aucune exception ; elle
ouvrait le scrutin à tous, aux indifférents comme aux
infidèles, aux protestants comme aux juifs, leur imposant
comme seule et unique obligation d'assister à la messe
qui devait précéder le vote. C'était peut-être une Église

---

[1] Décret du 13 avril 1790.

[2] Dans le nombre des quatre-vingt-trois évêchés étaient comprises les
dix métropoles.

[3] De dix à quinze ans pour les évêchés, cinq ans pour les cures.

[4] Rappelons ici la distinction qui existait, en vertu du décret du 22 décembre 1789, entre les électeurs et les citoyens actifs, les premiers pro-
cédant de l'élection. Voir ch. IV, § 1.

nationale qu'elle entendait organiser, mais, à coup sûr, ce n'était pas là l'Église catholique. Toute hiérarchie et partant toute discipline disparaissaient. Les curés étaient bien institués par l'évêque; mais comme lui ils tenaient en réalité leurs pouvoirs des électeurs, et leur supérieur ne pouvait leur demander d'autre serment que celui de faire « profession de la religion catholique, apostolique et romaine ». Dans son zèle réformateur, l'Assemblée ne s'en tenait pas là : elle allait plus loin encore si c'est possible. De sa propre autorité elle enlevait au Pape l'institution canonique pour la conférer au métropolitain, ou, s'il s'agissait d'un siége de métropole, au plus ancien évêque de la province. Elle voulait bien reconnaître à celui-ci le droit d'examiner l'élu sur « sa doctrine et ses mœurs[1] ». Mais s'il venait à lui refuser l'institution, l'élu, après s'être présenté devant lui « assisté de deux notaires », et s'être fait « donner acte de sa réponse », pouvait se pourvoir par voie d'appel comme d'abus[2]. Et devant qui était porté cet appel? Devant le tribunal du district qui statuait en dernier ressort! La Constituante cependant n'avait pas jugé à propos de supprimer complétement le Pape : elle lui accordait, dans sa constitution civile du clergé, un rôle encore plus effacé, il est vrai, que celui qu'assignait au Roi des Français la Constitution de 1791. « Le nouvel évêque, y est-il dit[3], ne pourra s'adresser au Pape pour en obtenir aucune confirmation; mais il lui écrira comme au chef visible de l'Église universelle, en témoignage de l'unité de foi et de la communion qu'il doit entretenir avec lui. »

Comment s'étonner, quand on a jeté les yeux sur ces

---

[1] Décret du 12 juillet-24 août 1790, titre II.
[2] Décret du 15-24 novembre 1790, articles 2 à 5.
[3] Titre II, article 19.

textes, des protestations de la cour de Rome et de l'épi-
scopat tout entier[1]? Mais l'Assemblée entendait briser
toutes les résistances et imposer sa nouvelle religion
d'État au clergé comme aux fidèles. Le décret du 12 juil-
let-24 août 1790 prescrivait aux évêques et aux curés
de prêter après leur élection le serment « d'être fidèles à
la nation, à la loi et au Roi, et de maintenir de tout leur
pouvoir la constitution décrétée par l'Assemblée nationale et acceptée par le Roi[2] ». Le décret du 27 novem-
bre-26 décembre 1790 imposa sous peine de déchéance
le serment à tous les évêques et curés dont les siéges
avaient été conservés et qui se trouvaient ainsi maintenus dans leurs fonctions, ainsi qu'à tous les ecclésiastiques occupant un emploi public quelconque. Ceux qui
refusaient de se soumettre à cette obligation, ou qui,
malgré la suppression de leur diocèse ou de leur paroisse,
continuaient à exercer leur ministère, s'exposaient à être
poursuivis devant les tribunaux, déchus de leurs droits
de citoyens actifs et déclarés incapables d'exercer aucune
fonction publique. Mais ces mesures ne suffisent pas.

---

[1] Brefs du 10 mars et du 13 avril 1791. Cent trente-quatre arche-
vêques, évêques ou coadjuteurs refusèrent le serment prescrit par la con-
stitution civile du clergé; cinq seulement le prêtèrent : Loménie de
Brienne, l'ancien ministre de Louis XVI, cardinal et archevêque de
Sens; de Talleyrand, évêque d'Autun; de Jarente, évêque d'Orléans;
Savine, évêque de Viviers, et Gobel, évêque *in partibus* de Lydda.

[2] Décret du 12 juillet-24 août 1790, titre II, articles 21 et 38. La
constitution civile du clergé était comprise implicitement dans l'ensemble des lois constitutionnelles. On lit en effet dans la Constitution
du 3-14 septembre 1791 (titre I) : « Les citoyens ont le droit d'élire ou
de choisir les ministres de leurs cultes. » La formule du serment exigée
des ecclésiastiques qui siégeaient à l'Assemblée nationale, visait d'une
manière toute spéciale le décret du 12 juillet-24 août 1790. Elle était
ainsi conçue : « Je jure de maintenir de tout mon pouvoir la Constitution
française et notamment les décrets relatifs à la constitution civile du
clergé. » Séance du 27 décembre 1790.

Bientôt, c'est l'exil et la déportation que l'Assemblée législative prononcera contre les prêtres insermentés[1]. La Convention organisera contre eux une véritable chasse. Aux termes de ses décrets, tout citoyen est tenu de dénoncer les émigrés et les prêtres sous le coup de la déportation ; quiconque en aura fait arrêter un aura droit à une prime de cent livres, et les malheureux seront immédiatement traduits devant une commission militaire et punis de mort dans les vingt-quatre heures[2].

Est-il nécessaire, en présence de pareilles lois, de rechercher ce qu'étaient devenus les engagements formels pris par la Constituante dans son décret du 2-4 novembre 1789 ? « L'Assemblée nationale décrète : 1° que tous les biens ecclésiastiques sont à la disposition de la nation, à la charge de pourvoir d'une manière convenable aux frais du culte, à l'entretien de ses ministres et au soulagement des pauvres, sous la surveillance et d'après les instructions des provinces ; 2° que, dans les dispositions à faire pour subvenir à l'entretien des ministres de la religion, il ne pourra être assuré à la dotation d'aucun curé moins de douze cents livres par année, non compris le logement et les jardins en dépendant. » La Convention n'avait pas tardé à répudier toutes ces promesses. Qui donc en effet aurait pu la contraindre à les tenir ? N'était-elle pas la force, la force légale appuyée

---

[1] Décret du 26 août 1792. En vertu de ce décret, tous les ecclésiastiques exerçant le ministère sacré ou professant dans un établissement d'instruction devaient, s'ils avaient refusé le serment, quitter le territoire français dans les quinze jours, sous peine d'être déportés à la Guyane. Quant aux ecclésiastiques dont le serment n'était pas exigé, c'est-à-dire ceux qui ne remplissaient aucune fonction, les mêmes mesures pouvaient être prises à leur égard sur la seule demande de « six citoyens domiciliés dans le même département » (article 6).

[2] Décrets du 14-15 février 1793 et du 18-22 mars 1793.

16.

sur la guillotine? Par quatre fois, en moins de deux ans, elle décide que « la République française ne paye plus les frais ni les salaires d'aucun culte [1] ». Elle tient à insérer cette nouvelle disposition dans sa Constitution de l'an III. « Nul, y est-il dit, ne peut être forcé de contritribuer aux dépenses d'un culte. La République n'en salarie aucun [2]. » Le décret du 7 vendémiaire an IV (29 septembre 1795) interdit formellement aux communes de louer ou d'acquérir aucun bâtiment pour l'exercice des cultes; aucune dotation soit viagère, soit perpétuelle, ne peut être établie pour pourvoir au logement des ministres ou aux dépenses des églises; aucune taxe ne peut être consentie dans ce but [3]. Ainsi le culte devait vivre au jour le jour : État, communes, particuliers, il n'était permis à personne d'assurer ses dépenses, de lui constituer des ressources. Voilà le cas que la Convention, non plus au milieu des orgies de la commune de Paris, mais en pleine réaction de thermidor, faisait de la fameuse déclaration du 2 novembre 1789, de ce contrat qui était intervenu aux premiers jours de la Révolution entre l'Église et la Nation !

Il n'avait pas suffi à la Convention de dépouiller les églises : elle soumettait le culte à une série de prescriptions mesquines et tracassières, qui n'eurent d'autre résultat que de substituer à une religion pratiquée ouvertement et en pleine lumière mille oratoires secrets, mille chapelles occultes, où les fidèles allaient chercher un

---

[1] Décret du deuxième jour des sans-culottides an II (18 septembre 1794), article 1. Voir également : décret du 3 ventôse an III (21 février 1795), Constitution du 5 fructidor an III (22 août 1795), décret du 7 vendémiaire an IV (29 septembre 1795).

[2] Constitution du 5 fructidor an III, article 354.

[3] Décret du 7 vendémiaire an IV (29 septembre 1795), titre IV, section 1. Voir également le décret du 3 ventôse an III (21 février 1795).

abri contre ces lois dictées par une haine aveugle. Revenant sur son décret du 3 ventôse an III (21 février 1795), qui statuait que l'État ne fournirait « aucun local ni pour l'exercice du culte ni pour le logement des ministres », elle s'était décidée le 11 prairial an III (30 mai 1795) à mettre « provisoirement » à la disposition des citoyens les édifices autrefois destinés aux cultes et qui n'avaient pas encore été aliénés. Mais dans quelles conditions? Non-seulement ces édifices demeuraient affectés également à toutes les réunions prescrites par la loi, assemblées primaires, assemblées électorales, fêtes décadaires[1]; mais si plusieurs cultes étaient professés dans une même localité, l'usage devait en être commun entre eux : aux administrations municipales appartenait le droit de fixer le jour et l'heure des services religieux. C'est ainsi qu'en 1799, dans quatre des quinze églises ouvertes par le gouvernement à la population de Paris, les processions de la nouvelle secte des théophilanthropes alternaient avec les cérémonies chrétiennes. Le culte était toléré; mais toute manifestation extérieure restait sévèrement proscrite : interdiction absolue de tout insigne, de tout emblème, de tout symbole[2]. Le décret du 3 ventôse an III avait été jusqu'à défendre « les proclamations et convocations publiques »; et aux premiers

---

[1] Les fêtes décadaires avaient été instituées par le décret du 18 floréal an II (7 mai 1794), qui avait reconnu l'existence de l'Être suprême et l'immortalité de l'âme. La loi du 13 fructidor an VI (30 août 1798) décida que tous les décadis, les administrations municipales se rendraient au « lieu destiné à la réunion des citoyens » (les églises), pour y donner lecture des lois et du bulletin de la République, ainsi que des actes de l'état civil enregistrés dans la décade. Les instituteurs étaient tenus de conduire leurs élèves à ces réunions.

[2] Décrets du 3 ventôse an III et du 7 vendémiaire an IV. Le port de tout costume religieux avait déjà été interdit aux ministres du culte, en dehors de l'exercice de leur ministère, par le décret du 18 août 1792 (titre I).

jours du Directoire, une loi du 22 germinal an **IV**
(11 avril 1796) rappelait de nouveau ces dispositions
en les appuyant d'une sanction pénale : faire sonner
les cloches devenait un crime, qui entraînait pour
le prêtre coupable un an de prison, et, en cas de réci-
dive, la déportation !

C'est sous l'empire de cette législation que vécurent
les cultes pendant toute la durée du Directoire, période
tantôt de tolérance, tantôt de persécution, suivant que
le vent soufflait d'un côté ou de l'autre. Quand Royer-
Collard et Camille Jordan dominaient à la tribune des
Cinq-Cents, leur éloquence courageuse faisait abroger
les lois contre les prêtres « réfractaires » et les réinté-
grait dans leurs droits de citoyens français (loi du 7 fructidor an V - 24 août 1797). Réparation éphémère !
Quelques jours plus tard les passions révolutionnaires
reprenaient le dessus. Avec le coup d'État du 18 fructidor, la rage des proscriptions se réveille. Dès le lendemain, la loi du 7 fructidor est abrogée, et le Directoire
est investi du droit de déporter sans jugement « les
prêtres qui troubleraient la tranquillité publique [1] ».
L'échafaud n'était plus de mode : on se contentait de
les envoyer pourrir sur les plages désertes de Sinnamari.
Enfin le décret du 7 vendémiaire an IV lui-même, l'œuvre
de la Convention, est modifié. A la déclaration qu'il
exigeait de tout ministre du culte : « Je reconnais que
l'universalité des citoyens français est le souverain, et je
promets soumission et obéissance aux lois de la République », la loi du 19 fructidor an V (5 septembre 1797)
substituait « le serment de haine à la royauté et à l'anarchie, d'attachement et de fidélité à la République et à la

---

[1] Loi du 19 fructidor an **V** (5 septembre **1797**), article **24**.

constitution de l'an III », formule qui ne fut adoucie qu'aux derniers jours du Directoire[1]. Quand la persécution cessait d'être violente et sanguinaire, elle revêtait ces formes sournoises qui s'allient si bien à la brutalité révolutionnaire. C'étaient, par exemple, des administrations municipales qui décidaient que les édifices destinés au culte ne seraient ouverts que les décadis, sous prétexte que le décadi était le seul jour de fête reconnu par le calendrier republicain. Il fallut le 18 brumaire et le Premier Consul pour rappeler à la pudeur ces hypocrites tyranneaux de village[2].

II

L'Église ne commença à respirer que le jour où Napoléon prit en main le gouvernement de la France. Dès le 7 nivôse an VIII (28 décembre 1799), il supprimait le serment et le remplaçait par une simple promesse « de fidélité à la Constitution ». Pour donner encore plus d'autorité à cet arrêté consulaire du 7 nivôse, si nouveau, si contraire à toutes les traditions révolutionnaires, il le faisait confirmer quatorze jours plus tard par une loi spéciale. Cette loi du 21 nivôse (11 janvier 1800), dans l'énumération des « personnes assujetties jusqu'à présent à un serment ou à une déclaration », comprend « les ministres d'un culte quelconque » ; elle n'exige plus désormais d'eux que cette simple « déclaration : Je pro-

---

[1] Loi du 12 thermidor an VII (30 juillet 1799). Voir ch. ii, § 2.
[2] Voir l'arrêté du 7 nivôse an VIII (28 décembre 1799), cassant ces décisions arbitraires des administrations municipales.

mets d'être fidèle à la Constitution », et elle prend soin
d'ajouter que « toute autre formule de serment ou déclaration est abrogée ». Ainsi plus de serment, plus de
mesures spéciales et vexatoires, une simple promesse
commune à tous les hommes publics, rien qui puisse
éveiller le moindre scrupule. Après neuf années de violences et d'outrages sans nom, prêtres et fidèles cessaient
enfin d'être considérés comme des conspirateurs et des
ennemis.

Que ne s'en est-il tenu là? a-t-on dit. Jamais les circonstances n'avaient été plus favorables pour établir la
véritable liberté des cultes, et laisser les Églises se développer dans leur pleine et entière indépendance en dehors
de l'action et du patronage de l'État. L'Église libre! chi-
mère dont l'expérience n'a jamais tardé à révéler aux
yeux de l'homme d'État toute la vanité! Et entendons-
nous : dans quelles conditions cette liberté? Est-ce dans
les données de la loi du 7 vendémiaire an IV, sans traitements, sans dotations, sans ressources assurées ni pour
le présent ni pour l'avenir, et avec interdiction absolue
de s'en créer? Mais ne voit-on pas que c'est une lente
agonie à laquelle le législateur révolutionnaire entendait
condamner l'Église? Est-ce au contraire la liberté absolue,
sans réserve, sans limite, et, disons-le, sans loi, avec la
faculté de recevoir dons, legs, fondations, de faire revivre
la propriété de mainmorte, de disposer de toutes les
sommes que la piété des fidèles peut mettre à sa disposition? Mais qu'on ne s'y trompe pas. Dépendant d'un
chef étranger, soumises à des prélats relevant uniquement de son autorité, avec un budget dont personne ne
saurait pénétrer ni l'emploi ni les ressources, l'Église
deviendrait, dans certaines contrées, une puissance que
l'État pourrait ne pas reconnaître officiellement, mais

avec laquelle il devrait compter chaque jour. Qu'on suppose cette Église menacée par le pouvoir civil dans ses droits ou dans ses intérêts, alors c'est une lutte terrible, dont la querelle des investitures peut seule nous donner une idée. Et croit-on que l'étranger laisserait échapper pareille occasion, que les convoitises extérieures ne sauraient pas, à l'heure propice, ranimer les passions et réveiller les haines ?

Telle était précisément la situation en 1800. Le Pape, dépouillé de ses États par la République, avait vu son prédécesseur mourir prisonnier sur le sol français; les évêques, proscrits, étaient condamnés à chercher un refuge, les uns en Angleterre, les autres en Allemagne, et réduits à vivre des aumônes de la coalition. De quelque côté que le prêtre se tournât, il n'entendait que regrets sur le passé, malédictions contre le présent; partout où il allait chercher ses inspirations, demander des conseils, des instructions, des ordres, c'était au milieu des cours étrangères, au milieu des ennemis de la France. Par le fait de la Constituante et de la Convention, la cause de l'Église semblait indissolublement liée à celle des Bourbons. Cette vieille Église de France, qui avait été, à certaines heures de notre histoire, l'expression la plus vivace de la nationalité française, n'était plus en quelque sorte qu'un poste avancé de la coalition. Ainsi, du moins, apparaissait-elle aux nouvelles générations, à ces héroïques vétérans de nos armées, qui depuis huit ans, les rencontrant toujours sur leur chemin, à Lyon, en Vendée, derrière les chouans, comme derrière les soldats de Condé, en étaient arrivés à ne plus voir dans ces proscrits que des ennemis irréconciliables de la patrie. Ajoutez à ces souvenirs tout récents l'esprit philosophique du dix-huitième siècle, le scepticisme intolérant qui régnait

alors sans partage chez les lettrés et les savants, si vous
voulez avoir une idée de l'émotion profonde, du mécon-
tentement réel que souleva dans tout l'entourage du
Premier Consul la nouvelle que des négociations étaient
ouvertes avec le Saint Siége.

« On croirait difficilement, disait plus tard Napoléon,
les résistances que j'eus à vaincre pour ramener le catho-
licisme. On m'eût suivi plus volontiers si j'eusse arboré
la bannière protestante : c'est au point qu'au Conseil
d'État, où j'eus grand'peine à faire adopter le Concordat,
plusieurs ne s'y rendirent qu'en complotant d'y échapper. Eh bien, se disaient-ils l'un à l'autre, faisons-nous
protestants, et cela ne nous regardera pas. Il est sûr,
après le désordre auquel je succédais, que sur les ruines
où je me trouvais placé, je pouvais choisir entre le catholi-
cisme et le protestantisme; et il est vrai de dire encore que
les dispositions du moment poussaient toutes à celui-ci;
mais, outre que je tenais réellement à ma religion natale,
j'avais les plus hauts motifs pour me décider. En proclamant le protestantisme, qu'eussé-je obtenu? J'aurais créé
en France deux grands partis à peu près égaux, lorsque
je voulais qu'il n'y en eût plus du tout; j'aurais ramené
la fureur des querelles de religion, lorsque les lumières
du siècle et ma volonté avaient pour but de les faire
disparaître tout à fait. Ces deux partis, en se déchirant,
eussent annihilé la France et l'eussent rendue l'esclave de
l'Europe, lorsque j'avais l'ambition de l'en rendre maî-
tresse. » Son génie si net et si lucide se rendait parfaitement compte qu' « il n'y a pas assez de religion en
France pour en faire deux [1] », et qu'on ne rompt pas en

---

[1] Paroles prêtées à M. de Narbonne par M. Villemain dans ses *Souvenirs contemporains.*

un jour avec toutes les traditions d'un peuple, avec ses habitudes et ses souvenirs. La triste expérience de la constitution civile du clergé était là pour le prouver. Cependant il se trouvait des esprits qu'elle n'avait pas éclairés : on rencontrait encore des hommes pour parler de religion nationale, quand le mal qui minait la France et qu'il s'agissait de guérir n'avait d'autre origine que cette funeste et fatale idée !

Que peut-on en effet reprocher à Napoléon ? De ne s'être point fait théologien, de n'avoir pas marché sur les traces de la Constituante s'érigeant en concile, ou de la Convention, qui un beau jour se plaisait à « reconnaître l'existence de l'Être suprême et l'immortalité de l'âme[1] », de n'avoir pas pris exemple sur un Henri VIII d'Angleterre ou sur ce grotesque Laréveillère-Lépaux, l'apôtre des théophilanthropes, qui lui aussi voulut avoir sa petite religion[2] ! Il se faisait une idée plus juste et plus haute des obligations d'un chef de gouvernement. Il savait que l'État doit non pas, comme on l'a dit, être athée, mais se tenir en dehors des cultes pour en assurer et en faciliter le libre exercice à tout citoyen, et que son

---

[1] Décret du 18 floréal an II (7 mai 1794). Voici le texte des principaux articles de ce fameux décret, qui fut rendu sur la proposition de Robespierre : « Article 1er : Le peuple français reconnaît l'existence de l'Être suprême et l'immortalité de l'âme. Article 2 : Il reconnaît que le culte digne de l'Être suprême est la pratique des devoirs de l'homme. Article 3 : Il met au rang de ces devoirs de détester la mauvaise foi et la tyrannie, de punir les tyrans et les traîtres, de secourir les malheureux, de respecter les faibles, de défendre les opprimés, de faire aux autres tout le bien qu'on peut, et de n'être injuste envers personne. Article 4 : Il sera institué des fêtes pour rappeler l'homme à la pensée de la Divinité et à la dignité de son être. » Ce sont les fêtes décadaires, dont le décret fait ensuite l'énumération.

[2] La secte des théophilanthropes date de la fin de 1796. Il suffit d'une décision du gouvernement lui retirant, en octobre 1801, l'usage des édifices publics pour qu'elle disparût à jamais.

rôle à leur égard se borne à constater leur existence, non
à leur donner la vie ou à les étouffer, suivant les passions du moment. Aussi, lors des négociations du Concordat, se refusa-t-il absolument à proclamer la religion
catholique religion de l'État ou religion dominante;
mais il ne fit aucune difficulté pour laisser insérer en
tête de cet acte solennel la déclaration suivante : « Le
gouvernement de la République française reconnait que
la religion catholique, apostolique et romaine est la religion de la grande majorité des citoyens français. » C'était
un simple fait qu'il constatait, fait important, considérable, qui seul eût suffi à justifier sa politique, si elle avait
eu besoin de justification. L'existence de la religion catholique professée par des millions de Français imposait des
devoirs au gouvernement, et ces devoirs, le Premier Consul
entendait les remplir.

Jamais peut-être il ne montra à un plus haut degré
sa merveilleuse facilité à se mettre en contact avec les
masses populaires, à se rendre compte de leurs besoins,
à se pénétrer de leurs sentiments, que lorsque, s'élevant
au-dessus des préjugés, des craintes et des terreurs de
ses conseillers les plus habiles et les plus sûrs, de ses
compagnons d'armes les plus dévoués, malgré les résistances de son entourage, malgré l'opposition avouée,
patente, souvent même bruyante, non-seulement des
grands corps de l'État, mais de ce milieu parisien qui
constitue ce qu'on est convenu d'appeler l'opinion publique, seul contre tous, il résolut de n'aborder la question religieuse que d'accord avec le Saint-Siége. L'a-
théisme scientifique d'un Cabanis ou d'un Lagrange, le
scepticisme systématique d'un Dupuis ou d'un Volney,
n'étaient, à tout prendre, que des opinions aristocratiques
nées dans les salons voltairiens du dix-huitième siècle,

et qui se conservaient par tradition dans les milieux lettrés ou affectant de l'être. Mais le peuple, le vrai peuple y était resté profondément réfractaire. Prud'homme constate dans son journal, *les Révolutions de Paris*, qu'au mois de juin 1792, peu de jours avant le mouvement du 20 juin, le peuple de Paris suivait encore la procession de la Fête-Dieu, et qu'au mois de décembre, sous le règne de la Convention, quelques semaines avant l'exécution de Louis XVI, les églises étaient pleines et les assemblées primaires désertes.

Après la Terreur, il y eut un véritable réveil religieux ; et ce ne fut pas l'Église constitutionnelle qui en profita. Ouvrez les rapports des conseillers d'État envoyés en mission après le 18 brumaire : partout ils constatent la persistance du sentiment catholique. A Aix, l'évêque constitutionnel avoue lui-même qu'il ne réunit pas autour de lui la trentième partie des fidèles [1]. A Vannes, Barbé-Marbois, entrant le jour des Rois dans la cathédrale, n'y trouvait que le prêtre et deux ou trois pauvres ; plus loin, aux abords de la petite chapelle où se disait la messe catholique, la rue était encombrée d'une telle foule qu'on n'y pouvait circuler [2]. Voici un témoin impartial, s'il en fut, c'est Fourcroy. De tous les documents que nous possédons, son rapport sur les prêtres du 5 nivôse an IX (26 décembre 1800) est peut-être l'un des plus curieux et des plus remarquables. Encore tout imbu des opinions philosophiques du dix-huitième siècle, regrettant ouvertement que la Constituante ait laissé échapper « l'occasion de faire dominer en France le protestantisme », après nombre de circonlocutions, d'excuses en

---

[1] Rapport de Français de Nantes, du 16 messidor an IX (5 juillet 1801).

[2] Rapport de Barbé-Marbois, du 19 nivôse an IX (9 janvier 1801).

quelque sorte envers lui-même et ses vieilles doctrines, Fourcroy n'hésite pas à reconnaitre que « ce qu'on voit partout sur la célébration du dimanche et sur la fréquentation des églises prouve que la masse des Français veut revenir à ses anciens usages, et qu'il n'est plus temps de résister à cette pente nationale ». Ces appréciations ne lui viennent pas seulement des départements de l'Ouest, qu'il a parcourus. « Ce symptôme, ajoute-t-il, est sensible dans toute la France. » Et cet esprit tout scientifique, tout positif, cet ancien député de Paris, qui avait succédé à Marat sur les bancs de la Convention, en arrive à demander que l'État cesse d'ignorer systématiquement l'existence de l'Église, qu'il se concilie le clergé, qu'il lui accorde « sa protection, sa bienveillance même. Car, dit-il, les ministres de la religion ne sont jamais indifférents dans la marche des empires. »

III

Les négociations du Concordat furent lentes, laborieuses et pénibles. Talleyrand, alors ministre des relations extérieures, était loin de pousser le Premier Consul dans la voie où il s'était si résolûment engagé. Il se trouvait dans une situation difficile et embarrassée : revêtu autrefois des honneurs épiscopaux, il avait été un des premiers à répudier sa foi et à rompre avec l'Église. Les deux collaborateurs qui lui avaient été adjoints, Cacault et l'abbé Bernier, comprenaient mieux heureusement la grandeur de l'œuvre à laquelle ils étaient associés. Cacault appartenait déjà à la diplomatie avant

1789. Le Premier Consul, qui avait été à même de l'apprécier en Italie où le Directoire lui avait confié d'importantes missions[1], n'avait pas hésité à le nommer ministre à Rome dès le mois de mars 1801. L'abbé Bernier, qui devait mourir évêque d'Orléans en 1806, était curé de Saint-Laud à Angers avant la Révolution. Refusant de prêter à la constitution civile du clergé un serment que condamnait sa foi religieuse, il était devenu un des agents les plus actifs de l'insurrection vendéenne. Après les premières heures d'enthousiasme, il n'avait pas tardé à comprendre que la Vendée n'était qu'une arme entre les mains de l'étranger, et au commencement de 1800, c'est à son influence que le nouveau gouvernement dut la soumision des derniers chefs qui tenaient encore la campagne. Mais le principal des négociateurs, ce fut Napoléon lui-même. Avec les envoyés du Saint-Père, avec le cardinal Spina, comme avec Consalvi, avec le légat Caprara, comme avec le Père Caselli, il déploya tout ce qu'il avait de finesse, d'habileté, d'éloquence et, disons-le, de connaissances théologiques[2].

C'était en effet des sacrifices considérables et sans précédents qu'il demandait au Saint-Siége, à cette curie romaine qui, depuis des siècles, impassible et immuable, avait vu les gouvernements s'effondrer, les révolutions passer, et semblait s'être fait un jeu de braver les tempêtes, sans se départir un instant de ses maximes et de ses traditions. Il ne s'agissait de rien moins que de dépouiller de leurs prérogatives tous les anciens évêques

---

[1] C'est Cacault qui le premier avait eu l'honneur de renouer les relations de la France avec un État européen, en préparant le traité de paix signé avec le grand-duc de Toscane, le 9 février 1795.

[2] THIERS, *Histoire du Consulat et de l'Empire.*

de France, les seuls véritablement orthodoxes, ceux que leur dévouement au Saint-Père et leur fidélité aux doctrines apostoliques avaient jetés sur la terre d'exil. Tous les anciens siéges devaient être supprimés : archevêchés et évêchés devaient être érigés à nouveau, comme sur un sol vierge où le culte n'aurait eu ni passé ni histoire. En remaniant les circonscriptions diocésaines, le Premier Consul entendait faire table rase et ne plus trouver devant lui ni évêques réfractaires ni évêques assermentés. Il voulait reconstituer l'Église de France, comme il avait reconstitué la France, en prenant dans tous les rangs, partout où il rencontrait le savoir, le mérite et la vertu. Il ne se refusait pas à donner la majeure partie des nouveaux siéges aux anciens prélats ; mais il repugnait à son rôle de modérateur et de pacificateur d'écarter des honneurs épiscopaux tous les ecclésiastiques qui avaient prêté les serments exigés par les lois révolutionnaires et de s'exposer par cette exclusion absolue à faire renaitre le schisme, au moment même où il voulait y mettre fin. Aussi, en même temps qu'il rappelait les membres les plus distingués de l'ancien clergé, le vénérable M. de Belloy, évêque de Marseille, qui devenait archevêque de Paris, M. de Cicé, l'ancien garde des sceaux de Louis XVI, qui était nommé de Bordeaux à Aix, M. de Boisgelin, qui était désigné pour Tours, il confiait deux archevêchés à deux évêques constitutionnels, et il exigeait qu'on fit à ceux-ci leur part dans la réorganisation des diocèses[1]. La cour de Rome devait également reconnaitre la validité de la vente des biens ecclésiastiques et s'interdire à ce sujet toute réclamation

---

[1] Sur les soixante siéges institués en vertu du concordat (dix archevêchés et cinquante évêchés), douze furent donnés à des évêques constitutionnels (deux archevêchés et dix évêchés).

pour l'avenir : il ne fallait pas que le Concordat, œuvre de paix et de conciliation, eût l'apparence d'une menace pour les intérêts nouveaux qu'avait créés la Révolution.

Telles étaient les concessions que réclamait le gouvernement français. A ce prix l'Église catholique était restaurée en France avec sa hiérarchie, sa discipline, ses maximes, ses principes. Héritier des droits que le Concordat de 1516 avait reconnus aux rois de France, le Premier Consul nommait les archevêques et les évêques; le Pape, seul juge de la doctrine, leur conférait l'institution canonique. Les curés étaient choisis par les évêques avec l'agrément du gouvernement. L'État s'engageait à assurer un traitement aux ministres du culte et à réaliser enfin cette promesse de la Constituante que la Convention et le Directoire avaient si outrageusement violée.

Le Concordat, dont les négociations avaient commencé en mars 1801, fut conclu le 26 messidor an IX (15 juillet 1801), et les ratifications échangées le 23 fructidor (10 septembre). Joseph Bonaparte, Crétet et l'abbé Bernier eurent l'insigne honneur d'apposer leur nom à ce grand acte, qui portait le modeste titre de : Convention entre le gouvernement français et S. S. Pie VII. Le cardinal Consalvi, l'archevêque de Corinthe Spina et le Père Caselli signèrent pour la cour de Rome. Pie VII comprit les généreuses pensées du Premier Consul, et il n'hésita pas à s'y associer. Certes il lui en coûta de supprimer les cent cinquante-six siéges épiscopaux de l'ancienne Gaule, de les réduire à soixante [1], et de rayer de la carte ecclésiastique d'antiques métropoles dont les

---

[1] Le nombre des circonscriptions diocésaines a été augmenté postérieurement, notamment sous la Restauration.

souvenirs remontaient aux premiers jours de la chrétienté.
Quel sacrifice pouvait être plus douloureux à sa conscience
de prêtre et de pontife, que de venir demander leur démission à tous les évêques qui avaient combattu et souf-
fret pour la cause du Saint-Siége, pour la défense de ses
droits! Il se décida à l'accomplir et à proclamer la déchéance de ceux qui restèrent sourds à ses exhortations.
Car il sentait que la paix de l'Église dépendait de ses
résolutions, et que le Premier Consul avait à lutter avec
assez de difficultés pour que le père commun des fidèles
le secondât dans son œuvre.

Restait à vaincre les résistances des pouvoirs publics,
qui semblaient alors prendre à tàche de faire de l'opposition aux mesures les plus utiles. Le Concordat fut présenté au Corps législatif dans la séance du 15 germinal
an X (5 avril 1802). Au texte de ce véritable traité de
paix intervenu entre les deux grandes puissances spiri-
tuelles et temporelles était jointe, sous le nom d'articles organiques de la convention du 26 messidor an IX,
une série de dispositions législatives qui régissent encore
aujourd'hui les rapports de l'Église et de l'État.

En rappelant le culte proscrit, Napoléon n'entendait
pas faire abandon des droits du pouvoir civil. S'inspi-
rant des maximes de l'ancienne monarchie, les articles
organiques rappelaient qu'aucune bulle du Pape, aucun
décret des conciles, ne pouvaient être publiés en France
sans l'autorisation du gouvernement, qu'aucun nonce ou
légat ne pouvait exercer de pouvoirs, qu'aucun étranger
ne pouvait remplir les fonctions ecclésiastiques, si ce
n'est dans les mêmes conditions. L'appel comme d'abus
dont les cas étaient spécifiés était déféré au Conseil d'État.
Enfin les professeurs des séminaires devaient souscrire
une adhésion à la fameuse déclaration de 1682, où l'in-

dépendance du pouvoir civil est proclamée d'une façon si formelle et si solennelle. Le Premier Consul, en mettant un terme à cette tyrannie que l'État s'était arrogée sur les consciences, voulait aussi que l'Église n'empiétât pas sur les droits non moins imprescriptibles de l'État. Il poussait l'attention jusqu'à rappeler les dispositions du décret du 20-25 septembre 1792, qui avait confié aux municipalités la tenue de l'état civil et que ne devait pas tarder à confirmer de nouveau le Code. L'article 55 porte en effet : « Les registres tenus par les ministres du culte, n'étant et ne pouvant être relatifs qu'à l'administration des sacrements, ne pourront dans aucun cas suppléer les registres ordonnés par la loi pour constater l'état civil des Français » ; et l'article 54 prescrit à tout prêtre de ne donner « la bénédiction nuptiale qu'à ceux qui justifieront en bonne et due forme avoir contracté mariage devant l'officier civil ».

Les articles organiques réglaient également ces mille détails de la police des cultes, qui sont du ressort exclusif de l'État. Il fut créé une cure par canton, et le nombre des succursales dut être arrêté par l'évêque de concert avec le préfet. Le Concordat avait posé en principe la réouverture des églises non aliénées nécessaires au service religieux ; les conseils généraux furent autorisés à fournir un logement aux archevêques et évêques ; un presbytère et un jardin durent être affectés à chaque curé ou desservant. Les traitements des ministres du culte furent fixés. Le droit de faire des fondations en faveur des églises avait été reconnu par le Concordat ; elles durent être établies en rentes sur l'État : la Révolution avait fait disparaître la propriété de mainmorte, et nul ne pouvait songer à la reconstituer. Enfin des fabriques devaient « veiller à l'entretien et à la con-

servation des temples, à l'administration des aumônes ».
L'arrêté du 7 thermidor an XI (26 juillet 1803) leur
restitua la portion de leur ancienne dotation qui
n'avait pas encore été aliénée ; plus tard, le décret du
30 décembre 1809 vint fixer leur organisation définitive [1].

Napoléon voulut qu'à toutes ces dispositions qui con-
cernaient exclusivement le culte catholique se ratta-
chassent celles qui étaient destinées à donner aux cultes
protestants une existence légale. Il entendait faire non
pas œuvre de parti, mais œuvre d'équité et de justice, et
il tenait à le marquer hautement en confondant tous les
cultes chrétiens dans une même loi. La Constituante
s'était contentée, par le décret du 24 décembre 1789, de
déclarer les non-catholiques aptes à tous les emplois
publics [2] ; elle avait même rendu leurs biens aux descendants des religionnaires chassés de France par la
révocation de l'édit de Nantes [3]. Mais l'assemblée qui
avait consumé tant de temps pour élaborer cette consti-

---

[1] Deux dispositions des articles organiques (articles 55 et 56) prépa-
raient la suppression du calendrier républicain. Ils statuaient, d'une part,
qu'on continuerait à se servir du calendrier d'équinoxe, mais en désignant
les jours par les noms qu'ils portent dans le calendrier des solstices ; de
l'autre, que le repos des fonctionnaires publics serait fixé au dimanche.
Le calendrier républicain, décrété le 5 octobre 1793, fut mis en application
dès le lendemain 15 du premier mois de l'an II ou 15 vendémiaire an II,
suivant la dénomination établie par le décret du 4 frimaire an II (24 novembre 1793) : on remontait pour la supputation des jours au 22 septembre 1792. Il disparut en vertu du sénatus-consulte du 22 fructidor
an XIII (9 septembre 1805), et l'ère chrétienne reprit le 1ᵉʳ janvier 1806.
qui succéda au 10 nivôse an XIV.

[2] L'état civil avait été rendu aux protestants par l'édit enregistré en
lit de justice le 19 novembre 1787. Toutes les mesures oppressives
prises contre les protestants depuis la révocation de l'édit de Nantes
(1685) ne s'appliquaient qu'aux calvinistes ; les luthériens d'Alsace
jouissaient de priviléges spéciaux qui sont rappelés dans le décret du 17-
24 août 1790.

[3] Décrets du 10-18 juillet 1790 et du 9-15 décembre 1790.

tution civile du clergé destinée à détruire le vieil édifice de l'Église de France ne sut rien faire pour les cultes dissidents. Tout était à créer.

Les articles organiques des cultes protestants réglèrent la constitution des églises réformées et des églises de la confession d'Augsbourg. Les unes eurent leurs pasteurs, leurs consistoires et leurs synodes; les autres, leurs pasteurs, leurs consistoires locaux, leurs inspections et leurs consistoires généraux. Le consistoire était la base de l'organisation des cultes protestants. C'est de lui que dérivaient par voie d'élections successives toutes les autres autorités. Composé des pasteurs de la circonscription et de membres laïques, ceux-ci nommés par les plus imposés parmi les fidèles, il désignait les pasteurs qui devaient être agréés par le gouvernement et qui recevaient désormais un traitement de l'État. Les églises protestantes furent soumises aux mêmes règles générales que l'Église catholique : interdiction de toutes relations avec les puissances ou les autorités étrangères ; nécessité pour exercer les fonctions du culte de justifier de sa qualité de Français ; autorisation préalable du gouvernement pour la publication de toute décision doctrinale. On retrouve ici tout cet ensemble de mesures que les libéraux systématiques se plaisent à qualifier d'entraves, mais qui seules peuvent assurer le respect des droits de l'État et garantir que sous le masque de la religion ne se cachera pas une propagande politique antisociale ou antinationale.

Tous ces projets réunis avec le Concordat en un seul corps de loi furent déposés au Corps législatif par Portalis, Regnaud de Saint-Jean-d'Angely et Regnier. Portalis y donna lecture de son magnifique rapport, digne pendant de son discours préliminaire du Code civil.

Mais sa haute et sereine raison n'aurait pas suffi pour désarmer les opposants. Le Premier Consul avait déjà fait connaître très-nettement sa volonté au sein du Conseil d'État dès le 18 thermidor an IX (6 août 1801), au lendemain de la signature du Concordat. Il n'hésita pas à en renouveler l'expression au Corps législatif, lorsque le 16 germinal an X (6 avril 1802) une députation de cette assemblée vint le féliciter de la conclusion de la paix d'Amiens[1]. « Votre session, dit-il, commence par l'opération la plus importante de toutes, celle qui a pour but l'apaisement des querelles religieuses. La France entière sollicite la fin de ces déplorables querelles et le rétablissement des autels. J'espère que dans votre vote, vous serez unanimes comme elle. La France verra avec une vive joie que ses législateurs ont voté la paix des consciences, la paix des familles, cent fois plus importante pour le bonheur des peuples que celle à l'occasion de laquelle vous venez féliciter le gouvernement. » Ainsi il n'hésitait pas à placer le Concordat au-dessus même de la paix d'Amiens, de la pacification des continents et des mers. Il tenait à ce que nul n'ignorât que c'était son œuvre personnelle et de toutes ses œuvres celle qu'il considérait comme un de ses plus beaux titres à la reconnaissance de la postérité. Il avait voulu que son frère Joseph fût l'un des signataires de la convention ; il voulut que Lucien fût l'un des orateurs du Tribunat chargé de la défendre devant le Corps législatif. Il entendait que le nom de Bonaparte fût indissolublement attaché à toutes les phases de ce grand acte.

Le 18 germinal an X (8 avril 1802), le Concordat et les articles organiques furent proclamés lois de l'État.

---

[1] La paix d'Amiens avait été signée le 6 germinal an X (27 mars 1802).

Trois jours après, le dimanche des Rameaux, le cardinal
Caprara, légat *a latere* du Saint-Père, sacrait à Notre-
Dame les premiers évêques de l'Église réconciliée ; et le
dimanche de Pâques, le Premier Consul, entouré de tout
son état-major civil et militaire, assistait à un *Te Deum*
solennel dans la vieille basilique, où trente mois plus tard
Pie VII lui-même devait venir bénir et consacrer de
l'onction sainte « le nouveau Constantin ». C'est l'expression même dont se servait Caprara, en portant à la
connaissance des fidèles la bulle de ratification du Souverain Pontife [1]. Il ne faut pas parler ici de lâches
adulations et de basses flatteries : c'était l'explosion d'un
sentiment de sincère et profonde reconnaissance, sentiment que partageaient, non-seulement tout le clergé,
mais tous les cœurs chrétiens. Qu'on se reporte à quelques années en arrière, et l'on comprendra sans peine ces
paroles de Pie VII lui-même, en tête de la bulle où il
conférait tous ses pouvoirs au cardinal Caprara : « *Dex-
tera Altissimi, quæ semper in ostentatione virtutis magni-
ficata est, renovavit etiam temporibus hisce nostris magnalia
sua.* — La droite du Très-Haut, qui dans tous les temps
a manifesté avec éclat sa puissance, vient de renouveler
de nos jours ses prodiges [2]. »

---

[1] « Primus vero reipublicæ vestræ Consul, cujus præcipuæ in tanta hac
utilitate vobis comparanda partes fuerunt, cuique datum videtur ut af-
flictæ Galliæ tranquillitatem et ordinem restitueret, catholicæ religionis,
Constantino illi magno simillimus præsidium effectus, gloriosissimam in
ecclesiasticis Galliarum monumentis istorum temporum recordationem est
relicturus. — Le Premier Consul de votre république à qui vous devez
principalement un aussi grand bienfait, qui a été destiné pour rendre à la
France affligée et l'ordre et la tranquillité, devenu comme le grand Constantin le protecteur de la religion, laissera de lui dans les monuments de
l'Église de France un éternel et glorieux souvenir. » (Bulle du 9 avril
1802.)

[2] Bulle du 9 des calendes de septembre (24 août 1801).

L'administration des cultes fut organisée [1] : c'était la
conséquence même du Concordat. Dès le 16 vendémiaire
an X (8 octobre 1801), un arrêté consulaire avait chargé
Portalis « des affaires concernant les cultes ». Le 21 messidor an XII (10 juillet 1804), il était nommé ministre
des cultes. Nature droite et élevée, l'esprit philosophique
s'unissait chez lui au sentiment chrétien, et nul n'était
plus apte à ces délicates fonctions, toutes de tempérament,
de tact et de mesure, où il faut savoir faire respecter les
droits de l'État sans toucher au domaine des consciences,
et tenir la balance égale entre les deux grands pouvoirs
qui se partagent le monde. Il mourut le 25 août 1807, et
eut pour successeur, le 4 janvier 1808, son ancien collaborateur dans la rédaction du Code, Bigot de Préameneu, alors président de la section de législation au
Conseil d'État. L'un comme l'autre surent s'inspirer de
ces paroles si profondément justes de l'Empereur : « La
moindre chose qui puisse être demandée par les catho-
liques, c'est sans doute l'égalité : car trente millions
d'hommes méritent autant de considération que trois
millions. »

Il y avait encore, en effet, bien des questions délicates
à traiter, notamment celle des ordres religieux. Les
décrets du 13-19 février 1790 et du 18 août 1792 les
avaient supprimés, sans faire même d'exception pour les
Sœurs vouées au service des malades [2]. Le Concordat les
avait passés sous silence, reconnaissant avec raison que les

---

[1] Arrêté du 14 vendémiaire an X (6 octobre 1801).

[2] En vertu du décret du 18 août 1792, elles pouvaient continuer à s'acquitter de leur mission dans les hôpitaux, mais à titre purement individuel, comme les membres des congrégations enseignantes qui continuaient à professer. Le décret du 8 octobre 1793 alla jusqu'à exiger
d'elles le serment pour leur permettre de se consacrer au soulagement
des pauvres.

associations de quelque nature qu'elles soient ne relèvent que du pouvoir civil. Le décret du 3 messidor an XII (24 juin 1804) revendiqua hautement ce principe, en rappelant que la loi n'admettait pas les vœux perpétuels[1] et en décidant qu'aucune association religieuse ne pourrait se former sans être autorisée par un décret impérial rendu après examen de ses statuts et règlements. Du reste, Napoléon usa largement de la faculté qu'il s'était réservée en faveur de ces œuvres utiles que seule la foi religieuse sait créer au bénéfice de l'humanité tout entière, croyante ou incrédule. Dès le 1er nivôse an IX (22 décembre 1800), il avait rappelé les Sœurs de la Charité[2]; les Frères des Écoles chrétiennes reprirent leur enseignement. Deux décrets du 18 février 1809 et du 26 décembre 1810 réglèrent les conditions auxquelles devaient être soumises les congrégations hospitalières de femmes et les maisons de refuge[3]; l'Empereur voulut que ces œuvres de dévouement fussent placées sous la protection de celle qu'on appelait Madame Mère, et qui avait vu autrefois l'infortune d'assez près pour savoir y compatir.

[1] Décret du 13-19 février 1790.

[2] Le décret du 3 messidor an XII énumère cinq congrégations de femmes déjà autorisées à cette date.

[3] Le décret du 18 février 1809 décida (section 2) que les vœux ne pourraient être prononcés pour plus de cinq ans, qu'ils devraient être contractés en présence de l'évêque et de l'officier de l'état civil, et que le consentement des parents serait exigé dans les mêmes formes qu'en matière de mariage.

IV

L'œuvre de Napoléon n'eût pas été complète si sa sollicitude s'était bornée aux seuls cultes chrétiens. La victoire avait placé sous son sceptre de nombreuses populations israélites. Aux juifs de l'Alsace et du pays messin, d'Avignon et de Bordeaux, étaient venus s'ajouter tous ceux qui vivaient sur les bords du Rhin et dans les provinces italiennes. Convenait-il de les laisser à l'état d'étrangers, de tribu semi-asiatique campée sur un sol auquel rien ne les attachait, sans droits et partant sans devoirs, sans obligations envers un gouvernement qui les supportait, mais qui pouvait le lendemain les expulser et les renvoyer non pas dans leur patrie, car ils n'en avaient plus, mais au delà des frontières? Ou bien fallait-il les fondre dans la nation; de ces hommes qui n'avaient été jusqu'ici que des opprimés et des ennemis, se vengeant par la rapine de l'abjection à laquelle les condamnaient la superstition et les préjugés, faire des Français au même titre que les autres, les tirer de leur humiliation en les soumettant à la loi commune, les élever à la dignité de citoyens en leur imposant toutes les obligations et tous les devoirs que comporte l'idée de patrie?

La Constituante n'avait fait qu'effleurer cette question des juifs. Le décret du 24 décembre 1789, qui déclarait les non-catholiques admissibles à tous les emplois civils et militaires, est précédé de ces considérants : « L'Assemblée nationale, sans entendre rien préjuger relativement aux juifs, sur l'état desquels elle se réserve de prononcer, et sans qu'il puisse être opposé à l'éligibilité d'aucun citoyen d'autres motifs d'exclusion que ceux qui résultent des décrets constitutionnels... » Le 28 janvier 1790, elle confirmait les priviléges spéciaux dont jouissaient sous l'ancien régime les juifs dits portugais, espagnols et avignonnais[1], et les reconnaissait aptes à exercer les droits de citoyens actifs. Enfin le décret du 27 septembre-13 novembre 1791, après avoir rappelé que les conditions nécessaires pour jouir de la qualité de citoyen français avaient été déterminées par la Constitution, et posé en principe « que tout homme qui, réunissant lesdites conditions, prête le serment civique et s'engage à remplir tous les devoirs que la Constitution impose, a droit à tous les avantages qu'elle assure », révoquait « tous ajournements, réserves et exceptions insérés dans les précédents décrets relativement aux individus juifs », en tant que ceux-ci prêteraient le serment civique, serment qui était considéré de leur part « comme une renonciation à tous priviléges et exceptions introduits précédemment en leur faveur ».

C'était trancher la question sans la résoudre, sans même se donner la peine de l'étudier. L'israélite qui prêtait le serment civique, qui promettait obéissance et fidélité à la loi, devenait par le fait même citoyen français. Mais s'était-on demandé si cette loi n'était pas en

---

[1] Les juifs d'origine portugaise et espagnole établis dans le midi de la France depuis le seizième siècle jouissaient, en vertu d'édits de 1550 et 1580, de priviléges spéciaux qui leur avaient permis de constituer des communautés florissantes, notamment à Bayonne et à Bordeaux : de là le nom de juifs bordelais sous lequel ils sont souvent désignés. Ces priviléges furent respectés pendant toute la durée de l'ancienne monarchie. L'ordonnance de 1615, qui bannit les juifs de France, a excepté spécialement de cette mesure ceux de Metz et de Bordeaux.

opposition avec sa foi religieuse, si ce serment, sa conscience lui permettait de le prêter, si ce titre de citoyen, il ne l'achetait pas au prix d'un anathème ou d'une sorte d'abjuration ? Pour ce peuple, débris d'une antique théocratie, chez qui la loi civile se confondait depuis des siècles dans la loi religieuse, il ne s'agissait de rien moins que de rompre avec tout son passé, avec toutes ses traditions : encore fallait-il que ses docteurs, ses véritables magistrats à lui, ceux qui avaient mission d'interpréter la parole de l'Éternel et de guider sa conscience, lui indiquassent la voie qu'il devait suivre, qu'une sorte de sanction religieuse vint couvrir de son autorité l'existence nouvelle à laquelle le conviait la nation française. Il s'agissait non pas de faire rentrer nos codes dans la loi de Moïse, mais bien de faire rentrer la loi de Moïse dans nos codes.

L'Empereur voulut que le peuple d'Israël, dans une profession de foi solennelle, renonçât à son individualité, acceptant avec les bienfaits du droit commun les obligations qui en dérivent, répudiant certaines pratiques, certaines coutumes incompatibles avec la civilisation moderne; qu'il se déclarât français non-seulement de nom, mais de cœur; qu'il promît sans restriction obéissance aux pouvoirs politiques, qu'il prît envers sa nouvelle patrie l'engagement d'élever ses enfants dans le respect de ses lois, non plus comme des fils de proscrits, mais comme des citoyens, d'en faire des hommes utiles, dignes de marcher de pair avec ces populations chrétiennes dont il était appelé à devenir l'égal. « Le plan de réformation adopté, écrivait-il au ministre de l'intérieur, de son quartier général de Posen, le 29 novembre 1806, il ne restera aux juifs, comme juifs, que des dogmes, et ils sortiront de cet état où la religion est la seule loi civile, ainsi que cela existe chez les musulmans et que cela a toujours été dans l'enfance des nations. »

Un décret du 30 mai 1806 convoqua à Paris pour le 15 juillet les notables israélites de tous les départements de l'Empire ; à ceux-ci se joignirent les représentants des communautés juives du royaume d'Italie. Le 26 juillet, trois maîtres des requêtes désignés comme commissaires du gouvernement, Molé, Pasquier et Portalis, apportaient à cette assemblée un projet d'organisation du culte israélite : un consistoire central siégeant à Paris, des consistoires départementaux, composés l'un comme les autres de rabbins et de laïques ; enfin des synagogues, telles étaient les bases de ce projet, qui fut adopté dans la séance du 10 décembre 1806. Une seule différence pouvait être relevée entre le culte juif et les cultes chrétiens : le traitement des rabbins restait à la charge des fidèles, et il devait y être pourvu au moyen d'une contribution spéciale. Les commissaires du gouvernement avaient également pour mission de soumettre aux notables une série de propositions sur la séparation du pouvoir civil et du pouvoir religieux, sur l'interprétation de certains textes des livres sacrés relativement à la polygamie, à la répudiation, à l'usure, enfin sur les devoirs nouveaux qu'imposait aux juifs leur nouvelle qualité de citoyens. Elles furent votées par acclamation.

Les décisions de cette assemblée, qui renfermait dans son sein tout ce que les israélites comptaient d'hommes importants et distingués, étaient l'expression exacte des sentiments du peuple juif. Mais elles n'avaient aucune valeur doctrinale : elles n'émanaient d'aucune autorité qui fût en droit de commander aux consciences. Lorsque Napoléon avait rétabli le culte catholique, il avait d'abord traité avec le Saint-Siége ; et les lois organiques n'avaient été que la conséquence et le développement du Concordat. De même, dans cette circonstance, avant de rendre le décret d'organisation du culte juif, il voulut que les pontifes de la religion de Moïse fissent entendre leur voix. Il résolut de réunir à Paris les docteurs de la loi, de ressusciter, à cette heure solennelle, ce grand sanhédrin, dont le souvenir et l'autorité étaient encore vivants dans les traditions de ce peuple, et qui avait disparu avec la chute du Temple. Le 9 février 1807, soixante et onze rabbins ou docteurs délégués par toutes les synagogues de l'Empire français et du royaume d'Italie venaient donner la sanction de la loi religieuse aux résolutions de l'assemblée des notables[1]. La décision du grand sanhédrin fut publiée le 2 mars 1807, et le 17 mars 1808 étaient rendus les deux décrets qui réglementaient l'exercice du culte juif[2].

---

[1] Les décisions du grand sanhédrin s'appliquaient à la fois aux juifs des deux États français et italien.

[2] Un troisième décret du 17 mars 1808 réglementait d'une manière spéciale la situation des juifs de l'Empire au point de vue des droits et des obligations civiles; ses dispositions, dont l'effet était limité à une période de dix ans, avaient pour objet de préparer l'assimilation complète des populations israélites. Ce décret statuait sur les créances des juifs, qui avaient déjà donné lieu à de nombreux actes législatifs (voir les décrets du 28 septembre-13 novembre 1791, du 18 brumaire an II [8 novembre 1793], du 30 mai 1806). Il prenait des mesures pour prévenir et réprimer tout fait d'usure de leur part; cette question de l'usure qui avait soulevé contre eux tant de haines avait été longuement traitée dans la décision du grand sanhédrin du 2 mars 1807. Il interdisait à tout juif du Haut-Rhin ou du Bas-Rhin de s'établir dans un autre département à moins de s'y consacrer exclusivement à l'agriculture. Enfin le service militaire devait être personnel pour les juifs, et ils n'étaient pas autorisés à fournir de remplaçants. Une disposition spéciale confirmait, en quelque sorte, les anciens priviléges des juifs bordelais : les prescriptions toutes transitoires de ce décret n'étaient pas applicables aux juifs établis dans les départements de la Gironde et des Landes. L'assimilation de ceux-ci était considérée comme complète, et l'Empereur les regardait d'ores et déjà comme de vieux Français.

Il faut lire cette décision du grand sanhédrin du 2 mars 1807. Elle débute comme un cantique de Moïse, et l'on croirait entendre Israël abordant la terre promise et chantant hosannah ! « Béni soit à jamais le Seigneur Dieu d'Israël qui a placé sur le trône de France et du royaume d'Italie un prince selon son cœur. Dieu a vu l'abaissement des descendants de l'antique Jacob et a choisi Napoléon le Grand pour être l'instrument de sa miséricorde. Le Seigneur juge les pensées, lui seul commande aux consciences, et son soin chéri a permis que chacun adorât le Seigneur selon sa croyance et sa foi. A l'ombre de son nom, la sécurité est entrée dans nos cœurs et dans nos demeures, et nous pouvons désormais bâtir, ensemencer, moissonner, cultiver les sciences humaines, appartenir à la grande famille de l'État, le servir et nous glorifier de ses nobles destinées. » Oui, Israël secouait enfin les liens de la servitude, et Napoléon était véritablement pour lui un nouveau Cyrus, comme il était pour l'Église un nouveau Constantin ! Il avait fait entrer ce peuple proscrit dans le giron des nations européennes : de ces parias il avait fait des hommes. Les préjugés étaient vaincus ! Cette loi de réparation que sa volonté avait imposée à son immense empire, l'Europe entière devait tôt ou tard la subir ou l'accepter.

Napoléon laissait aux législateurs de l'avenir un grand exemple digne de sérieuses études et de profondes méditations. Combien de puissances européennes comptent aujourd'hui parmi leurs sujets de ces peuples sémitiques, chez qui la loi religieuse et la loi civile ne font qu'un, et dont l'assimilation paraît un problème insoluble! Devant les difficultés de ce problème, il n'eût pas reculé. Il nous a montré la voie, il nous a indiqué la marche à suivre. Vienne le jour où cette grave question s'imposera aux gouvernements de l'Europe, c'est encore au génie de l'Empereur qu'il leur faudra demander des préceptes et des leçons.

Protéger l'idée religieuse sous quelque forme qu'elle se produisît, assurer le libre exercice des cultes, établir entre les deux pouvoirs spirituel et temporel une ligne de démarcation nette, précise, sans équivoque, qui ne permit aucun empiétement de la loi sur les consciences, des églises sur la loi ; faire respecter le croyant dans le citoyen et le citoyen dans le croyant, telle fut l'œuvre religieuse de Napoléon. Il put par la suite avoir des difficultés avec le Saint-Siége ; mais ces dissentiments, d'origine toute politique, n'étaient point de nature à porter atteinte à la foi des peuples. Le Concordat a survécu à nos révolutions[1]. Il est resté l'une des bases de notre droit public. Tour à tour attaqué par les violents et les déclamateurs de tous les partis, chacun tour à tour est venu lui demander appui et protection : suivant l'heure, suivant les passions qui se déchaînaient, fidèles et incrédules ont dû faire appel aux lois de Napoléon, rendant ainsi tous successivement hommage à la sagesse de ce grand acte de justice et d'équité.

---

[1] Le gouvernement de la Restauration tenta de le remplacer par un Concordat du 11 juin 1817, qui ne fut jamais sanctionné par les pouvoirs publics et resta toujours lettre morte.

CHAPITRE IX

LA LÉGION D'HONNEUR ET LA NOBLESSE IMPÉRIALE

I. La Légion d'honneur. — La loi du 29 floréal an X. — II. La noblesse
impériale. — III. Les dotations. — Le domaine extraordinaire.

« Je veux constituer en France l'ordre civil », disait
un jour l'Empereur au Conseil d'État. C'est là le secret
de son œuvre; et de fait c'était la pensée constante
qui présidait à toutes ses créations. « Il n'y a eu jusqu'ici
dans le monde, ajoutait-il, que deux pouvoirs, le militaire et l'ecclésiastique. » Restait le pouvoir civil dont
les attributions étaient demeurées mal définies pendant
toute la durée de l'ancienne monarchie et auquel il entendait enfin donner la place qui lui appartient dans notre
société moderne.

Nous l'avons vu organiser successivement tous les services publics, administration, justice, finances, instruction publique, en faire des corps constitués avec leur
hiérarchie et leur discipline, placer à la tête de chacun
d'eux une sorte de Conseil suprême, qu'il se nomme
Conseil d'État, Cour de cassation, Cour des comptes
ou Conseil de l'Université, chargé tout à la fois de protéger les fonctionnaires dans l'exercice souvent pénible
et difficile de leur mission, de leur rappeler leurs devoirs

18

spéciaux, de veiller à l'observation des règlements, de maintenir les traditions et de rechercher incessamment les modifications, les améliorations que le temps et l'expérience rendent indispensables, si l'on ne veut point que les plus heureuses conceptions soient condamnées à vieillir subitement et à tomber tout à coup dans une caducité prématurée. Mais ces divers services qui peuvent être à bon droit considérés comme les cadres de l'ordre civil, il fallait les rapprocher de l'ordre militaire et de l'ordre religieux; à peine de constituer trois sociétés si différentes d'origine et de principes à l'état d'hostilité, d'antagonisme et de lutte, il fallait les rattacher par des liens communs, les unir dans un même faisceau, sinon confondre, du moins assimiler leurs hiérarchies, et appeler à faire partie de cette hiérarchie la grande masse des membres du corps social qui n'appartiennent pas au service de l'État, membres non moins précieux, non moins utiles que les autres et qui ont droit aussi aux honneurs et aux récompenses qu'un gouvernement équitable dispense non pas seulement à ses agents, mais à tous ceux qui concourent par leur travail et leurs efforts à la prospérité du pays.

Dans la pensée de Napoléon, deux grandes institutions devaient lui permettre d'arriver à ce but : la Légion d'honneur et la noblesse impériale.

I

La loi du 29 floréal an X (19 mai 1802) créa la Légion d'honneur. De toutes les conceptions du Premier

Consul, ce fut certainement une de celles qui soulevèrent le plus d'objections, qui rencontrèrent le plus d'opposition, non-seulement dans le Tribunat et le Corps législatif, mais même au sein du Conseil d'État[1]. Cependant, parmi les institutions de la période consulaire, aucune n'est entrée plus profondément dans nos mœurs, aucune n'a conquis une plus légitime popularité, aucune, malgré l'abus déplorable qu'en ont fait à certaines époques nos gouvernements, n'a mieux conservé le lustre et le prestige dont son fondateur avait voulu l'entourer. Il a eu raison contre tous, tant il connaissait et le cœur humain et l'esprit français ; il ne s'est laissé arrêter par aucun de ces sophismes dont étaient épris alors les hommes les plus distingués ; il a marché droit à son but, et son œuvre est restée. Lorsque, le 6 avril 1814, le Sénat s'arrogeait le droit de donner une constitution à la France, l'une de ses préoccupations était le maintien de la Légion d'honneur[2] ; c'était aussi un des engagements que devait solennellement prendre un mois après Louis XVIII dans la fameuse déclaration de Saint-Ouen (2 mai 1814). Ainsi firent tous les gouvernements qui se sont successivement donné la tâche de remplacer l'Empire. La Légion d'honneur a traversé cinq révolutions, et nul n'a osé y porter une main sacrilége ; chacun au contraire a cherché à la faire sienne : de même que pour ses codes, les détracteurs de Napoléon, impuissants à renverser ce qu'il avait édifié, n'ont eu qu'un souci : arracher son image de cette croix qui est à lui et à lui seul, et lui substituer, les uns Henri IV, les autres je ne sais quelle figure allégorique[3].

---

[1] La loi du 29 floréal an X ne fut votée au Tribunat que par 56 voix contre 38, et au Corps législatif que par 166 contre 110.

[2] Constitution du 6-9 avril 1814, art. 3.

[3] Voir les ordonnances royales du 21-28 juin 1814 et du 26 mars-8 avril 1816, et le décret du 8 novembre 1870.

Vains efforts! La Légion d'honneur est et sera toujours la croix de Napoléon. Qu'importe qui la donne! qu'importe qui la reçoit! Sur la robe du prêtre ou du magistrat, sur l'habit du fonctionnaire, sur l'uniforme du soldat, partout elle brille comme le signe vivant et incontestable de la pérennité des institutions impériales!

Un ordre! le mot sonnait mal aux oreilles des hommes de 89 et de la Convention. Il leur rappelait tout un passé de priviléges, qui ne s'était écroulé que sous leurs efforts répétés; il blessait toutes ces données métaphysiques, dont le joug pesait si lourdement encore sur les esprits qui se flattaient d'être les plus libres et les plus dégagés de tout préjugé. Aussi fallut-il que Napoléon déployât tout ce que la nature lui avait départi d'éloquence, non pour les ramener à son avis, mais pour le leur imposer. Un d'eux ayant traité les décorations de « hochets de la vanité » : « On appelle cela des hochets, répliquait-il; eh bien, c'est avec les hochets qu'on mène les hommes... Croyez-vous que vous feriez battre des hommes par l'analyse? Jamais. Elle n'est bonne que pour le savant dans son cabinet. Il faut au soldat de la gloire, des distinctions, des récompenses. »

Sur ce point, on n'était pas loin de s'entendre : tous étaient prêts à admettre les récompenses militaires. L'arrêté du 4 nivôse an VIII (25 décembre 1799) instituant pour les officiers et soldats qui s'étaient distingués par une action d'éclat des armes d'honneur, n'avait soulevé aucune objection. On eût dit que les services d'un Masséna, d'un Desaix, d'un Lannes, étaient d'un ordre supérieur ou plus faciles à apprécier que ceux d'un Mollien, d'un Chaptal, d'un Daru; que le même homme apte à juger du courage du soldat, du mérite de l'officier, ne saurait récompenser une vie de labeurs civils, tenir compte au fonctionnaire de son activité et de ses efforts, au savant de ses travaux, sans s'exposer à tomber dans le favoritisme, et qu'en dehors des champs de bataille la justice distributive n'est plus qu'un vain mot. Étrange raisonnement qui n'a pas encore perdu tout crédit sur certains esprits. « Si l'on distinguait les honneurs en civils et en militaires, répondait Napoléon, on établirait deux ordres, tandis qu'il n'y a qu'une nation. Si l'on ne décernait les honneurs qu'aux militaires, cela serait encore pire ; car dès lors la nation ne serait plus rien. » Toute sa pensée est dans ces quelques mots. Il la condensait encore en répétant plus tard : « Si la Légion d'honneur n'était pas la récompense des services civils comme des services militaires, elle cesserait d'être la Légion d'honneur. »

Dans la loi du 29 floréal an X, on retrouve encore la trace de toutes ces préventions si fortement enracinées chez les hommes formés à l'école du dix-huitième siècle. Ainsi le mot d'ordre n'est pas prononcé. « Il sera formé une Légion d'honneur », est-il dit au titre Ier. Les grades sont dénommés grand officier, commandant, officier, légionnaire ; on a écarté avec soin les titres de commandeur et de chevalier[1], qui rappelaient les souvenirs de l'ancien régime. Enfin la rédaction de l'article 7 du titre II peut être considérée comme une concession à l'opinion qui voulait faire de la Légion d'honneur une distinction absolument militaire ; cet article est ainsi conçu : « Les grands services rendus à l'État dans les fonctions législatives, la diplomatie, l'administration, la justice ou les sciences

---

[1] Ces titres, ainsi que celui de grand maître de l'Ordre, datent de la Restauration. (Ordonnance royale du 28 mars-8 avril 1816.)

seront aussi des titres d'admission (dans la Légion d'honneur), pourvu que la personne qui les aura rendus ait fait partie de la garde nationale du lieu de son domicile. »

Napoléon entendait néanmoins persister dans sa pensée première. Il avait fait insérer dans le texte de la loi que la nouvelle institution était destinée non-seulement à récompenser les services militaires, mais « aussi les services et les vertus civils ». Afin de marquer d'une manière éclatante ses intentions aux yeux de tous, il désigna pour le poste de grand chancelier de la Légion d'honneur, Lacépède. Ce fut un savant, un membre de l'Institut, un homme dont toute la renommée reposait sur ses travaux scientifiques, qui remplit pendant toute la durée du règne ces hautes fonctions, devenues sous les gouvernements qui se sont succédé depuis lors l'apanage exclusif des dignitaires de l'armée. La charge de grand trésorier échut au général Dejean, alors ministre directeur de l'administration de la guerre. Ces deux choix étaient bien l'expression de cette fusion qu'il rêvait entre l'élément civil et l'élément militaire, et dont la Légion d'honneur devait être un des principaux instruments.

Le 14 juillet 1804, dans l'hôtel des Invalides, l'Empereur remettait de sa main aux nouveaux légionnaires les premières décorations. Parmi les grands officiers figuraient à côté de ces généraux qui avaient porté si haut le drapeau de la France sur tant de champs de bataille les savants les plus distingués, Laplace, Monge, Berthollet, Lagrange, Chaptal, l'illustre Tronchet, Treilhard, Regnaud de Saint-Jean-d'Angély, Defermon, Gaudin et le vénérable archevêque de Paris, le cardinal de Belloy. Soldats, savants, magistrats, administrateurs, dignitaires de l'Église, tous étaient unis et confondus dans cette glorieuse distinction.

Napoléon, qui tenait à lui conserver tout son lustre et tout son éclat, ne s'en montra jamais prodigue. Sous son règne le nombre des légionnaires ne dépassa pas trente mille, dont douze cents seulement appartenaient aux carrières civiles[1]. Aussi jamais cette croix ne fut-elle entourée d'un pareil prestige : c'était le but suprême de tous les efforts, la grande récompense qui relevait les courages, excitait l'émulation, et dont la pensée suffisait pour faire accomplir des prodiges.

L'Empire n'apporta que de légères modifications à la Légion d'honneur. Le grand conseil d'administration, d'après la loi du 29 floréal an X, devait se composer des trois Consuls et de quatre membres appartenant au Sénat, au Corps législatif, au Tribunat et au Conseil d'État. En vertu du sénatus-consulte du 28 floréal an XII (18 mai 1804), ces fonctions furent dévolues de droit aux titulaires des grandes dignités de l'Empire. Un nouveau grade fut institué par le décret du 10 pluviôse an XIII (30 janvier 1805), celui de grand aigle[2]. L'Empereur continua à porter le titre de chef de la Légion, titre que conférait au Premier Consul la loi du 29 floréal an X, tandis qu'il était qualifié de grand maitre des trois ordres créés postérieurement : la Couronne de fer, les Trois Toisons d'or et la Réunion[3].

---

[1] Discours de M. le marquis d'Audiffret à la Chambre des pairs, le 14 juin 1839. D'après le même document, le nombre des croix était à cette époque de 50,000.

[2] Ce grade s'appela d'abord grande décoration : c'est la grand'croix d'aujourd'hui. Le nombre des titulaires fut fixé à soixante ; dès le 17 février 1815, le gouvernement de la Restauration le portait à quatre-vingts.

[3] L'ordre de la Couronne de fer était affecté exclusivement au royaume d'Italie. L'ordre des Trois Toisons d'or, créé le 15 août 1809, ne reçut

Dans la pensée de Napoléon, la Légion d'honneur **ne**
devait pas se borner à être simplement une distinction
honorifique, telle que nous la comprenons aujourd'hui :
ce devait être une véritable légion, une sorte d'association, de confrérie, quelque chose comme ces ordres de
chevalerie du moyen âge, dont les membres liés les uns
aux autres par des obligations communes, s'ils ne se
connaissaient pas individuellement, obéissaient tous à
un même chef, recevaient un même mot d'ordre, con-
couraient à un même but. Elle jouissait d'une dotation
immobilière dont les revenus ne s'élevaient pas à moins
de 5,265,257 francs[1] ; elle avait son budget complètement indépendant de celui de l'État, administré par son
grand conseil qui nommait le grand chancelier et le
grand trésorier[2]. Sous l'autorité de l'Empereur, chef de
la Légion et président du grand conseil, elle formait
pour ainsi dire un corps d'élite qui embrassait dans son
organisation toute la surface du territoire français. Elle
se divisait en seize cohortes[3] : à chacune d'elles était

point d'organisation. Quant à l'ordre impérial de la Réunion, institué le
18 octobre 1811, après la réunion de la Hollande (9 juillet 1810), il était
particulièrement destiné aux nouveaux sujets de l'Empire. Il avait pour
objet de remplacer les ordres qui avaient disparu par le fait même de
l'incorporation des nouvelles provinces. « Nous avons voulu, disait l'Empereur, dans le préambule même du décret du 18 octobre 1811, faire
connaître que les services rendus au souverain et à la patrie, selon l'ordre
des devoirs publics, dans les états qui, depuis, ont passé sous notre domi-
nation, conservent leur mérite à nos yeux, lors même qu'ils l'auraient été
à notre préjudice. » Tous les titulaires d'ordres existant autrefois dans
les pays réunis à l'Empire depuis le commencement du règne étaient, par
le fait même de leur décoration antérieure, autorisés à demander leur
admission dans l'ordre impérial de la Réunion.

[1] État annexé à l'arrêté du **23** messidor an X (**12** juillet **1802**).

[2] Arrêté du **13** messidor an X (**2** juillet **1802**), titre II.

[3] La loi du **29** floréal an **X** ne portait que quinze cohortes ; la
seizième fut créée par l'arrêté du **13** messidor an X, pour les départements du Piémont.

affectée une portion spéciale de la dotation immobilière. La cohorte avait son chancelier, son trésorier, son conseil d'administration. A sa tête était placé un grand aigle. Au chef-lieu, un hospice devait être établi pour les légionnaires infirmes ou blessés, et dans des assemblées annuelles, l'éloge de ceux qui étaient décédés devait être solennellement prononcé[1].

Napoléon, comme il l'avait exposé au Conseil d'État, voulait faire de la Légion d'honneur une des bases du nouvel ordre social : il entendait que ce grand corps devînt en quelque sorte le gardien et le défenseur des institutions de la France moderne. Pour s'en convaincre, il suffit de lire la formule du serment imposé à tous ses membres[2]. Le sénatus-consulte du 28 floréal an XII (18 mai 1804) appela les grands officiers, commandants et officiers de la Légion d'honneur à faire partie des colléges électoraux de département, en même temps qu'il introduisait les simples légionnaires dans les colléges électoraux de leur arrondissement. L'Empereur considérait la Légion d'honneur comme l'état-major de la nation ; il voulait que l'esprit qui l'animait se répandît dans le pays tout entier. C'était non point une classe dirigeante, mais une force dirigeante qu'il entendait constituer.

---

[1] Loi du **29** germinal an X et arrêté du **13** messidor an X.

[2] Loi du **29** floréal an X, titre I, article 8 : « Chaque individu admis dans la légion jurera, sur son honneur, de se dévouer au service de la République, à la conservation de son territoire dans son integrité, à la défense de son gouvernement, de ses lois et des propriétés qu'elles ont consacrées ; de combattre, par tous les moyens que la justice, la raison et les lois autorisent, toute entreprise tendant à rétablir le régime féodal, à reproduire les titres et qualités qui en étaient l'attribut; enfin de concourir de tout son pouvoir au maintien de la liberté et de l'égalité. »

II

A la Légion d'honneur vint bientôt se joindre la noblesse impériale. Cette partie de l'œuvre de l'Empereur a été et est encore l'objet des plus vives et des plus amères critiques : disons-le, nulle de ses créations n'a été moins comprise. On a parlé de rétablissement de la féodalité, d'explosion d'une vanité mal contenue, se complaisant à créer des ducs et des princes. Toute cette creuse phraséologie appartient à la langue du pamphlet : l'histoire ne lui doit même pas de réponse.

Les esprits les moins prévenus n'ont généralement vu dans la nouvelle hiérarchie nobiliaire, dans les titres décernés par l'Empereur, qu'une de ces mille tentatives de réconciliation entre les débris de l'ancien régime et les illustrations dont se glorifie à bon droit la France moderne, tentatives dont Napoléon s'est montré si prodigue. Il ne s'était pas contenté de placer côte à côte dans ses conseils ces hommes d'origines si diverses, de l es appeler, quels que fussent leur passé et leurs antécédents, à concourir à ce grand travail de réorganisation sociale qu'il avait entrepris dès le lendemain du 18 bruaire; il s'était entouré d'une cour où l'on avait vu renaître les splendeurs du temps passé. Les grandes charges avaient reparu : un Ségur était grand maître des cérémonies; un Montesquiou-Fezensac succédait à un Talleyrand-Périgord, dans les fonctions de grand chambellan. Dans la foule des écuyers, des chambellans et des dames du palais, se pressaient, à côté des représentants des plus illustres familles de l'Italie et de la Pologne, des Corsini, des Aldobrandini, des Brignole, des Radziwil, des Sapieha, des Potocki, les plus grands noms de la vieille noblesse de France. Qu'on prenne la liste de toutes ces charges de cour : les titulaires s'appellent d'Aubusson de la Feuillade, Croy, Mercy d'Argenteau, Choiseul-Praslin, Nicolaï, Louvois, Turenne, Colbert, Noailles, Brancas, Cossé-Brissac, Montmorency, Gontaut, Sainte-Aulaire, Gramont, Montalembert, Chabot, Beauvau, Saint-Aignan, d'Haussonville ; on se croirait transporté dans le Versailles du grand Roi. Puis quelques noms moins antiques, dont l'illustration date de l'époque impériale : Rémusat, Bondy, Rambuteau.

En réunissant autour de lui ces hommes qui rappelaient les plus glorieux souvenirs de l'ancienne France, dont les ancêtres avaient écrit notre histoire à la pointe de leur épée et souvent au prix de leur sang, il voulait les unir et les confondre avec ces nouveaux ancêtres, cette pléiade de héros et d'administrateurs qui depuis vingt ans avaient jeté sur le nom français un lustre et un éclat incomparables, qui avaient su vaincre l'Europe entière, et qui sous lui apprenaient à la gouverner. Il ne rendit pas aux représentants des vieilles races leurs anciens titres : il leur en donna de nouveaux. Il fit comtes les d'Aubusson de la Feuillade, les Cossé-Brissac, les Narbonne, les Louvois, les Turenne, les Colbert, les Molé, comme il créait comtes les Daru, les Chaptal, les Laplace, les Mollien, les Montalivet, les Carnot, les Brune, les Vandamme, les Belliard, les Reille, les Friant, et tant d'autres.

Entendait-il grandir les hommes du passé ou ceux du présent, en les faisant ainsi marcher de pair ? Question

oiseuse! Il entendait rappeler à tous qu'un gouvernement vraiment digne de ce nom ne saurait briser la
chaîne des temps, que pour lui les générations sont solidaires, et que les grands services rendus au pays, n'importe sous quel drapeau, n'importe à quelle heure, ont
toujours droit à la reconnaisance de celui que le pays a
placé à sa tête. Il voulait que le souvenir de ces services
ne tombât jamais en oubli, que le patrimoine d'honneur
et de gloire, le seul souvent que l'homme public lègue à
ses enfants, ne fût pas le moins sacré des patrimoines.
A côté de cette propriété matérielle, tangible, que réglementaient ses codes, il entendait créer une propriété
d'une nature différente, il est vrai, mais tout aussi respectable, et trouvant comme l'autre sa sanction dans la
conscience du genre humain.

Consultez en effet tous les peuples, à toutes les époques
de l'histoire, et ils vous diront que le fils n'hérite pas
seulement du champ et des écus de ses pères, que leur
passé s'attache à lui, qu'il en reçoit une empreinte, une
marque indélébile, qu'il ne lui est pas si facile de répudier, soit que ce souvenir lui pèse, soit qu'il ait le droit
de s'en enorgueillir. Cette puissance de la tradition,
cette responsabilité posthume, cette hérédité toute
immatérielle, il est facile de la nier. Les idéologues et
les niveleurs de nos assemblées révolutionnaires ont
tenté de l'effacer de nos lois, comme un de ces préjugés
surannés des âges de barbarie. Elle ne tarda pas à s'imposer même aux plus farouches sectaires. Ils avaient
supprimé les distinctions féodales[1] ; ils avaient détruit
les Archives[2] ; ils avaient bouleversé jusqu'aux noms

---

[1] Décret du 19-23 juin 1790.
[2] Décret du 19-24 juin 1792, article 1er : « Tous les titres généalogi-

patronymiques, appelant un la Fayette, Motier, un Montmorency, Bouchard. Bientôt une parenté, une alliance devinrent un titre légal de proscription [1], et c'est par centaines qu'on vit monter à l'échafaud des femmes et des enfants dont le seul crime était de porter le nom abhorré d'un ci-devant.

Le principe de la noblesse impériale fut établi par quatre décrets du 30 mars 1806, qui instituaient vingt et un duchés grands fiefs de l'Empire, tant dans le royaume d'Italie que dans le royaume de Naples et dans les provinces italiennes et illyriennes. Peu après, le sénatus-consulte du 14 août 1806 fit pour la première fois mention à côté des « duchés relevant de l'Empire » des « autres titres que Sa Majesté érigerait à l'avenir ». Le premier titre fut créé en faveur du maréchal Lefebvre, nommé duc de Dantzick le 28 mai 1807 [2]. C'est à ce vétéran des guerres de la Révolution, à cet ancien sergent aux gardes françaises qu'il fut donné d'ouvrir ce glorieux catalogue, sur lequel devaient venir s'inscrire successivement quatre princes, trente et un ducs, trois cent quatre-vingt-huit comtes et mille quatre-vingt-dix barons [3], nouveau Livre d'or où la postérité s'est habi-

---

ques qui se trouveront dans un dépôt public, quel qu'il soit, seront brûlés. » Voir également le décret du 7 messidor an II (25 juin 1794).

[1] Décret du 17 septembre 1793 (loi des suspects) et loi du 24 messidor an VII (12 juillet 1798) (loi des otages). Voir ch. 1.

[2] Le 30 mars 1806, Berthier avait été créé prince et duc de Neuchâtel ; mais c'était une véritable souveraineté dont il se trouvait investi. De même, le 5 juin 1806, Talleyrand, créé prince et duc de Bénévent, et Bernadotte, prince et duc de Ponte-Corvo, tenaient l'un et l'autre ces grands fiefs « en toute propriété et souveraineté ». Cambacérès et Lebrun étaient déjà princes, l'un à titre d'archichancelier, l'autre à titre d'archi-trésorier.

[3] Voir note E, à la fin du volume, la liste des titres de prince et duc conférés par l'Empereur. Le chiffre des titres de comte et de baron a été relevé sur le catalogue publié par MM. de la Roque et de Barthelemy.

tuée à retrouver, sous des noms de victoires et de conquêtes, ces grands parvenus dont l'illustration le dispute
aujourd'hui aux plus antiques familles de l'Europe.

La noblesse impériale fut toute une hiérarchie à laquelle
le décret du 1er mars 1808 vint donner sa constitution
définitive. Prince, duc, comte, baron, chevalier, tels
furent les titres que Napoléon remit en honneur. Tout ce
grand état-major civil et militaire qui entourait l'Empereur trouva sa place dans ces nouveaux cadres où
l'épaulette du général se rencontra à côté des broderies
du préfet, de la robe du premier président, de la mitre
de l'évêque. Le titre de prince fut réservé aux titulaires
des grandes dignités de l'Empire. Eckmuhl, Wagram,
Essling, la Moskowa, ne tardèrent pas cependant à faire
exception à ce principe. Mais la qualification d'altesse
sérénissime resta toujours le privilége exclusif des grands
dignitaires. Furent comtes de plein droit les ministres,
les sénateurs, les conseillers d'État à vie, les présidents
du Corps législatif, les archevêques. Les évêques étaient
barons; ce même titre pouvait être conféré, après dix
ans d'exercice, aux premiers présidents et procureurs
généraux de la Cour de cassation, de la Cour des comptes
et des Cours impériales, ainsi qu'aux maires des villes
ayant le droit d'assister au couronnement de l'Empereur[1]; étaient également susceptibles de le recevoir les
présidents et membres des colléges électoraux de département qui avaient assisté à trois sessions de ces colléges.
Tous les membres de la Légion d'honneur devaient porter
le titre de chevalier. Enfin, l'Empereur se réservait d'ac-

---

[1] Le nombre de ces villes avait été fixé à trente-six par le décret du
3 messidor an XII (22 juin 1804); il s'élevait à cinquante-deux en 1811,
par suite des réunions de territoires effectuées depuis l'établissement de
l'Empire.

corder « les titres qu'il jugeait convenables aux généraux, préfets, officiers civils et militaires et autres de ses sujets qui se seraient distingués par les services rendus à l'État ». La couronne ducale était la seule qui ne fût pas affectée de plein droit à certaines fonctions, à certaines dignités. En fait, Napoléon la destinait aux grands dignitaires, aux ministres, aux maréchaux, aux grands officiers de l'Empire, c'est-à-dire aux plus illustres d'entre les illustres.

C'était bien une hiérarchie, hiérarchie suprême, hiérarchie d'État que cette noblesse qui, comme la Légion d'honneur, confondait dans ses rangs toutes les hiérarchies spéciales : car ces titres dont se trouvaient revêtus, à raison même de leurs fonctions, les principaux personnages de l'Empire, les premiers serviteurs du pays, ces titres de droit, selon l'expression même du décret du 4 juin 1809 [1], participaient autant du caractère du grade que de la distinction nobiliaire.

Ce même décret du 1er mars 1808, dont on ne doit pas séparer un décret de la même date sur les majorats, régla le mode d'hérédité et de transmission des titres. La constitution d'un majorat en devint la condition absolue : le titre de droit, comme le titre conféré par l'Empereur, n'était transmissible qu'en vertu de lettres patentes rendues après l'établissement du majorat. Celui-ci était fixé à deux cent mille livres de rente pour les ducs. Les comtes devaient justifier de trente mille francs de rente, dont dix mille affectés à la dotation du titre ; les barons, de quinze mille, dont cinq mille réservés pour la même destination. Quant aux chevaliers, un revenu de trois mille francs suffisait pour les mettre en mesure

[1] Article 4.

d'obtenir la réversibilité du titre sur leur descendance ;
mais cette réversibilité devait être confirmée à chaque
mutation : ce titre ne devenait irrévocable qu'à la troisième génération [1]. Ces transmissions n'étaient autorisées qu'en ligne directe légitime, naturelle ou adoptive de mâle en mâle et par ordre de primogéniture : les
archevêques et évêques désignaient un de leurs neveux [2].

Il n'y eut pas que les dignitaires de la cour impériale,
les généraux, les fonctionnaires qui furent appelés à se
partager ces nouveaux honneurs. En même temps que
Napoléon, dans le décret même du 1ᵉʳ mars 1808, confirmait les dispositions législatives qui avaient effacé
jusqu'à la trace des titres de l'ancien régime [3], il ouvrait
largement, comme nous l'avons déjà dit, les rangs de la
noblesse impériale aux représentants des plus grandes
et des plus illustres familles de la monarchie. Il ne s'agissait pas, en effet, de constituer une nouvelle noblesse
venant se greffer sur l'ancienne : là encore il créait à
nouveau, comme il avait fait partout ailleurs. Il voulait
unir par un lien commun les souvenirs du passé et les

[1] Décret du 3 mars 1810, titre V.

[2] Le fils aîné d'un grand dignitaire était investi du titre de duc, après
constitution du majorat réglementaire. Le fils aîné d'un duc ou d'un
comte de l'Empire portait dans les mêmes conditions le titre de comte
ou de baron. Du reste, le père pouvait, après création d'un nouveau
majorat, faire reconnaître à son fils puîné un titre d'un ordre inférieur
à celui dont il était revêtu. Quant aux fils puînés, auxquels aucun majorat spécial n'avait été affecté, ils n'avaient droit qu'au titre de chevalier. (Décrets du 1ᵉʳ mars 1808, du 4 juin 1809 et du 3 mars 1810.)

[3] Décret du 1ᵉʳ mars 1808, article 15 : « Défendons à tous nos sujets
de s'arroger des titres et qualifications que nous ne leur aurions pas conférés, et aux officiers de l'état civil, notaires et autres de les leur donner,
renouvelant autant que besoin serait contre les contrevenants les lois
actuellement en vigueur. » Les anciens titres ne furent rétablis que par
la charte constitutionnelle du 4-10 juin 1814, article 71 : « La noblesse
ancienne reprend ses titres. La nouvelle conserve les siens. »

gloires du présent, confondre dans une même hiérarchie et ceux qui avaient rendu des services éminents au pays et ceux dont les ancêtres s'étaient illustrés en travaillant à la grandeur de la France. Il avait l'intention de faire plus : cette noblesse de droit dont il investissait ses lieutenants et ses collaborateurs, il songeait à l'étendre aux hommes d'autrefois. « Tout descendant d'ancien maréchal ou ministre, disait-il un jour en exposant ses plans, eût été apte de tout temps à se faire déclarer duc, en présentant la dotation requise; tout fils de général, de gouverneur de province, eût pu en tout temps se faire reconnaître comte, et ainsi de suite. De là, ajoutait-il, sortait une noblesse historique qui liait le passé, le présent et l'avenir, et qui était constituée, non sur les distinctions du sang, qui était une noblesse imaginaire, puisqu'il n'y a qu'une seule race d'hommes, mais sur les services rendus à l'État. De même que le fils d'un cultivateur pouvait se dire : Je serai un jour cardinal, maréchal de France ou ministre, il pouvait se dire : Je ferai le commerce, je gagnerai plusieurs millions que je laisserai à mes enfants. Un Montmorency eût été duc, non parce qu'il était Montmorency, mais parce qu'un de ses ancêtres avait été connétable et avait rendu de grands services à l'État. Cette vaste idée changeait le plan de la noblesse qui n'était que féodale, et élevait sur ses débris une noblesse historique, fondée sur l'intérêt de la patrie et les services rendus aux peuples et aux souverains. »

Voilà comment il se chargeait lui-même de commenter sa pensée et de nous faire toucher du doigt le véritable principe de la noblesse impériale; il entendait en faire le catalogue de toutes les gloires de la France. Qu'on ne vienne pas prétendre que c'était là une atteinte portée à l'égalité. Compris comme il les comprenait, les titres impériaux avaient une origine aussi sacrée que le droit de propriété. S'ils avaient encore besoin d'être justifiés, nous nous demandons ce qu'un esprit sérieux, à moins de se ranger dans le camp des niveleurs, pourrait répondre à l'argumentation puissante que nous trouvons dans les Mémoires de Napoléon : « Aucun ordre social ne peut être fondé sur la loi agraire. Le principe de la propriété et de la transmission par contrat de vente, donation entre-vifs ou acte testamentaire est un principe fondamental qui ne déroge pas à l'égalité. De ce principe dérive la convention de transmettre de père en fils le souvenir des services rendus à l'État. La fortune peut être quelquefois acquise par des moyens honteux et criminels. Les titres acquis par des services rendus à l'État sortent toujours d'une source pure et honorable. Leur transmission à la postérité n'est qu'une justice. »

III

L'Empereur, nous l'avons déjà fait remarquer, entendait attacher à chaque titre un majorat. « C'est à Nous, disait-il en annonçant au Sénat, par son message du 28 mai 1807, qu'il venait de conférer au maréchal Lefebvre le titre de duc de Danzig, c'est à Nous à songer à assurer l'état et la fortune des familles qui se dévouent entièrement à notre service et qui sacrifient constamment leurs intérêts aux nôtres. Les honneurs permanents, la fortune légitime, honorable et glorieuse que Nous voulons donner à ceux qui Nous rendent des services éminents, soit dans la carrière civile, soit dans la carrière militaire, contrasteront avec la fortune illégitime, cachée, honteuse de ceux qui, dans l'exercice de leurs fonctions, ne chercheraient que leur intérêt, au lieu d'avoir en vue celui de nos peuples et le bien de notre service. Sans doute la conscience d'avoir fait son devoir et les biens attachés à notre estime suffisent pour retenir un bon Français dans la ligne de l'honneur ; mais l'ordre de notre société est ainsi constitué, qu'à des distinctions apparentes, à une grande fortune sont attachés une considération et un éclat dont Nous voulons que soient environnés ceux de nos sujets grands par leurs talents, par leurs services et par leur caractère, ce premier don de l'homme. »

C'est cette connaissance si profonde des conditions et des préjugés de nos sociétés modernes qui guidait Napoléon, lorsqu'il voulait relever le prestige des fonctions publiques par l'importance des traitements [1]. C'est cette même pensée qui dès 1803 lui faisait créer les sénatoreries. Aux traitements des sénateurs, fixés à vingt-cinq mille francs par la Constitution de l'an VIII, le sénatus-consulte du 14 nivôse an XI (4 janvier 1803) vint ajouter des dotations immobilières prises sur les biens nationaux : il en fut instituée une dans le ressort de chaque tribunal d'appel. Elles étaient conférées par le Premier Consul sur la présentation du Sénat, qui pour chacune proposait à son choix trois sénateurs. Les titu-

---

[1] Le règlement du 5 nivôse an VIII (26 décembre 1799) avait fixé le traitement des conseillers d'État à **25,000** francs. Le décret du 11 juin 1810, qui réglait les traitements des préfets, portait celui du préfet de la Seine à **100,000** francs; les préfets de première classe (Bouches-du-Rhône, Gênes, Gironde, Rhône et Rome) recevaient 50,000 francs; ceux de seconde classe, 40,000; ceux de troisième, 30,000, et ceux de quatrième, 20,000.

19.

laires jouissaient leur vie durant de revenus qui variaient
entre vingt et vingt-cinq mille francs, et n'avaient
d'autre obligation que de résider trois mois par an dans
leur sénatorerie. Le sénatus-consulte du 14 nivôse
an XI ajoutait bien qu' « ils rempliraient les missions
extraordinaires que le Premier Consul jugerait à propos
de leur donner dans leur arrondissement, et qu'ils lui en
rendraient compte directement ». Sans doute, en leur
imposant la résidence, le Premier Consul entendait
qu'ils se missent en contact avec les populations, qu'ils
pussent lui faire connaitre leurs vœux et leurs besoins,
le tenir au courant de l'état des esprits, des fluctuations
de l'opinion publique, et qu'ils exerçassent par leur présence une sorte de contrôle et de surveillance sur les
fonctionnaires de tout ordre. Mais à tout prendre, la
création des sénatoreries doit être considérée comme
une première ébauche de ce système de dotations que
l'Empereur devait plus tard appliquer sur une si large
échelle.

Les décrets du 30 mars 1806 avaient affecté des majorats aux duchés grands fiefs de l'Empire qu'ils érigeaient.
Le sénatus-consulte du 14 août 1806, dans ses articles 5
et 6, posa les principes généraux de la nouvelle institution, qui fut définitivement réglementée par le décret du
1er mars 1808. Ce décret reconnait deux sortes de majorats : les majorats de propre mouvement et les majorats
sur demande. La dotation de ces derniers était faite par
les particuliers, qui avaient obtenu à cet effet une autorisation spéciale de l'Empereur, et prise sur leurs propres
biens. Dans les majorats de propre mouvement, la dotation était accordée par l'Empereur. Les majorats, quelle
que fût leur origine, demeuraient inaliénables et insaisis-
sables; leur transmission était soumise aux mêmes règles

que la transmission des titres ; elle s'opérait en ligne directe, de mâle en mâle, par ordre de primogéniture. A défaut de descendance masculine, les biens composant le majorat sur demande devenaient libres dans la succession du dernier titulaire ; quant au majorat de propre mouvement, provenant de la libéralité du Souverain, il faisait naturellement retour au Domaine. Les dotations pouvaient être constituées soit en immeubles, soit en rentes sur l'État, soit en actions de la Banque ; des décrets postérieurs permirent de donner la même affectation aux actions des canaux du Midi, d'Orléans et du Loing, aliénés par l'État en vertu de la loi du 23 décembre 1809. Tous ces titres, toutes ces actions étaient au préalable immobilisés. Dans la pensée de l'Empereur, non-seulement le capital du majorat devait rester immuable entre les mains des différents titulaires, mais les revenus mêmes devaient être protégés contre toute chance de diminution. On trouve dans le décret du 1ᵉʳ mars 1808 une disposition qui a été reproduite pour toutes les dotations reposant sur des capitaux mobiliers, et qui prouve, quoi qu'on ait pu prétendre, que les phénomènes économiques n'échappaient point au génie de Napoléon. «La portion du revenu d'un majorat, y est-il dit à l'article 6, qui sera en rentes sur l'État ou en actions de la Banque, sera soumise à une retenue annuelle d'un dixième, qui sera successivement, chaque année, replacée en rentes sur l'État ou en actions de la Banque au profit du titulaire du majorat et des appelés après lui. Ces rentes et actions seront également immobilisées. » La diminution progressive de la valeur de l'argent, en présence de la stabilité de la propriété foncière, avait frappé l'Empereur : de là cette retenue du dixième, qui avait pour but de maintenir toujours au même niveau les revenus mobiliers des majorats.

La Convention avait promis 600 millions et le Directoire un milliard aux « défenseurs de la Patrie [1] ». Napoléon se chargea d'acquitter cette dette sacrée. Dès 1802, en fondant la Légion d'honneur, il affectait à chaque légionnaire une rente qui variait, suivant son grade, de 5,000 francs à 250 francs [2]. L'année suivante, il créait les camps de Juliers et d'Alexandrie, constituant ainsi 10 millions de biens nationaux en dotations immobilières au profit des vétérans des armées de terre et de mer. A l'exemple des anciennes colonies romaines, les vétérans, installés sur ces deux points de l'extrême frontière, avaient à la fois pour mission de défendre nos nouvelles conquêtes et de porter les idées, les mœurs, la langue de la France au milieu de ses nouveaux sujets [3].

---

[1] Décret du 21-26 février 1793, article 5 : « La Convention nationale, voulant ajouter une nouvelle marque de reconnaissance à celle déjà promise et en faire sentir autant qu'il est en elle les effets aux braves défenseurs de la République, déclare que les biens des émigrés sont affectés, jusqu'à concurrence de 400 millions, au payement des pensions et gratifications qui seront accordées aux militaires, à leurs veuves et à leurs enfants... » Décret du 27-28 juin 1793 : « La Convention nationale, considérant que, le nombre des défenseurs de la patrie s'étant accru depuis le décret du 24 février, à raison de ses nouveaux ennemis, il est de la justice de la nation d'augmenter les récompenses nationales dans une juste proportion, décrète qu'elle porte à 600 millions les récompenses territoriales données aux défenseurs de la liberté, tant de terre que de mer, par le décret du 24 février. » Loi du 1er ventôse an VI (19 février 1798), article 1er : « Le milliard dû aux services immortels des défenseurs de la patrie sera acquitté par voie de rente tontine viagère. » La Constitution du 22 frimaire an VIII portait de son côté, article 87 : « Il sera décerné des récompenses nationales aux guerriers qui auront rendu des services éclatants en combattant pour la République.»

[2] Loi du 29 floréal an X (19 mai 1802). Le traitement des grands officiers était de 5,000 francs, celui des commandants de 2,000, des officiers de 1,000, des simples légionnaires de 250.

[3] Loi du 1er-11 floréal an XI (21 août-1er mai 1803). Les terres concédées aux vétérans ne pouvaient être aliénées pendant l'espace de vingt-cinq ans : elles étaient transmissibles à leurs enfants quand ceux-ci étaient nés d'un mariage antérieur à la formation du camp;

Il fit bientôt plus : les tributs des peuples conquis, les contributions de guerre furent l'apanage des vainqueurs. Le trésor de l'armée, où l'ennemi vaincu venait verser sa rançon, ne tarda pas à devenir une véritable caisse des récompenses nationales. Le 30 mars 1806, il créait, sur le Mont-Napoléon de Milan, 1,200,000 francs de rentes destinées aux généraux, officiers et soldats de ses armées. Le 23 septembre 1807, une décision impériale mettait à la disposition du major général de la grande armée une somme de 11 millions, pour être distribuée aux généraux en rentes et en argent. Au 30 mars 1814, les dotations constituées, tant sur des biens à l'étranger que sur des immeubles en France, en actions de canaux ou en inscriptions de rentes, étaient au nombre de 5,176, réparties entre 4,970 donataires, et formaient un revenu annuel de 32,463,817 francs[1].

Cette longue liste des donataires comprend tous les héros de cette grande époque, les plus illustres comme les plus humbles, depuis le prince de Neufchâtel et de Wagram, qui y est inscrit pour 1,354,945 francs de revenus, depuis le duc d'Auerstaedt, prince d'Eckmühl, qui y figure pour 910,848 francs, jusqu'au simple soldat amputé sur le champ de bataille, qui y est porté pour une dotation héréditaire de 500 francs de rente. Ces dotations se répandaient sur tous les collaborateurs de la grande œuvre impériale, sur ceux qui payaient de leurs labeurs et de leurs fatigues comme sur ceux qui payaient de leur sang ; les Cambacérès, les Lebrun, les Maret, les

dans le cas contraire, les enfants n'héritaient que s'ils étaient issus d'un mariage contracté avec une femme du pays où était établi le camp.

[1] DALLOZ, *Jurisprudence générale*, à l'article Domaine extraordinaire. Dans ce chiffre de 32,463,817 sont comprises, outre les dotations individuelles, les affectations spéciales telles que celle attribuée à la Légion d'honneur.

Gaudin, les Mollien, étaient inscrits sur ces listes, à côté des maréchaux, des généraux et des soldats. N'avaient-ils pas, eux aussi, bien mérité de la patrie? On y voit, de même, nombre d'étrangers; nous ne parlons pas de ces Piémontais, de ces Belges, de ces Rhénans, que la victoire avait faits Français; mais, à côté de tel ou tel vétéran des armées de Sambre-et-Meuse ou d'Italie, on relève ici un fusilier badois, là un cuirassier saxon, là un chevau-léger polonais. Ne combattaient-ils pas tous sous les enseignes du nouveau César? Napoléon avait créé comte de l'Empire le général bavarois de Wrède : ses soldats, les soldats d'Abensberg et d'Eckmühl n'étaient-ils pas les siens?

On reste aujourd'hui confondu devant l'énormité de certaines de ces récompenses : elles atteignent parfois des proportions gigantesques comme cet Empire, qui ne connaissait plus de limites [1]. Les contributions de guerre eussent été insuffisantes pour faire face à de telles libéralités : le total des recouvrements opérés à ce titre jusqu'en 1814 n'a pas, en effet, dépassé 291 millions, ainsi que le constate Mollien [2]. Les biens nationaux, les actions des canaux, les domaines acquis par conquête, soit en Allemagne, soit en Italie, entrèrent pour une large part dans la constitution des dotations. Une administration aussi importante ne pouvait rester confiée à la trésorerie de l'armée. Son organisation définitive lui fut donnée par le sénatus-consulte du 30 janvier 1810, qui créa le domaine extraordinaire.

« Le domaine extraordinaire, dit ce sénatus-consulte aux articles 20 et 21, se compose des domaines et biens

---

[1] Voir note F, à la fin du volume, la liste des dotations supérieures à 100,000 francs de rente.

[2] Voir chapitre V, § 7.

mobiliers et immobiliers que l'Empereur, exerçant le droit
de paix et de guerre, acquiert par des conquêtes ou des
traités, soit patents, soit secrets. L'Empereur dispose du
domaine extraordinaire : 1° pour subvenir aux dépenses
de ses armées ; 2° pour récompenser ses soldats et les
grands services civils ou militaires rendus à l'État ; 3° pour
élever des monuments, faire faire des travaux publics,
encourager les arts et ajouter à la splendeur de l'Empire.»
C'était établir, en face du budget normal, un budget
extraordinaire échappant au contrôle législatif et dont
l'Empereur avait seul la disposition. Ces sortes de dotations immuables, affectées à certains services, entraient
dans les idées de Napoléon : la Légion d'honneur,
l'Université, les Invalides [1] avaient leur budget assis sur
des fonds spéciaux, qui leur assuraient une existence
propre et indépendante. Aux yeux de l'Empereur, il
était des services publics qui devaient rester à l'abri de
toute discussion, protégés contre toute fluctuation ou
tout revirement d'opinion. Nous n'avons pas besoin
d'aller bien loin pour retrouver pareille doctrine, même
chez les peuples les plus libéraux, témoin ce que les
Anglais appellent « dépenses consolidées », qui comprennent non-seulement les intérêts de la dette publique,
la dotation de la couronne, les pensions, mais les traitements des agents diplomatiques et des membres des
cours de justice, toutes dépenses qui sont considérées

---

[1] La dotation des invalides avait été constituée par un décret du
25 mars 1811. Ce décret affectait aux invalides non-seulement une rente
de 100,000 francs, mais divers autres revenus, tels que le produit d'une
retenue sur les pensions et traitements militaires, ainsi que sur les traitements et pensions de la Légion d'honneur, un prélèvement sur les octrois,
le produit de la vente des terrains militaires déclassés. C'était, en somme,
une caisse des invalides militaires qui était créée en face de celle des
invalides de la marine.

comme dette de la nation et ne sont pas soumises,
chaque année, à la discussion du Parlement.

En dehors de cet énorme service des dotations, auquel
il avait pour mission principale de pourvoir, le domaine
extraordinaire vint plus d'une fois en aide à l'État. Il
suffira de rappeler qu'une somme de 84 millions, em-
pruntée à ces ressources spéciales, constitua le premier
fonds de roulement de la caisse de service, l'une des
bases de l'organisation financière [1]. C'est sur les mêmes
fonds que l'Empereur consentait des avances au commerce et à l'industrie : comme nous l'avons déjà dit, les
prêts de cette nature pendant les deux années 1810
et 1811 ne s'élevèrent pas à moins de 18 millions, dont
neuf seulement avaient été remboursés en 1814 [2].

Cette vaste administration était confiée à un intendant
général, qui fut Defermon, et à un trésorier général, le
baron de la Bouillerie [3]. Dépendant uniquement et
absolument de l'Empereur, le domaine extraordinaire
n'était pas soumis au contrôle législatif, mais il avait un
contrôleur bien plus sévère, bien plus exact que ne le
fut jamais nulle assemblée : c'était Napoléon lui-même.
La loyauté, la régularité de ses opérations ont été recon-

---

[1] Mollien, *Mémoires.*

[2] *Id., ibid.*

[3] Le sénatus-consulte du 30 janvier 1810, qui constituait le domaine
extraordinaire, réglait en même temps toutes les questions relatives à la
dotation de la Couronne. La liste civile était administrée par un intendant général, qui porta d'abord le titre d'intendant général de la Maison de
l'Empereur, puis d'intendant général de la Couronne. De Fleurieu (1804),
Daru (1805) et Champagny, duc de Cadore (1811), se succédèrent dans ce
poste. Elle avait également un trésorier général, qui fut d'abord le comte
Estève, puis le baron de la Bouillerie. Ce dernier joignait à ces fonctions
celles de trésorier général du domaine extraordinaire, sans qu'aucune confusion existât néanmoins entre ces deux services, qui restèrent toujours
complétement distincts. Un intendant général était aussi placé à la tête du
domaine privé, autre administration distincte qui fut confiée à Daru.

nues par les adversaires même les plus acharnés de l'Empire[1]. Au 30 mars 1814, les revenus du domaine extraordinaire s'élevaient à 37,702,598 francs; dans ce chiffre, les dotations sont comprises pour 32,463,817 fr.; à ceci, il convient encore d'ajouter les biens non susceptibles de revenus, évalués à 23,884,454 francs[2].

Le domaine extraordinaire ne devait pas survivre aux funestes événements de 1814. Fruit de la victoire et des conquêtes, il disparut devant la fortune adverse. Toutes ces dotations, depuis les cinq cents francs du simple soldat jusqu'aux centaines de mille livres de rente des maréchaux et des généraux, furent emportées dans le désastre commun ou réduites aux proportions les plus minimes[3]. Le grand édifice s'écroulait.

La noblesse impériale en reçut une atteinte profonde. Cette large hiérarchie nationale qu'avait rêvée l'Empereur, embrassant le passé, le présent et l'avenir, les gouvernements qui lui ont succédé, cédant à de vaines clameurs, quand ils n'ont pas hésité à la maintenir, en ont laissé tomber en oubli toutes les traditions. A part le gouvernement de la Restauration, ils n'ont paru conférer des titres qu'à regret, les limitant à quelques rares exceptions. Pour le général que le sort des combats avait placé au second rang, pour le laborieux travailleur qui avait consacré son existence entière au service du pays, rien n'est venu redire aux générations futures ce qu'il

---

[1] Voir le discours du comte Corvetto, alors ministre des finances, à la Chambre des députés (séance du 18 avril 1818).

[2] Au 30 mars 1814, le solde en caisse du domaine extraordinaire s'élevait à 327,366,629 francs. Voir Chambre des députés, séances des 18 et 20 avril 1818.

[3] Ce qui restait du domaine extraordinaire fut réuni au domaine de l'État par la loi du 15-16 mai 1818; une loi du 26 juillet-1er août 1821 accorda des pensions de 1,000 à 250 francs aux donataires dépossédés.

avait été, l'œuvre qu'il avait accomplie, et ses enfants
aujourd'hui paraissent souvent, aux yeux du vulgaire,
occuper un rang moins élevé dans la société que tel ou
tel vaniteux, sans aïeux et sans passé, qui se décore d'un
nom d'emprunt. A quoi bon, a-t-on dit, donner des
titres, lorsqu'on ne peut en soutenir l'éclat par des dotations? Erreur profonde : quand un souverain crée un
titre, ce titre est par lui-même une dotation. Si les gouvernements ont cessé de concéder des titres, les hommes
n'ont pas cessé de les rechercher. A l'orgueil des services
rendus s'est substituée une vanité puérile et sans motifs,
et jamais peut-être les distinctions nobiliaires ne se sont
plus multipliées que depuis que l'État, paraissant n'y
attacher aucun prix, les laisse abandonnées à la fantaisie la plus audacieuse.

CONCLUSION

Nous venons de jeter un rapide coup d'œil sur l'ensemble de la législation impériale : et il se trouve que nous avons passé en revue toutes les institutions de la France moderne. Nous avons même dû parfois fatiguer nos lecteurs, car il nous est arrivé rarement de rappeler un texte, de citer une loi, un décret, sans que cette phrase revînt sans cesse, comme une perpétuelle et fastidieuse répétition : ce texte s'applique encore, cette loi a survécu, ce décret nous régit aujourd'hui. Avions-nous donc tort d'affirmer que si le nom de l'Empereur n'apparaît plus en tête de nos constitutions, l'Empire est encore vivant dans nos lois ?

De Sainte-Hélène, comme du fond de son tombeau, Napoléon n'a jamais cessé de régner. Tous les gouvernements qui lui ont succédé, Restauration, monarchie de Juillet, République, n'ont vécu que par lui et grâce à lui. Quand ils l'ont pu, ils lui ont emprunté ses hommes, et tous ont accepté ses lois, les commentant, les développant chacun à leur manière, mais se gardant bien, la plupart du temps, d'en altérer et le fond et l'essence. Quelles sont les conditions imposées aux Bourbons en

1814? Le maintien du Code et de la Légion d'honneur[1]. Légion d'honneur, codes, concordat, organisation judiciaire, administrative, financière, tout ce magnifique édifice est encore debout, tel qu'il est sorti des mains du créateur. Certains ont tenté d'y apporter des modifications plus ou moins heureuses. Ils ont pu gratter le fronton, changer une pierre par-ci par-là, établir, à l'abri de cette masse gigantesque, quelque petite bâtisse légère, que leur vanité se plaisait à qualifier temple ou palais[2] ; mais quant aux fondations, nul n'a osé s'y attaquer, tant elles sont profondément enfouies dans le sol français, tous se demandant avec terreur ce qu'il adviendrait si cet immense monument venait à s'écrouler, si la France entière ne resterait pas écrasée sous sa chute.

Dans une circonstance solennelle, l'héritier de Napoléon le Grand prononçait ces paroles : « On peut l'affirmer, la charpente de notre édifice social est l'œuvre de l'Empereur, et elle a résisté à sa chute et à trois révolutions. » (Il nous faut malheureusement dire aujourd'hui à quatre révolutions.) Et il ajoutait : « Notre société

---

[1] Voir le projet de constitution préparé par le Sénat le 6 avril 1814 (articles 3 et 28), et la Charte constitutionnelle du 4-10 juin 1814 (articles 68 et 72).

[2] Voici comment Napoléon jugeait par avance la plupart de ces tentatives : « Ceux qui n'ont pu observer que de loin quelques pièces de la machine d'un gouvernement étranger, s'imaginent, quand ils ont dessiné ces pièces à la hâte et comme par contrefaçon, qu'ils apportent dans leur pays un système complet. Sans doute leurs recherches ne sont pas toujours inutiles ; mais pour cela, il faut qu'une main supérieure sache saisir les matériaux, les façonner, les approprier à la place qu'ils peuvent prendre dans un ancien édifice. Il n'arrive jamais à ces hommes d'avoir tout vu, tout comparé et principalement tout prévu ; ils présentent avec confiance des copies, sans savoir que l'imitation ne produit pas toujours la ressemblance. Dans les faits contemporains, comme dans les faits historiques, on peut quelquefois trouver des leçons, bien rarement des modèles. »

actuelle n'est pas autre chose que la France régénérée par la révolution de 1789 et organisée par l'Empereur. Il ne reste plus rien de l'ancien régime, que de grands souvenirs et de grands bienfaits. Mais tout ce qui alors était organisé a été détruit par la Révolution, et tout ce qui a été organisé depuis la Révolution et qui existe encore l'a été par Napoléon [1]. » C'est la stricte vérité, et il n'est plus besoin de le démontrer.

Nous avons vu ce qu'avait laissé après elle la Constituante : beaucoup de proclamations, de professions de foi, de déclarations de principes, mais combien d'œuvres positives? Des idées bien plus que des lois, des théories bien plus que des institutions. Quant à la Convention et au Directoire, quelques-uns se sont imposé la rude tâche de réhabiliter cette triste époque de notre histoire : mieux vaudrait passer sous silence ces jours d' « une tyrannie qui se faisait presque autant mépriser qu'elle se faisait craindre [2] ». Napoléon vint : à ces idées vagues, à ces théories nuageuses, il donna un corps. Il leur insuffla la vie : il les codifia. Il les fit entrer dans nos lois et dans nos mœurs. Sans lui que serait-il resté de ces fameux principes de 89? D'éloquentes périodes, de généreuses dissertations... *verba et voces!*

Dans une de ces boutades qui lui étaient familières, il s'écriait un jour : « Henri IV, c'est moi! » Nous, nous avons le droit de le proclamer, sans crainte d'être démentis par l'histoire : 89, c'est lui! Il l'a dit, du reste : « Je suis la Révolution française! » la Révolution dans ce qu'elle avait de pratique, de positif, d'applicable, de réellement gouvernemental.

---

[1] Napoléon III, préambule de la Constitution du 14 janvier 1852.
[2] *Mémoires du comte* MOLLIEN.

« J'ai refermé le gouffre anarchique et débrouillé le chaos. J'ai dessouillé la Révolution, ennobli les peuples et raffermi les rois. J'ai excité toutes les émulations, récompensé tous les mérites et reculé les limites de la gloire ! » C'est ainsi qu'enseveli vivant sur son rocher de Sainte-Hélène, alors que la postérité avait déjà commencé pour lui, dans cette langue dont seul il avait le secret, il résumait l'histoire de sa vie : et la postérité ne saurait en retrancher un seul mot !

Il a reculé les limites de la gloire ! Il a ennobli les peuples et raffermi les rois ! Aux uns il a appris ce qu'on gagne à savoir obéir ; aux autres, comment il faut commander. Il a dessouillé la révolution ! De ce chaos informe et sanglant, il a tiré tout un monde nouveau, et il a « posé très-avant dans le sol les fondements d'une société purifiée, rajeunie, régénérée[1] ». Cette œuvre immense qui parait l'œuvre des siècles, il l'a accomplie dans l'espace de dix ans, et l'Europe entière est encore éclairée par le sillon lumineux qu'a laissé son passage !

Pour apprécier dignement l'œuvre de Napoléon, nous nous permettrons d'emprunter une plume que nul ne saurait taxer de partialité, celle du duc Victor de Broglie. Aussi bien, est-ce le plus beau tableau qui ait jamais été tracé des bienfaits de l'Empire :

« On peut tout exagérer, excepté les services que le principe monarchique, reconstitué d'abord sous un nom d'emprunt, puis bientôt après sous son nom véritable, nous a rendus à cette époque.

« A la voix du nouveau César, sous sa main puissante, tout s'est relevé comme par enchantement.

---

[1] Le duc Victor DE BROGLIE, *Vues sur le gouvernement de la France.*

« Il a rétabli la société domestique, la sainteté du mariage, l'esprit de famille, l'autorité paternelle.

« Il a rétabli la société civile, le respect des personnes, l'ascendant de la justice, la foi des contrats, les droits de la propriété ébranlée par les confiscations, dévastée par les réquisitions, tantôt amoncelée, tantôt éparpillée au hasard par les flots mouvants du papier-monnaie.

« Il a rétabli l'administration, en lui imposant un caractère d'unité, d'uniformité hiérarchique, un degré d'activité, d'énergie, de prévoyance inconnu jusque-là, en la projetant sur notre territoire comme un vaste réseau, dont les mailles solides et serrées ont seules contenu plus d'une fois l'ordre social près de se dissoudre.

« Il a rétabli les finances, en instituant un système de contributions bien choisies, bien réparties, heureusement combinées, un système de recouvrement intègre et sévère, un service de trésorerie ingénieux, souple, fécond en ressources, en posant les bases de notre admirable système de comptabilité actuel.

« Il a rendu à la civilisation en France son essor et sa splendeur, en lui rendant ses garanties ; les cités assainies et embellies, les voies de communication devenues sûres, multipliées, cessant d'être enfin des précipices et des coupe-gorge ; les places publiques se couvrant de monuments ; partout des ports, des bassins creusés à grands frais ; partout des canaux sillonnant le sol en tous sens ; des montagnes aplanies, percées ou surmontées par des travaux d'art pleins de hardiesse et de magnificence ; partout l'empreinte d'une activité inépuisable et d'un incomparable génie.

« Enfin cette société française, qu'il avait en quelque

sorte tirée du bourbier et dégagée de ses décombres pour la réédifier sur les bases éternelles de la nature, de l'équité et de la raison, il l'a couronnée d'une gloire immortelle, il l'a prise par la main et l'a promenée victorieuse, dans toutes les contrées, dans toutes les capitales de l'Europe; il s'est assis à sa tête sur tous les trônes, il l'a fait reconnaître et honorer par tous les souverains, il l'a fait admirer et envier par tous les peuples. »

Voilà comment s'exprime, en tête de ses *Vues sur le gouvernement de la France*, M. de Broglie, le gendre de madame de Staël, l'ancien président du conseil des ministres du roi Louis-Philippe, M. de Broglie, libéral, parlementaire et doctrinaire; voilà en quels termes il apprécie l'œuvre de celui que M. Thiers, après avoir passé vingt ans de sa vie à l'étudier, n'a pas hésité à proclamer « le plus grand des hommes » !

Oui, le plus grand des hommes! Plus grand qu'Alexandre, que César, que Charlemagne, que Pierre le Grand! La plus haute expression de ce génie latin, qui, quoi qu'on dise, est le génie de la véritable civilisation !

Il avait refait la France. Il l'avait animée d'un même sentiment et d'un même esprit; il avait fait battre tous les cœurs à l'unisson. Tous ces hommes d'origine et de passé si divers, qui pendant dix ans s'étaient tour à tour condamnés, proscrits, fusillés les uns les autres, il les avait contraints à se rapprocher, à s'unir, à se confondre. Il avait étouffé les haines, apaisé les colères, dompté les ressentiments. Proscripteurs et proscrits, membres du comité de salut public, soldats de l'armée de Condé, émigrés de Coblentz, hommes de fructidor, Vendéens, chouans, jacobins, constitutionnels, feuillants, giron-

dins, celui qui n' « avait détrôné que l'anarchie [1] » avait
su imposer sa loi à tous. Il leur avait rappelé qu'ils
étaient tous les fils d'une même patrie ; il les avait
enflammés d'une seule et même pensée : la grandeur et
la gloire de la France !

Cette paix des esprits, elle n'a duré que ce qu'il a
duré : lui disparu, les passions se sont réveillées, et les
enfants de la France ont recommencé à s'entre-déchirer.
M. Guizot, le reconnaît lui-même avec sa sereine impartialité : « Après lui, de 1814 à 1830 et de 1830 à 1848,
la guerre a recommencé. »

« Jamais, dit Mollien, le pouvoir n'avait autant
demandé à la France, et jamais elle n'avait mieux obéi. »
Qu'on ne vienne pas prétendre, comme certains écrivains, qu'il ne se faisait obéir que par son despotisme de
fer, sa police et ses prétoriens ! Sa police ! Nous avons
vu quelle était l'organisation de cette police impériale,
dont on s'est complu à faire un monstre de fantaisie.
En 1813, le budget du ministère de la police pour les
cent trente départements de l'Empire s'élevait à deux
millions : encore n'avait-il atteint ce chiffre pour la première fois qu'en 1811. Ses prétoriens ! En janvier 1800,
la garnison de Paris se réduisait à deux mille trois cents
hommes [2]. La grande armée était en Allemagne, en Italie,
en Espagne, en Pologne : dans toute l'étendue du vaste
Empire, il restait à peine quelques dépôts. Quand les
Anglais débarquèrent à Walcheren, en juillet 1809, il
n'y avait à Paris que deux demi-brigades, et en réunissant toutes les garnisons des départements du nord, y

---

[1] De Fontanes, Discours prononcé au Corps législatif, le 14 janvier
1805.

[2] Thiers, *Histoire du Consulat et de l'Empire.*

compris ceux de la Belgique, on put à peine rassembler un corps de trente mille hommes[1].

Si ce joug était si pesant, lorque l'ennemi mit le pied sur le territoire, aux jours néfastes de 1814, un vaste soulèvement eût dû l'accueillir dans toutes les provinces de l'Empire. La Hollande et Gênes proclamèrent leur indépendance : on se l'explique facilement, quand on réfléchit aux souffrances qu'avaient entraînées pour ces populations exclusivement maritimes les restrictions du blocus continental. A part ceux-là, anciens et nouveaux Français restèrent fidèles à leur drapeau. Ni le Piémont, ni les provinces rhénanes ne bougèrent; les paysans de la Champagne firent la guerre de partisans comme ceux des Vosges. Seule entre toutes les villes françaises, Bordeaux acclama l'étranger. Et quand, un an plus tard, l'Empereur, uniquement protégé par sa gloire, débarquait au golfe Juan, à peine « avait-il touché le sol français que les Bourbons n'étaient plus[2] ». Dans cette marche triomphale, la plus grande merveille peut-être de cette merveilleuse histoire, les populations se précipitaient au-devant de lui ; et « l'aigle, avec les couleurs nationales, volait de clocher en clocher jusqu'aux tours de Notre-Dame[3] » !

Napoléon nous a livré lui-même le secret de sa force. « Pour avoir le droit de se servir des peuples, disait-il, il faut commencer par les bien servir. » Nul ne les a servis mieux que lui. Ce qu'il leur demandait d'efforts et de sacrifices, il le leur rendait au centuple. Les peuples l'ont bien compris. Aussi sa mémoire est-elle restée

[1] THIERS, *Histoire du Consulat et de l'Empire.*

[2] BIGNON, *Précis de la situation politique de la France depuis le mois de mars 1814 jusqu'au mois de juin 1815.*

[3] Proclamation à l'armée du 1er mars 1815.

entourée d'une auréole impérissable et sacrée, et quoi
que fassent ces impuissants que le génie offusque, le peuple
français, ce peuple qu' « il a tant aimé », a gardé religieusement son souvenir.

« C'est beaucoup, a dit M. Guizot, d'être à la fois une
gloire nationale, une garantie révolutionnaire et un principe d'autorité. Il y a là de quoi survivre à de grandes
fautes et à de longs revers[1]. » Oui, c'est beaucoup !
Aussi quand le vent souffle, quand les flots se soulèvent,
quand la tempête mugit, à ces heures de désespérance
où tout paraît s'effondrer, la France n'a-t-elle plus que
ce cri sauveur sur les lèvres : Napoléon ! Napoléon !

Car de toutes les dynasties qui ont régné sur la France,
seule celle qu'il a fondée n'a jamais tenu ses droits que
de l'acclamation populaire, et seule, entre toutes, elle a
eu cette gloire suprême de ne jamais tomber que sur les
champs de bataille et face à l'ennemi.

[1] M. GUIZOT, *Mémoires.*

NOTES.

Note A.

CONSTITUTIONS DU ROYAUME D'ITALIE ET DU ROYAUME DE WESTPHALIE.

Il ne serait pas sans intérêt de rapprocher des Constitutions de l'Empire les diverses Constitutions données par Napoléon aux royaumes qu'il créa successivement.

La Constitution italienne mérite notamment une attention particulière. Établie sur des principes analogues à ceux de la Constitution du 22 frimaire an VIII, elle renferme déjà une partie des modifications que Napoléon devait apporter à l'œuvre des premiers jours.

Aux termes de cette Constitution, proclamée dans la consulte de Lyon, le 5 pluviôse an X (25 janvier 1802), le pouvoir exécutif était confié à un président et à un vice-président. Un Conseil législatif remplissait les fonctions dévolues, en France, au Conseil d'État : c'est parmi ses membres qu'étaient pris les orateurs du Gouvernement chargés de défendre les projets de loi devant le Corps législatif. Celui-ci, composé de soixante-quinze membres, choisissait dans son sein une Chambre d'orateurs de quinze membres, qui répondait au Tribunat.

Les attributions du Sénat conservateur étaient partagées entre deux assemblées : la Censure et la Consulte d'État. La Censure, formée de vingt et un membres, exerçait le pouvoir électoral : elle nommait les membres de la Consulte d'État, du Corps législatif, des tribunaux de cassation et de révision, de la commission de comptabilité ; elle remplissait également, à l'égard des fonctionnaires qui lui étaient dénoncés par le gouvernement ou le Corps législatif, les fonctions de la haute Cour de justice. A la Consulte d'État, qui ne comprenait que huit membres, appartenaient les pouvoirs politiques : elle avait qualité notamment pour proclamer l'état de siége ; les affaires étrangères étaient de sa compétence exclusive.

L'organisation des colléges électoraux présente un caractère tout particulier. C'est par là surtout que la Constitution italienne se distingue des Constitutions françaises. Au lieu de colléges départementaux, elle établissait trois grands colléges électoraux, dont les membres étaient nommés à vie : colléges des *possidenti*, des *dotti*, des *commercianti*, propriétaires. savants, commerçants ; le premier, de trois cents membres ; les deux autres, de deux cents. Chacun de ces colléges présentait à la Censure des candidats pour toutes les fonctions électives : les *possidenti* dressaient une liste en triple ; les *dotti* et les *commercianti* en double. C'est le système de la représentation des intérêts. Pour la Censure, dont les colléges électoraux étaient appelés à élire les membres, la même proportion subsistait : sur vingt et un membres de la Censure, neuf étaient nommés par les *possidenti*, six par les *dotti* et six par les *commercianti*. Les colléges des *possidenti* et des *commercianti* se complétaient eux-mêmes ; dans celui des *dotti* les vacances étaient remplies par la Censure.

Le 26 ventôse an XIII (17 mars 1805), la République italienne était transformée en Royaume d'Italie. Les statuts constitutionnels des 17 mars, 27 mars et 5 juin 1805 n'apportèrent, du reste, que de légères modifications à la Constitution du 5 pluviôse an X. Le président et le vice-président étaient remplacés par le Roi et le Vice-Roi. Un Conseil des auditeurs, véritable section du contentieux, était adjoint à la Consulte d'État et au Conseil législatif. Ces trois corps, confondus sous le nom de Conseil d'État, conservaient néanmoins leurs attributions spéciales : ils devenaient en quelque sorte trois degrés d'une même hiérarchie. La Chambre des orateurs était supprimée et remplacée par des commissions élues dans le sein du Corps législatif.

Le système de la représentation des intérêts, qui est le trait caractéristique de la Constitution italienne, se retrouve dans la Constitution du royaume de Westphalie, du 15 novembre 1807, mais le mode d'élection diffère. Le pouvoir électoral n'appartient plus, comme en Italie, à la Censure, ou, comme en France, au Sénat conservateur. La Constitution westphalienne ne reconnaît que deux grands corps : le Conseil d'État et les États du Royaume. Les électeurs sont nommés à vie par le Roi ; mais, au lieu de dresser des listes de présentation, ils choisissent directement les députés des États. Ces électeurs

sont répartis en colléges départementaux ; les quatre sixièmes
d'entre eux sont pris parmi les plus imposés, un sixième
parmi les négociants et un sixième parmi les savants et les
artistes : sur les cent députés, soixante-dix doivent appartenir à la première catégorie, quinze à la seconde et quinze
à la troisième.

L'acte additionnel aux Constitutions de l'Empire du 22-
23 avril 1815 attribuait également une représentation spéciale à l'industrie et au commerce, qui devaient compter vingt-
trois députés sur six cent vingt-neuf.

Note B.

—

MINISTRES, DIRECTEURS GÉNÉRAUX ET PRÉSIDENTS DE SECTIONS
DU CONSEIL D'ÉTAT SOUS LE CONSULAT ET L'EMPIRE.

—

MINISTRES.

Secrétaires d'État.

Maret, 25 décembre 1799.
Daru, 17 avril 1811.
Maret, 20 novembre 1813.
Maret, 20 mars 1815.

Relations extérieures (Affaires étrangères).

De Talleyrand-Périgord, 22 novembre 1799.
De Champagny, 9 août 1807.
Maret, 17 avril 1811.
De Caulaincourt, 20 novembre 1813.
De Caulaincourt, 21 mars 1815.

Justice.

De Cambacérès, 11 novembre 1799.
(Était en fonction depuis le 20 juillet 1799.)

Abrial, 25 décembre 1799.
Regnier, 4 septembre 1802.
Molé, 20 novembre 1813.
De Cambacérès, 20 mars 1815.

Intérieur.

Laplace, 12 novembre 1799.
Lucien Bonaparte, 25 décembre 1799.
Chaptal, 6 novembre 1800.
De Champagny, 8 août 1804.
Cretet, 9 août 1807.
De Montalivet, 1er octobre 1809.
Carnot, 20 mars 1815.

Finances.

Gaudin, 11 novembre 1799.
Gaudin, 20 mars 1815.

Guerre.

Berthier, 11 novembre 1799.
Carnot, 2 avril 1800.
Berthier, 8 octobre 1800.
Clarke, 9 août 1807.
Davout, 20 mars 1815.

Marine.

Forfait, 22 novembre 1799.
Decrès, 3 octobre 1801.
Decrès, 20 mars 1815.

Police générale.

Fouché, 11 novembre 1799.
(Était en fonction depuis le 20 juillet 1799. — Ce ministère fut
supprimé le 15 septembre 1802 et rétabli le 10 juillet 1804.)
Fouché, 10 juillet 1804.
Savary, 3 juin 1810.
Savary, 20 mars 1815.

Trésor.

(Ministère créé le 27 septembre 1801.)

De Barbé-Marbois, 27 septembre 1801.
Mollien, 27 janvier 1806.
Mollien, 20 mars 1815.

Administration de la guerre.

(Ministère créé le 8 mars 1802.)

Dejean, 21 mars 1802.
Lacuée, 3 janvier 1810.
Daru, 20 novembre 1813.

Cultes.

(Ministère créé le 10 juillet 1804.)

Portalis, 10 juillet 1804.
Bigot de Préameneu, 4 janvier 1808.

Manufactures et Commerce.

(Ministère créé le 22 juin 1811.)

Collin de Sussy, 16 janvier 1812.

—

UNIVERSITÉ.

Grand Maître.

De Fontanes, 17 mars 1808.
De Lacépède, 30 mars 1815.
Lebrun, 9 mai 1815.

Chancelier.

Villaret, évêque de Casal, 17 mars 1808 et 30 mars 1815.

Trésorier.

Delambre, 17 mars 1808 et 30 mars 1815.

Gouverneur.

Cretet, 1806.
Jaubert, 1807.

—

LÉGION D'HONNEUR.

Grand Chancelier.

De Lacépède, 1804.

Grand Trésorier.

Dejean, 1804.

(Le général Dejean fut chargé des fonctions de Grand Chancelier pendant les Cent-Jours.)

—

DIRECTIONS GÉNÉRALES.

Sûreté intérieure.

(Service rattaché au ministère de la Justice, créé le 1er février 1804 et
supprimé le 10 juillet 1804.)

Réal.

Services rattachés au ministère de l'Intérieur :

Ponts et Chaussées.
(Création, 26 décembre 1799.)

Cretet, 1799.
De Montalivet, 1806.
Molé, 1809.
Costaz, 1813.
Molé, 1815.

Sciences et Arts.

(Service confié à Lacuée pendant l'année 1800.)

Instruction publique.
(Création, le 8 mars 1802.)

Rœderer, 1802.
Fourcroy, 1802.
(Service supprimé en 1809.)

Octrois et Administration des communes.
(Création, le 8 mars 1802.)

Français de Nantes, 1802.
(Service supprimé en 1804.)

Comptabilité des communes et des hospices.
(Création, le 29 novembre 1810.)

Quinette de Rochemont, 1810.

Cultes.
(Création, le 6 octobre 1801.)

Portalis, 1801.
(Transformé en ministère, le 10 juillet 1804.)

Imprimerie et Librairie.
(Création, le 5 février 1810.)

Portalis, 1810.
De Pommereul, 1811.

Mines.
(Création, le 7 août 1810.)

Laumond, 1810.

Deux directions générales furent créées pendant les Cent-Jours : celle du Commerce, qui fut confiée à Chaptal, et celle des Cultes, à Bigot de Préameneu. A la même époque, le général Dumas fut chargé, avec le titre de directeur général, de l'organisation des gardes nationales.

Services rattachés au ministère des Finances :

Trésor public.
(Création, le 21 janvier 1800.)

Dufresne, 1800.
De Barbé-Marbois, 1801.
(Transformé en ministère, le 27 septembre 1801.)

Contentieux des domaines nationaux.
(Création, le 26 décembre 1799.)

Regnier, 1799.
Boulay de la Meurthe, 1802.
(Service supprimé en 1812.)

Liquidation de la Dette publique.

Denormandie, 1800.
Defermon, 1802.
(Service supprimé en 1810.)

Douanes.
(Création, le 16 septembre 1801.)

Collin de Sussy, 1801.
Ferrier, 1812.
Ferrier, 1815.
(Ce service fut rattaché au ministère des Manufactures et du Commerce, le 19 janvier 1812.)

Enregistrement et Domaines.
(Création, le 20 septembre 1801.)

Duchâtel, 1801.

Droits réunis.
(Création, le 26 mars 1804.)

Français de Nantes, 1804.
(Pendant les Cent-Jours, ce service, sous le nom de Contributions indirectes, fut confié au comte Jaubert.)

Postes.

(Création , le 19 mars 1804.)

Lavalette, 1804.

Forêts.

(Création, le 26 juillet 1805.)

Bergon, 1805.

Caisse d'amortissement.

(Création, le 12 juillet 1801.)

Mollien, 1801.
Berenger, 1806.
Dutremblay, 1815.

Revues et conscription militaire.

(Service rattaché au ministère de la Guerre. — Créé le 8 juillet 1805.)

Lacuée, 1806.
Mathieu Dumas, 1810.
D'Hastrel, 1812.

Le général Gassendi, conseiller d'État, fut chargé, au ministère de la Guerre, du service de l'artillerie, de 1806 à 1813.

Vivres de la guerre.

(Service rattaché au ministère de l'Administration de la guerre.)

Maret, 1808.

Des conseillers d'État étaient également attachés au ministère de l'Administration de la guerre et chargés de la surveillance des diverses parties du service : leur nombre varia de deux à trois. Ce furent, à dater de 1802 : Gau, Berenger, le général Bourcier et Chaban.

A partir de 1811, des conseillers d'État furent chargés de fonctions analogues au ministère de la Marine : Ganteaume, Caffarelli, de Najac et Malouet.

En décembre 1799, le conseiller d'État Lescalier avait été

placé à la tête du service des Colonies ; mais il fut immédiatement envoyé en mission aux Antilles, et ce service ne fut pas
organisé.

Enfin, en 1804, lors du rétablissement du ministère de la
Police, trois conseillers d'État furent attachés à ce département : Réal, Miot et Pelet de la Lozère. Miot ne conserva ces
fonctions que peu de temps : il fut appelé à Naples en qualité
de ministre de l'Intérieur en 1806.

Pendant les Cent-Jours, deux sous-secrétaires d'État furent
nommés au ministère des Affaires étrangères, Otto et Bignon ;
Boulay de la Meurthe remplit les mêmes fonctions, sans
cependant en prendre le titre, auprès de l'archichancelier
Cambacérès, chargé du portefeuille de la Justice.

—

DOMAINE EXTRAORDINAIRE.

Intendant général.

Defermon, 1810.

Trésorier général.

De la Bouillerie, 1810.

—

LISTE CIVILE.

Intendant général de la Maison de l'Empereur.

De Fleurieu, 1804.
Daru, 1805-1811.

Intendant général de la Couronne.

De Champagny, 1811.
De Montalivet, 1815.

Trésorier général.
Estève, 1804.
De la Bouillerie, 1812.
Peyrusse, 1815.

MUSÉES.

Directeur général.

Denon, 1802.

—

PRÉFETS DE POLICE.

Dubois, 1800.
Pasquier, 1810.
Réal, 1815.

—

PRÉFETS DE LA SEINE.

Frochot, 1800.
Chabrol de Volvic, 1812.
De Bondy, 1815.

— —

CONSEIL D'ÉTAT. — PRÉSIDENTS DE SECTION.

Section de Législation.

Boulay de la Meurthe, an VIII.
Bigot de Préameneu, an X.
Treilhard, 1808.
Boulay de la Meurthe, 1810.

Section de l'Intérieur.

Rœderer, an VIII.
Regnaud de Saint-Jean-d'Angely, an X.

Section des Finances.

Defermon, an VIII.

Section de la Guerre.

Brune, an VIII.
Lacuée, an X.
Andréossy, 1810-1812.

Section de la Marine.

Ganteaume, an VIII.
De Fleurieu, an IX.
Ganteaume, 1806.

—

COUR DE CASSATION.

Président du Tribunal de cassation.

Tronchet, 1800.
Muraire, 1801.
  (Muraire prit le titre de premier président de la Cour de cassation en 1804.)

Commissaire du Gouvernement.

Bigot de Préameneu, 1800.
Merlin de Douai, 1802.
  (Merlin de Douai prit le titre de procureur général en 1804.)

—

COUR DES COMPTES.

Premier Président.

De Barbé-Marbois, 1807.
Collin de Sussy, 1815.

Procureur général.

Garnier, 1807.

Note C.

—

COURS DES ASSIGNATS ET DES MANDATS TERRITORIAUX DE **1789** A **1796** [1].

Cent livres en assignats valaient [2] *:*

En 1789, de 98 livres à 95 livres.
En 1790, — 96 — à 90 —
En 1791, — 91 — à 77 —
En 1792, — 72 — à 57 —
En 1793, — 51 — à 22 —
En 1794, — 40 — à 20 —
Du 1er janvier au 20 mars 1795, — 18 — à 14 —

Le louis d'or de **24** *livres valait* [3] *en assignats :*

	livres.	livres.
En germinal an III (mars-avril 1795), de . . .	180 à	238
En floréal (avril-mai), de	229	399
En prairial (mai-juin), de.	415	876
En messidor (juin-juillet), de.	661	893
En thermidor (juillet-août), de.	755	850
En fructidor (août-septembre), de.	882	1,237
En vendémiaire an IV (septembre-octobre), de	1,135	1,726
En brumaire (octobre-novembre), de. . . .	1,685	3,362
En frimaire (novembre-décembre), de. . . .	3,046	5,071
En nivôse (décembre 1795-janvier 1796), de	4,375	5,850
En pluviôse (janvier-février), de.	5,198	6,864
En ventôse an IV (février-mars 1796), de. .	6,101	8,137

Cent livres en mandats territoriaux valaient :

	livres	sous	livres	sous
En germinal an IV (mars-avril 1796), de	21	10 à	15	10
En floréal (avril-mai), de.	16	»	12	»
En prairial (mai-juin), de.	12	1	3	17

[1] Ces chiffres ont été relevés sur les tableaux annexés à la loi du 5 messidor an V (23 juin 1797).

[2] Cent livres représentent, en monnaie actuelle, 98 francs 76 centimes.

[3] Le louis d'or de 24 livres représente, en monnaie actuelle, 23 francs 55 centimes.

21.

	livres	sous		livres	sous
En messidor (juin-juillet), de.	7	17	à	5	2
En thermidor (juillet-août), de. . . .	5	5		1	10
En fructidor (août-septembre), de. . .	7	»		2	9
En vendémiaire an V (sept.-oct. 1796), de	4	8		3	9
En brumaire (octobre-novembre), de. .	4	10		2	17
En frimaire an V (nov.-déc. 1796), de	3	4		2	7

Note D.

COURS MAXIMA ET MINIMA DE LA RENTE CINQ POUR CENT,
DE 1798 A 1815.

Années.	Minimum.		Maximum.	
1798.	9	»	24	25
1799.	7	»	22	50
1800.	17	38	44	»
1801.	39	50	68	»
1802.	50	15	59	»
1803.	47	»	66	60
1804.	52	20	59	75
1805.	51	90	63	30
1806.	60	40	77	»
1807.	71	30	93	40
1808.	78	10	88	15
1809.	76	25	84	»
1810.	78	40	84	50
1811.	77	70	83	40
1812.	76	50	83	60
1813.	47	50	80	20
1814 (1er trimestre). .	45	»	57	50
1815 (2e trimestre). .	53	»	69	»

Note E.

—

Prince d'Eckmühl,	Davout.
Prince d'Essling,	Masséna.
Prince de la Moskowa,	Ney.
Prince de Wagram,	Berthier.
Duc d'Abrantès,	Junot.
Duc d'Albufera,	Suchet.
Duc d'Auerstaedt,	Davout.
Duc de Bassano,	Maret.
Duc de Bellune,	Victor.
Duc de Cadore,	Champagny.
Duc de Castiglione,	Augereau.
Duc de Conegliano,	Moncey.
Duc de Dalberg,	Dalberg.
Duc de Dalmatie,	Soult.
Duc de Danzig,	Lefebvre.
Duc Decrès,	Decrès.
Duc d'Elchingen,	Ney.
Duc de Feltre,	Clarke.
Duc de Frioul,	Duroc.
Duc de Gaëte,	Gaudin.
Duc d'Istrie,	Bessières.
Duc de Massa,	Regnier.
Duc de Montebello,	Lannes.
Duc d'Otrante,	Fouché.
Duc de Padoue,	Arrighi.
Duc de Parme,	Cambacérès.
Duc de Plaisance,	Lebrun.
Duc de Raguse,	Marmont.
Duc de Reggio,	Oudinot.
Duc de Rivoli,	Masséna.
Duc de Rovigo,	Savary.
Duc de Tarente,	Macdonald.
Duc de Trévise,	Mortier.
Duc de Valmy,	Kellermann.
Duc de Vicence,	Caulaincourt.

A ces titres, il convient de joindre deux titres de duc conférés dans le royaume d'Italie :

Duc de Litta,   Litta.
Duc de Lodi,   Melzi.

Nous ne comprenons pas dans ce tableau les principautés de Neufchâtel (Berthier), de Bénévent (Talleyrand) et de Ponte-Corvo (Bernadotte), créées en 1806, qui étaient des principautés souveraines.

Cambacérès et Lebrun étaient princes, l'un comme archichancelier de l'Empire, l'autre comme architrésorier : ce titre, attaché aux grandes dignités de l'Empire, n'était point, dans ce cas, héréditaire.

Note F.

—

DOTATIONS SUPÉRIEURES A 100,000 FRANCS DE RENTE.

Berthier, prince de Neufchâtel et de Wagram, vice-connétable, maréchal de l'Empire, grand veneur,	1,354,945 fr.
Davout, duc d'Auerstaedt, prince d'Eckmühl, maréchal de l'Empire,	910,848
Ney, duc d'Elchingen, prince de la Moskowa, maréchal de l'Empire,	728,973
Masséna, duc de Rivoli, prince d'Essling, maréchal de l'Empire,	683,375
Cambacérès, duc de Parme, prince archichancelier de l'Empire,	450,000
Duroc, duc de Frioul, général de division, grand maréchal du Palais,	370,882
Lannes, duc de Montebello, maréchal de l'Empire,	327,820
Soult, duc de Dalmatie, maréchal de l'Empire,	305,777
Caulaincourt, duc de Vicence, général de division, grand écuyer, ministre des Relations extérieures,	300,882
Arrighi, duc de Padoue, général de division,	288,000

Bessières, duc d'Istrie, maréchal de l'Empire, 262,122
Lebrun, duc de Plaisance, prince archi-
 trésorier de l'Empire, 200,000
Mortier, duc de Trévise, maréchal de l'Empire, 198,101
Augereau, duc de Castiglione, maréchal de
 l'Empire, 196,764
Suchet, duc d'Albufera, maréchal de l'Empire, 195,386
Oudinot, duc de Reggio, maréchal de l'Empire, 185,437
Maret, duc de Bassano, secrétaire d'État,
 ministre des Relations extérieures, 180,000
Mouton, comte de Lobau, général de division, 170,000
Victor, duc de Bellune, maréchal de l'Empire, 157,939
Lefebvre, duc de Danzig, maréchal de
 l'Empire, 155,000
Regnier, duc de Massa, grand juge, ministre
 de la Justice, 150,000
Clarke, comte d'Hunebourg, duc de Feltre,
 général de division, ministre de la Guerre, 145,882
Savary, duc de Rovigo, général de division,
 ministre de la Police générale, 128,000
Gaudin, duc de Gaëte, ministre des Finances, 125,000
Comte Mollien, ministre du Trésor impérial, 122,941
Comte Bertrand, général de division, grand
 maréchal du Palais, 122,239
Marmont, duc de Raguse, maréchal de
 l'Empire, 120,882
Comte Sébastiani, général de division, 120,000
Comte Rapp, général de division, 110,882
Champagny, duc de Cadore, ministre de
 l'Intérieur et des Relations extérieures, 100,000
Fouché, duc d'Otrante, ministre de la Police
 générale, 100,000
Comte Le Marois, général de division, 100,000
Moncey, duc de Conegliano, maréchal de
 l'Empire, 100,000
Comte Ornano, général de division, 100,000

FIN DES NOTES.

TABLE DES MATIÈRES

CHAPITRE III

LE GOUVERNEMENT.

CHAPITRE IV

L'ORGANISATION ADMINISTRATIVE.

CHAPITRE V

L'ORGANISATION FINANCIÈRE.

CHAPITRE VI

LES CODES ET L'ORGANISATION JUDICIAIRE.

CHAPITRE VII

L'UNIVERSITÉ.

CHAPITRE VIII

LE CONCORDAT ET LES CULTES.

CHAPITRE IX

LA LÉGION D'HONNEUR ET LA NOBLESSE IMPÉRIALE.

NOTES

PARIS. — TYPOGRAPHIE DE E. PLON ET Cie, 8, RUE GARANCIÈRE.